文化发展学术文丛

中国农户经济行为与乡村治理

FARMER HOUSEHOLD ECONOMIC BEHAVIOR
AND RURAL GOVERNANCE IN CHINA

刘怀宇　著

社会科学文献出版社
SOCIAL SCIENCES ACADEMIC PRESS (CHINA)

总　序

　　用文化传达积极的精神信念，给人以希望和动力，用文化改革释放发展红利，洋溢着温暖和勇气。在文化创新不断推动经济发展换挡升级的时代历程中，中国传媒大学文化发展研究院紧扣时代发展脉搏，从立足文化产业现实问题到搭建文化领域学术研究、人才培养和社会服务的综合学术平台，以"大文化"为发展理念，设计学科架构、搭建文化智库、打造学术重镇，在十年的发展进程中，一直致力于探索构建充满活力、富有效率、更加开放的学科群。

　　"文化发展学术文丛"正是中国传媒大学文化发展研究院十年来对学科建设、理论建构、智库发展和人才培养等专业问题不断探索的阶段性总结。它既折射着我们打造立体学术平台做出的努力，也见证着我们提升国际学术话语权、构建国家文化发展理论体系的情怀；它既反映了我们作为一支年轻研究团队怀揣的学术梦想，也彰显出我们立足严谨，向构建一流学科体系不断前进的初心与恒心。

　　文化是一条源自历史、流向未来的丰沛河流，经济社会发展需要它的润泽。文化的强大功能，铸造了"文化+"崭新的发展形态。正因为"文化+"是文化要素与经济社会各领域更广范围、更深程度、更高层次的融合创新，是推动业态裂变，实现结构优化，提升产业发展内涵的生命力，"文化发展学术文丛"以"文化+"为出发点，以文化内容融合式创新为研究主题，研究发轫于文化但又不囿于文化本身，它既包括全球视野下的比较研究，也包括文化创新领域的理论前沿；既聚焦文化建设的顶层设计，也关注不同行业领域现实问题的具体研究。可以说，打破传统的思维模式，不断增强文化认知的"大融合思维"，既是"文化发展学术文丛"的主要特点，也深刻反映了未来十年文化发展的趋势。

随着我国文化发展的学科建设渐成体系、理论研究不断完善、人才培养步入新境，未来十年，将有更多的文化理论经典和文化研究著述出现，它们将更好地以理论创新引导实践前行，在支撑国家文化创新驱动发展战略、服务区域文化经济转型升级、促进文化改革内涵式发展等方面汇聚力量，彰显价值，为文化强国建设注入源源不断的精神力量。

是为序。

中国传媒大学文化发展研究院院长、博士生导师

范 周

2016 年 4 月

序 言

在当代中国的农户家庭经济行为研究中,两个貌似对立却都是基于理性的边际主义经济理论进行分析的假说——恰亚诺夫的"生产—消费均衡"假说和舒尔茨的"利润最大化"假说,一直是我们进行农村经济研究的主要理论框架。在本书作者看来,这两个主要假说体系之所以互相区别,根本原因在于不同时期和不同国家的不同经济和制度背景,恰亚诺夫假说体系是基于劳动力市场和土地市场缺失的极端条件下的要素市场背景;而舒尔茨假说体系是基于完全市场的另一个极端条件下的要素市场背景。

中国在经历了60余年的经济发展后,整体经济制度经历了从新中国成立初期以工业化积累为目标的计划经济制度体系向以西方新自由主义经济体系为方向的市场经济制度的转型。在此转型期间,中国农村的要素市场既不是完全缺失的也不是完全竞争的,具体表现为:劳动力市场已经形成并蓬勃发展,但主体依旧是城乡二元分割的劳动力市场;通过革命而非交易取得的村集体内部均分的体现农户成员权的农村土地产权制度也不可能形成完全竞争的土地要素市场;在信贷资本方面,由信息不完全、交易成本过高等导致的正规金融机构撤出,非正规金融机构仍旧以高利贷为主流的市场局面使农户依旧处在风险较高的不完全信贷市场中,而农户家庭和市场风险的管理机制几乎缺失。本书就是基于这样的不完全要素市场的背景,区别于两个不同市场背景的假说体系,对中国农户家庭生产要素的配置方式进行研究。

一般来说,农户家庭的效用函数是生产和消费决策不可分的预期效用函数,在新家庭经济学中单一模型的基础上,农户家庭利用仅存的人力资本和土地资本形成资产投资组合，以期在加入风险规避因子的前提下实现家庭预期效用最大化。此时，在外出打工越来越成为家庭获取现金收入的主要方式的影响下，土地成为农户对冲外出就业机会成本增加的外部风险的主要无风险资产因素，而人力资本在非农就业及土地部分非自给自足且非粮食补贴范围内的其他农产品方面获得的收入成为风险资产回报。在土地愈益成为农户无风险资产这样的理论假说前提下土地使用权长期转让式的流转愈发困难，原因在于除了土地，农民无法轻易获得其他形式的无风险资产。由于非农收入的存在，农户家庭在农业生产要素配置方面显示出低效率，但在家庭整体的生产要素配置方面却是高效率的，福利水平也能得到相应的提高。

据此，当农户体现出投资人的理性时，外部不完全市场作为制度环境对其经济行为产生制约作用，使农户可以根据情况对家庭人力资本配置进行最优组合。由国家工业化和资本化的"非常规"发展模式导致的生产关系变化迅速压低了农民劳动时间的社会价值，结果是，或者农民的收入更低，或者农民为维持原有收入水平而劳动更多，客观上导致了农民人力资本投资在农业和工业雇佣劳动收益的不平衡，最终影响了农户人力资本投资的方向选择。

正是在这样的家庭生产要素配置条件下，农户家庭得以形成内部化处理外部性问题的机制，农户经济的外部效应是正的。本书指出：这种农户与社区借助血缘地缘关系形成的产权共享，以及奠基于此的非契约性的集体行动形成的风险规避和家庭资本积累机制所体现的经济理性，可因农户家庭人力资本配置的内部化方式而被称为家庭理性。正是这种理性的农户行为产生了区别于恰亚诺夫假说的家庭资本的积累，使农户整体经济得到了"发展"。

在当今中国城市快速市场化的条件下，乡土社会的农民作为农业劳动力投入的主体，其成本意识也在城乡收入差距扩大和过高的城市生活成本导致的劳动力市场非竞争均衡的条件下出现了重要变化：劳动力农业投入的机会成本异化于农业劳动投入的收入，而对应于预期的城市打工收入，从而使农村居民为了追求收入和闲暇的效用最大化而选择本书提出的人力资本投资行为；向往城市居民生活的农民工由于城市生活成本高，即使获得了高于农业生产收益的城市制造业打工收入也仍无法支付城市生活的基本成本，因此也会出现选择本书提出的人力资本投资行为的可能，在城市形成与农村相似的"用工荒"和失业并存的局面，最终在导致农业投入不足的同时，出现城市就业形势严峻的困局。

由于农业生产的特性，个体农户的要素配置受到农田水利灌溉等公共品供给的约束，同时由于传统村社千丝万缕的血缘关系等伦理特征和中国农村村社土地共有的产权制度安排，个体农户的效用势必受到村社社会环境的影响，此时村社集体的福利水平成为个体农户家庭预期效用最大化的约束条件，因此个体农户家庭可能会在传统村社范围内进行合作以提高村社整体福利水平来放松约束条件并减少系统风险。在这样的背景下，传统村社内部会形成类似于家庭理性的村社内部成员间部分风险共担、部分收入分享的内部化机制，可称之为村社集体理性。自1960年代以来，以工业化积累为目标的计划经济体制到当代以新自由主义经济为主体的经济制度的演变导致的中国土地产权制度的变迁体现的是政府在非交易取得的先天残缺的土地产权中根据不同需要进行介入的过程；同时与这种介入力量持续抗衡的不是农户个体的土地产权，而是村社产权边界清晰、体现内部农户"成员权"的传统村社村民小组的集体产权。本地村社精英的双重代理身份使政府与农民之间的信息交换通常可以形成多次博弈的纳什议价均衡，实现最优的效率产出。

家庭理性与村社集体理性构成了农村社区通过内部化来缓解系统风险的基础，也降低了农民组织化的交易费用；在这两种机制下，村社有条件在技术水平较低的劳动密集型产业中形成剩余。

然而随着中国工业化和现代化的发展，特别是在中国东部沿海地区已经进入后工业化时代的背景下，这些非正规制度性安排也给中国农村带来了更为严重的不确定性问题，继而衍生出更加复杂的"三农"问题。现时的中国，农村劳动力外移愈发严重，而城市却出现用工荒，人口红利渐失；农村金融资本继续净流出，农村金融问题至今未破题，本来为解决农业金融问题批准设立的村镇银行、小额贷款公司几乎全线"脱农"，正规资金互助社经营惨淡，非正规资金互助社遍地开花、缺乏监管、非法集资现象严重；农村土地非法征占严重，农民利益难以保障，18亿亩耕地红线难保。面对今天的这些问题,如果我们还是唱着昨天的歌谣,忽视农户的基本经济行为准则和家庭真实需求,将我们诗人般的农村建设情怀构建在真实的乡村治理方面,只会将问题掩盖和堆积,最终引发更严重的乡村治理危机。笔者认为,中国的理性农户家庭经济行为及以血缘和宗族为纽带形成的自然理性村社的形成基础,在于血缘地缘关系及土地产权的共有属性,因此家庭及自然村社得以实现内部化系统风险的风险规避及具有强烈发展特征的资本积累的合作生产,才实现了工业化和现代化的"发展"。从乡村治理角度来看,是长期小农经济和近代战乱频仍的社会环境造就了以抵御风险为基本出发点的熟人乡土社会和村社精英自治的传统中国乡村治理体系。在国家经济高速增长的同时,城市部门依然可以利用这种村社集体理性机制在经济产生波动时将危机转嫁到农村而不至于产生显著反弹,因此,村社"集体产权"这种得以与村社集体理性相结合的非正规制度安排,是中国得以迅速发展和缓解危机的重要的比较制度优势之一。但,这种优势和治理体系对当今全球化经济条件下已经步入工业化和现代化社会的中国来说已经完成了历史使命,今后的中国乡村治理模式需要在工业化和现代化社会的正规制度安排下进行设计,进行制度创新,彻底摆脱对旧式非正规制度安排的路径依赖。

　　本书是笔者在这方面研究的初步成果,这些研究对农户家庭经济行为从复杂经济演化系统的角度切入,通过实证数据来支撑逻辑和研究结论。当然这些研究和模型还相对比较粗糙,但笔者还是不揣冒昧奉献给大家,请大家批评指正,如能够对您未来的研究和思考有所帮助将是笔者最大的荣幸。

刘怀宇
2015 年 12 月 19 日初稿就于北京大山子寓所

目 录

第一章 起点 ··· 1
一 几个问题 ··· 1
二 两个派生问题的讨论 ······································· 9
三 概念界定 ·· 10
四 两个主要假说体系评述 ···································· 12
五 当代中国国内学者研究的简要综述 ······················· 21
六 小结 ··· 26

第二章 农村土地、劳动力和金融 ·························· 29
一 土地要素情况简析 ··· 30
二 劳动力要素情况简析 ······································ 34
三 农村信贷要素市场和保险市场的失灵 ··················· 41
四 结论 ··· 51

第三章 农户家庭要素配置
——人力资本的视角 ··· 53
一 一个猜想——农户家庭人力资本配置方式 ·············· 54
二 一个假定——中国农户家庭生产和消费的不可分性 ···· 57
三 猜想成立的几个必要条件 ································ 58
四 农村家庭风险规避问题 ··································· 63
五 农户家庭的人力资本配置方式对土地问题的含义 ······ 65
六 非农就业问题 ··· 71
七 结论 ··· 74

第四章　农户家庭劳动力配置决策机制的讨论

　　——一个多主体模型的视角 ………………………………… 76
　一　研究的理论基础及假定 …………………………………… 77
　二　模型 ………………………………………………………… 80
　三　模型仿真计算结果及分析 ………………………………… 83
　四　劳动力依然是决定粮食产量的主要因子——一个实证研究 … 90
　五　五个阶段不同土地产权制度下劳动力生产效率的实证研究 … 94
　六　一些延伸讨论 ……………………………………………… 102
　七　结论 ………………………………………………………… 104

第五章　农户家庭人力资本配置与劳动力市场 ………………… 106

　一　农业劳动力机会成本对农民闲暇选择和粮食生产率影响的
　　　机制分析 …………………………………………………… 108
　二　模型建构 …………………………………………………… 113
　三　"用工荒"、本书与城乡劳动力市场 ……………………… 120
　四　一个延伸讨论——通过提高农产品价格来提升农民收入的
　　　一个困境 …………………………………………………… 123
　五　"刘易斯拐点"假象及其对"人口红利"释放的冲击 ……… 124
　六　结论 ………………………………………………………… 135

第六章　农户家庭要素配置与村社、政府的相互作用 ………… 137

　一　背景 ………………………………………………………… 138
　二　相关概念内涵及理论假说 ………………………………… 140
　三　村社与农户间的作用机制——基于贝克尔模型的理论框架 … 144
　四　村社集体理性对中国工业原始资本积累的作用 ………… 148
　五　村社与政府的交易：村社精英是农民与政府合作成败的
　　　重要因子——基于纳什议价博弈模型 …………………… 152
　六　农村家庭劳动力配置方式与村社集体理性——对乡镇企业衰败的
　　　一个讨论 …………………………………………………… 159
　七　结论 ………………………………………………………… 175

第七章 乡村治理与新型城镇化 ················· 178
 一 乡村治理（历史） ························· 178
 二 新型城镇化 ······························· 180
 三 新型城镇化与乡村治理 ····················· 182
 四 乡村治理 ································· 185

第八章 总结 ··································· 199

致 谢 ··· 206

第一章 起点

一 几个问题

农户家庭经济行为是经济学研究的一个重要内容。在中国，伴随1980年代初农村土地家庭联产承包责任制的推行和市场化改革的不断深化，缺少经济自主权的农户逐渐从集体经济的制度约束中摆脱出来，日渐成为独立的经济主体，在经济发展中发挥着越来越重要的作用。与此过程同步，农户的家庭经济行为也产生了相应的变化，并对经济发展产生了至关重要的影响。其中，农户家庭内部劳动力资源的配置方式是理解农户家庭经济行为的关键。

农村家庭的户内劳动力配置实际是对内部成员的劳动力自身资源的一种优化配置，但这种配置与任何其他资源资本化后的配置一样受到国情背景、宏观经济政策、不同阶段的市场发育程度及总体经济环境的限制和约束。1978年改革开放之后，当代中国农村家庭劳动力资源的配置方式由过去几乎单一的农业劳动配置转为在多维空间进行多种组合形式的配置，而这种配置又往往是以农村家庭为整体根据不同的家庭劳动力情况、农业经营情况等进行的以户为单位的劳动力资源配置，通过劳动力资源的资本化实现预期收入效用最大化的目标。将农村家庭劳动力资源配置过程转化为农村家庭根据风险规避原则以实现预期收入效用最大化为终极目标的将家庭内部成员的人力资本进行对外投资获取更好经济收益的思考方法是本书观察的独特视角。

从目前现代经济学对农户家庭经济行为的研究来看，尽管流派较多，但几乎都是对恰亚诺夫假说和舒尔茨假说的延续或不同角度的理解，也因此这些研究所依赖的国情背景和经济环境也需与两个假说的背景相吻合。

发展经济学中关于发展中国家通过对农业产出剩余的剥夺实现资本的积累并实现发展的论断一直是分析中国从农业中提取剩余的理论基础，这也是被中国理论界公认的事实。今天中国农业经济学的理论基础主要还是恰亚诺夫（1925）①的以维持生计为基础的生产和消费均衡的边际主义思想的小农经营理论，或者是舒尔茨（Theodore W. Schultz, 1964）②的以利润最大化为目的的企业主农民经营理论。然而恰亚诺夫的维持生存的生产方式是必然将积累排除在外的，而舒尔茨的企业主农民经营理论尽管能够产生积累，却无法解释中国至今依然存在的多种种植模式的自给自足小农经营方式。这是因为，在新古典经济学的完美市场条件下的分析框架里，追求利润最大化的企业主生产方式中的农民应该只生产一种产品才是最有利的。同时，由于劳动力市场的不断发展，农户家庭成员的生产方式多样化也使农户的农业种植效率及农户家庭内部的资本积累方式发生变化，这些都是这两个假说无法提供完美解释的现实。

事实上，当代中国经济背景发生的变化并不能完全适应这两个假说体系。中国大陆的劳动力市场既不同于恰亚诺夫假说的无非农劳动力就业市场的1920年代的俄罗斯国内背景（姚洋，2000），③也不同于舒尔茨（1960）假说体系下的尽管"贫穷但却是在一个非常发达、倾向于完全竞争的市场条件下"的背景，而是在全球化体系下完成工业化的沿海发达地区、尚未完成工业化的内陆不发达省份和内陆在农村对非市场交易获得的土地实施以均分为基础的承包制条件下的主要农业大产区共同构成的不完全劳动力市场。④ 这时农民具有比较充分的劳动力市场选择权，拥有前所未有的迅速扩大的非农就业的劳动力市场。同时，非市场交易取得的相对稳定的土地产权也提供了能够维持基本生活和有风险规避功能的农业劳动市场，但非农就业和农业劳动的收入差距并没有出现收敛的趋势。这种现象不只是在中国这样的发展中国家，即使在发达国家，如美国，非农收

---

① 恰亚诺夫，1925，《农民经济组织》，中央编译出版社1996年翻译出版。
② 舒尔茨（Theodore W. Schultz），1964，《改造传统农业》，梁小民译，商务印书馆。
③ 姚洋，2000，《自由的位置》，《读书》第2期。
④ 舒尔茨（Theodore W. Schultz），1960，《人力资本投资》，1960年舒尔茨在美国经济学会年会上发表。

入仍然是农民获得与城市居民相当收入的主要源泉（Gardner，2002）。[①] 这意味着单一的农业收入依然无法实现与非农工作收入的均衡，城乡劳动力市场的一体化也尚未大范围地真正出现。因此可以说，当代中国农户处于一个不完全竞争的市场化体系下，而尚未形成城乡一体化的劳动力市场和并非通过市场交易取得但相对稳定的均分制土地产权是这种市场体系的主要特征。

在这样的市场环境背景下，国内外的很多学者从不同方面进行了大量研究和讨论。通过在这些研究的基础上对中国当代农村发生的一些基本事实和理论经验进行整理，笔者发现仍然有很多涉及中国农村家庭劳动力配置方式的问题尚没有形成系统的答案，因此，本书希望通过系统的研究能够得出一个较完整的解释。具体的问题概括如下。

第一，自1989年开始，中国出现了世界上少有的以农民为主体的候鸟式的迁徙工作方式。这些以中西部省份为主要来源地的青壮年农民主要向沿海地区的发达城市流动，以进行非农的工业就业为主。[②] 经过十多年时间之后，2004年开始在珠三角、浙南等地出现了"民工荒"现象，大量农民工由于工资待遇低下离开了原来工作的城市。但观测表明，仅有少量农民工选择返乡务农，大量的返乡农民工要么选择在本省份内部寻求工业就业机会，要么选择暂时失业以等待更好的机会。然而，那些返乡的农民工大部分却不在此等待期间从事农业生产，于是便出现了一方面农业劳动力供给不足，另一方面胜任这些工作的农民工主动选择失业的怪异现象。

这种现象迫使我们需要弄清，在新的市场环境下非农就业与农业耕作之间到底存在什么样的联系。曹幸穗（1996）[③] 认为工业和农业的平均回报率决定了劳动者人力资本的投入方向，但事实上我们并未大面积地观测到农户全面放弃农业生产的行为。那么，中国农民是怎样对这样的市场变化做出反应的？非农就业机会的产生对粮食产量乃至整体农业生产结构是

[①] Gardner, B. L., 2002, *American Agriculture in the Twentieth Century*, Cambridge MA: Harvard University Press.
[②] 此处之所以提出非农就业的工业就业，是因为笔者认为在少部分发达地区进行的规模经营的现代农业尽管是农业生产，但应属于工业化的农业生产，而非传统农业部门的生产方式，属于工业范畴，因此这部分农民实际还是城市产业工人的一部分。
[③] 曹幸穗，1996，《旧中国苏南农家经济研究》，中央编译出版社。

否会产生显著的影响呢?

第二,在目前的国情背景下,尽管市场机制发育迅速,但在农业方面很多相关的市场并未发育完善,甚至尚未产生,如风险管理市场。农民不只要面对农业生产方面的自然灾害等风险,还要面对生活中的疾病、教育等风险。由于到目前为止我国还未在农村形成全面风险抵御的保障机制的覆盖,农村居民随时面临因风险而陷入极端贫困的处境。劳动力市场在工业领域的不确定性及农户普遍的风险规避行为使城乡劳动力市场价格无法均衡,需要对机会成本进行主观判断,因此有预期效用最大化等问题出现。作为理性经济人,农民如何管理这样的风险是一个值得探讨的话题。

本书提出的以贝克尔(Becker,1976)率先推出的新家庭经济学理论为基础、在家庭层面上共同化解风险的论断也面临着一些挑战,而这些挑战主要来自以工业化社会为背景形成的经济学理论。[1] 这些理论强调个体的经济理性,认为并不存在家庭内部成员风险共担、收入共享的运行机制。尽管伴随改革开放而来的各种思潮的涌入,中国人既有的家庭观念也在发生重大变化,但中国农村家庭在共有的土地和财产、共有的血缘,以及更大的个体风险的基础上,是否存在如部分城市家庭成员般抛开家庭整体的行为选择机制尚属未知。[2]

第三,如果新家庭经济学基础上的家庭整体经济行为运行机制的假设成立,那么这样的家庭整体经济行为形成的家庭分工机制是否可以用更深入的现代经济学理论进行分析,以区别于斯密(1776)提出的以工业社会为基础的制造业各生产环节分工的古典分工理论。[3] 不可否认,大多数经济学家都是城市导向的思维,认为农民是懒惰的、落后的,对经济刺激的反应是迟钝的。即便马克思也是用鄙视的眼光来看待

---

[1] 贝克尔,1976,《人类行为的经济学分析》(*The Economic Approach to Human Behavior*),Chicago University Press,王业宇、陈琪译,中文版由上海三联书店、上海人民出版社于2008年4月出版。

[2] 即便是城市家庭成员,是否完全体现出个体理性也是一个值得商榷的问题,但这并不属于本书讨论的范畴。

[3] 斯密(Adam Smith),1776,《国富论》(*The Wealth of Nations*)(中译本),谢祖钧译,新世界出版社,2007年1月出版。

农民的，马克思认为小农农业是"城里人所蔑视的农村事务和经济学家都反对的小规模生产"。城市导向的经济学家在研究中也大多以城市发生的现象为观测对象进行理论剖析，从而构成了以工业社会为基础的经济学，这显然与农业经济背景有这样或那样的不适应性。而斯密著名的分工理论，大多又是基于工厂内部生产程序的分工。在这种斯密认为的"请给我所要的东西吧，同时，你也可以获得你所要的东西"的以个体利己主义为基础的经济理论中，工人和雇主之间自然不存在风险共担、成本共担、收入共享的机制，因此也无法将风险共担、成本共担、收入共同分享的农村家庭的以风险规避为基础的效用最大化的不同种类的生产分工纳入研究框架。

同时，一旦进入人力资本的讨论首先就需要澄清一个人们潜意识中存在的误区，就是农民是否具有可观的人力资本。根据人力资本的定义我们知道，人的身体健康程度与教育程度等同样反映人力资本的存量，因此，农民具有人力资本。但，农民的人力资本存量是否显著到可以为其提供可观的收益。对此，首先需要认清的一个事实是，在农业生产中，一个有经验的老农[1]对于农作物的种植和气候、土地等自然环境和资源对农作物生长的影响是了如指掌的，这是绝大部分所谓人力资本存量高的、受过教育的城市居民所不具备的人力资本。正如姚洋（2009）[2]所说，"人力资本不一定是教育（获得——笔者根据理解补全完整），更多的是从中学得到的经验"。因此，人力资本的存量高低取决于所应用的生产领域，在体力和经验能够起主要作用的传统农业和制造业生产领域，农民具有超越城市受过较高教育居民的人力资本存量。而阿里吉（Arrighi，2007）关于中国小农经济结构的讨论的核心思想认为中国的发展是由于有人力资本积累的优势，是小农在人多地少的国情制约下与规模经营的现代农业相比具有更高的土地产出率的结果。[3]

---

[1] 本书此处使用"老农"一词，并没有任何当今社会已经存在的歧视含义，仅是对已经积累了丰富经验的年长农民的一种缩略称呼，而这本应就是"老农"这个词的本义。

[2] 姚洋，2009，《亚当·斯密在北京：重新认识中国小农经济》，《凤凰读书》8月10日。

[3] Arrighi, Giovanni, 2007，《亚当·斯密在北京：21世纪的谱系》，London：Verso（Nov 23, 2007），中译本由路爱国、黄平、许安结译，社会科学文献出版社，2009。

第四，中国农村的土地制度在2006年以前是"均分制+定额租"，①伴随2006年开始的取消各种农业税费，定额租也相应被取消。在这样相对稳定的土地产权制度安排下，土地对已经可以自由地进行非农业生产的农户来说意味着什么？哈特（Hart，2002）②认为，由于中国的土地制度使农民拥有土地，农民可以承受更低的工资，因此，中国工业化的成本相对于南非来说较低，中国的工业化过程是个无剥夺的资本积累过程。那么，土地在农户的家庭经济行为中起到何种作用呢？姑且不论中国工业化过程中"无剥夺"的概念是否合适，农民拥有土地确实为工业化负担了部分成本，这是不争的事实。

第五，在关于中国农户家庭是否能够产生积累的问题上，如果上面哈特的假说是符合逻辑的，那么土地是中国农户家庭可以降低成本的因素，在中国工业化进程中农民可以承受低工资以适应工业化发展初期低成本的需要。延伸看来，中国农村的土地集体所有制中规定集体是土地的产权所有者，换言之土地的所有权属于村民小组，而普通农户只是承包人，拥有稳定的使用权，那么这样的共有土地产权对村民小组又意味着什么？家庭内部存在家庭伦理法则，那么在共有土地产权和部分财产集体所有制的条件下，传统村社内部也存在部分收入集中和部分风险共担的问题，这就是姚洋（2004）提到的集体伦理法则。因此，在以农户个体预期收入效用最大化作为约束条件的情况下，是否也存在村社集体的预期收入效用最大化，而且，村社集体与村民是什么关系，村社集体又如何与土地的终极产权所有者——政府进行博弈及交易？这些都是需要厘清的问题，尽管这个问题的提出已经超越了农户家庭的经济行为，但在这种土地产权安排下，农户家庭势必要受到村社集体行为的影响，而农户家庭也需要通过村社集体与政府进行交易来实现自己的经济目的。更何况在传统村社内部，户与户之间因存在千丝万缕的血缘关系而构成了更大范围的"家庭"。

第六，当中国出现非农就业的劳动力市场，大量农民通过迁徙提高自

---

① 由于2006年取消农业税，及各地对农业各种费用摊派进行治理，定额租的形成条件已不再具备，因此笔者增加了一个时间节点的设定。
② Hart, Gilliant, 2002, *Disabling Globalization: Places of Power in Post-Apartheid South Africa*, University of California Press, October 7.

己人力资本回报率的时候，就需要考虑，在刘易斯-拉尼斯-费模型和托达罗模型共同作用的情况下，农民迁徙对农业和工业发展的影响，以及提高农民工业化取向的人力资本是否能够解决仍然处于城市较低阶层的进城农民的就业和收入问题。这是对于中国农户家庭经济行为的一个延伸研究，也应对其予以一定的考虑，并与上面的诸多问题共同研究以期获得系统性的认识。

第七，针对当代中国的乡村治理问题，很多研究者、社会运动者和行政管理者提出可利用传统农村乡土熟人社会等非正规制度安排来解决"三农"问题，包括农村村民自治、农村金融发展等。然而，事实是农村劳动力外移愈发严重，而城市出现用工荒，人口红利渐失；农村金融资本继续净流出，农村金融问题至今未破题，本为解决农业金融问题批准设立的村镇银行、小额贷款公司等几乎全线"脱农"，正规资金互助社经营惨淡，非正规资金互助社遍地开花、缺乏监管、非法集资现象严重；农村土地非法征占严重，农民利益难以保障，18 亿亩耕地红线难保。将这些问题简单地归结为政府管理问题很显然是偏颇的、不公平的，这需要全体相关群体共同探讨。研究者要对本身的研究成果做出反思，社会活动者要对自身的行动进行检讨，当然政府管理者也需要讨论监管和政策制定问题。

本书在对上面提到的几个问题的研究中发现，绝大部分研究都是针对农户的研究，而非针对个体农民的研究，研究中往往默认农户为一个整体，通过家庭整体决策配置劳动力以获取收益。因此，将家庭分工及家庭整体人力资本纳入思考的基础是合乎逻辑的。在中国农村，用于生产的三要素中，绝大部分农户并不具有基本的用于再生产的实物或货币资本，而只拥有土地和劳动力两要素。基于比较优势理论，相对于北美发达国家，中国在人多地少的客观国情条件下，土地要素仍然不具有比较优势。在发展初期尽管也会出现源自土地要素的比较优势，但也只是由于在那段时期金融资本更加稀缺，中国现阶段的资产价格上涨就充分反映了土地要素的比较优势已经近乎耗竭。因此，从长远来看，能够称得上比较优势的生产要素就只有劳动力（或劳动力资本），这是中国农户仅有的能够赖以生存并获取显著收益的资本。而在中国特殊的土地制度下，土地尽管稀缺却是基本均分的，因此保证中国农户能够维持基本生存需要成为可能。这样，劳动力资本的配置、土地的作用和不完全的劳动力市场构成了本书研究的重点和基础分析角度。与之相伴随产生的是乡村治理过程中，管理者和政策制定者如何根据农户行为准则进行管理和制定政策以更有效地推动中国农村发展。

本书对中国农户家庭经济行为的解释是通过人力资本的视角进行的，因此人力资本理论是本书的基础理论，同时预期效用最大化条件下的资本资产投资组合是本书的核心应用理论。通过对上面提出的七个问题的讨论，本书形成以下阶段性的结论。

1. 中国农户家庭在缺乏基本的金融和物质资本的条件下，只有利用在劳动密集型产业和农业中占据高存量优势的人力资本投入获取收益。在不完全劳动力市场和近乎没有市场风险的农业生产中，农户家庭通过将人力资本在工业和农业中进行配置，形成几乎没有金融资本的特殊类型的资本资产投资组合，以期在加入风险控制的前提下实现以"户"为单位的预期收入效用最大化。此时，中国农户的经济行为不再是"生产—消费均衡"模式，也不再是利润最大化的厂商生产模式，而是尽管特殊但典型的投资行为，这也是理性的农户家庭行为。

2. 非农收入是中国农户家庭进行经济行为决策的重要因子，其变化显著影响着农村家庭在农业生产中的技术配置、资源配置和劳动力配置。

3. 使用新家庭经济学的单一模型进行建模是能够解释当前农村劳动力供给的主要现象和问题的，在逻辑上也是合理的。在当代中国人多地少和城乡二元结构的大背景下，农户家庭更倾向于出于风险控制和效用最大化的考虑对家庭劳动力资本进行分散投资、有效配置，这是符合理性经济人的一般概念的，只是不再以家庭个体成员为单位，而是以户为单位的"农户理性"。

4. 国家权力推进"土改"形成的以集体所有制为名成员共有为实的、以村社血缘地缘关系约束的土地"产权残缺"的中国特色的农村制度形态，在降低社区成员间合作的组织成本的同时，也提高了社区成员"退出"的成本，使农民事实上无法完整地行使退出权，传统村社成员间形成了类似于家庭理性的经济行为。

5. 以村社为单位体现乡土熟人社会特征的经济运行模式中这类所谓的中国式"集体理性"不过是特定历史时期家庭理性延伸选择的结果，

并不具有普遍的现实意义，更不能作为所谓"中国经验"中的重要组成部分加以推广。与其在集体化、自治等组织形式层面解决广义的"三农"问题，不如认真思考如何充分发挥市场机制将粮食的战略安全、食品安全和生态环境意义等价值真实地反映在农产品价格上，切实实现农民收入增加、城乡居民合理流动及农业生态环境改善等。

二　两个派生问题的讨论

需要特别强调的是，下面的两个问题尽管不是本书研究的目标，却是在本书研究过程中不可回避地穿插于主题讨论中的两个派生问题，在这里一并提出。

第一，中国农村的资本积累首先是从个体农民到农户的以家庭为单位的资本积累和提取，然后以血缘和土地产权为前提条件，在外部恶劣市场环境的推动下，以自然村为单位的村落通过以集体的形式提取农户家庭资本积累实现村社的资本积累。三年困难时期造成大饥荒的根本原因在于，村社一级的积累提取方式不再是反复博弈，而是大规模地打破自然村社边界的非合作的"集体化"运动的一次性博弈，最终导致大部分以血缘地缘为纽带的村社边界被打破，从而出现了一次性博弈的两败俱伤的结果，而后逐渐恢复的"队为基础，三级所有"的治理模式再次将农民与政府间的一次性博弈变成多次合作博弈。也因此，尽管自然灾害仍然发生，但大规模的饥荒不再出现，而在资本积累基础上形成的整体村社的理论意义上的发展也逐渐显现。

第二，企业家因承担风险获得加入风险权重的超额收益的问题同样适用于通过家庭分工产生的人力资本配置来分散风险形成超额收益的问题，只不过由于这部分超额收益在历史发展的不同阶段被土地或其他形式的资本——如金融资本等——超额占有变成了全民收益，农民的家庭积累被直接或间接通过村社提取出来，形成了国家发展的资本积累。在国家经济高速增长的同时，城市部门仍然可以利用这种家庭和村社的理性机制在经济产生波动时将危机转嫁到农村，使农村居民仍然可以在低收入的条件下维持生存而不至于显著反弹。因此，这种村社产权与村社集体理性相结合的制度安排，是中国得以迅速发展和缓解危机的重要的制度比较优势之一。

当然不可否认，在这个过程中产生了符合目前以"发展"为目标的价值判断的效率，但也确实存在公平性的失衡。究竟如何看待这种"中国经验"还需用历史的眼光来全面地分析，这类非制度性安排是否具有可持续性，是否可以取代正式制度都是需要思考的问题。

三 概念界定

（一）家庭与户

在本书中对这两个词的使用将沿用艾里思（Ellis, 1988）[①]在其著作《农民经济学》中的方法，在很多场合下不加区分地使用"家庭"（family）和"户"（household）这两个词，但并不是因为在本书的研究层面应用于这个社会层次上发生的经济决策的研究时这两个词的区别不重要，而只是为了使用方便，符合一般性的语言表达习惯，同时将农户和家庭这两个词语并列使用可以强调本书的家庭概念只限定在户这一以共同住所为基本范畴的社会单位，而非广义的所有通过血缘关系构成的家庭，因为在传统村社，一个大的家庭包括很多不同结构的"户"。之所以将家庭的概念限定在户的层面上是因为本书的研究重点是收入、消费、资源配置和决策，广义的家庭概念不是一个合适的出发点。在贝克尔（1976）的新家庭经济学中并未严加区分这两个词，"家庭"有时候泛指广义的家庭概念，有时候指代的是"户"，因此这里需特别提出，本书是在新家庭经济学中有关"户"的框架下进行深入研究的。

当然正如Ellis所强调的，"户的这个定义仅仅是为了给我们的经济分析提供一个入口，它不能够取代经验研究的结果。当实际的户以这种或那种方式偏离最初假设时，它也不能特别保证经济学原理的应用。世界是复杂的，社会科学为了理解世界，不得不对它做一些简化"。

（二）理性

对于任何人来说，任何决策都应该是理性的，都是以个体或限定范围的集体特殊需要的效用最大化为目的的，并没有一个严格的理性准则来约定哪些是理性行为，哪些是非理性的。而很多文献在对农民经济行为的研

[①] 弗兰克·艾里思，1988，《农民经济学》，上海人民出版社，2006年出版中译本。

究中基本将个人利润最大化的个人功利主义作为理性的,而将其他基于生存和避险等原因而不进行利润最大化选择的行为作为"非理性"的行为。因此,在前人研究的文献中对理性的解释是含有"发展"产生资本积累的意思的,而被认为"非发展"(不产生资本积累)的行为就没有被归纳进理性的范畴。本书中的理性是指效用函数或福利函数等良序函数的最大化,因此前人研究中的非发展行为如果是基于效用最大化的考虑本书仍视为理性,也因此本书将放弃使用前人研究中归纳的"理性小农"和"生存小农"的概念定义。

(三)家庭理性

中国农户的家庭经济行为都是理性的,含有资本积累意义的"发展"的经济行为。家庭理性是以家庭为单位的整体功利主义意义的理性行为,而这种家庭理性行为包括建立在家庭内部成员间的利他主义基础上的风险共担、成本共担及收入分享。在这样的理性基础上家庭成员劳动力的配置方式并不是单一的以收益最大化为指向,而是将风险因素考虑进来,这样往往拥有较高劳动力资本存量的青壮年男子可能在进行家庭分工时被安置在工作强度较小的位置上,而老人、妇女和儿童被安置在工作强度较大的位置上。这种看似矛盾的安排确是基于风险和收益的共同考量选择的,如青壮年男子出外打工,尽管可能从事的只是保安工作,劳动强度相对于农业工作来说强度很低,但老人、妇女和儿童均无法胜任,只能留守家中从事收入较低但劳动强度大的农业劳动。

(四)人力资本和劳动力资本

人力资本包含由劳动者的健壮程度体现出来的资本,即劳动力形式的资本。本书使用劳动力资本以区别于城市受过较高教育人士的人力资本,但需要强调的是,本书的劳动力资本尽管表达的主要是劳动者的健壮程度,却也包含其进行体力劳动的经验,事实上体力劳动是城市人为体现自身优势而带有贬低性质的定义,而体力劳动往往也需要很多经验的支持方可做到合乎标准的工作,农民的劳动力资本更是如此,因此本书的劳动力资本概念包含着经验和技术性的人力资本含义。为表达方便,这两个词会在不同的上下文中混用,但除了个别说明外,文中两个词均代表农民身体的健壮程度以及劳动的经验和技术的人力资本。

还需事先约定的是，由于劳动力在不同使用形态下可以分别是资产、资本及资源，因此在本书中如单独使用资产、资本和资源是不包括劳动力的，对这一部分只会以劳动力资产、劳动力资本及劳动力资源等全称提出。

（五）小农

在中国，由于经济的发展，沿海发达省份传统农业已经凋零，代之以工业化社会为主流，即使仍然存在的农业也是工业化的现代农业，而工作的农民与其他制造业的工人一样定时收取工资，应被划分为产业工人，资产的所有者也不是农民，而是真正意义上的工业企业主，因此不在本书的讨论范围内；同时部分地区，如中国东北部地区，由于人少地多的原因，并不是严格意义上的小农经济，因为其生产规模较大，也不在考虑范围内。本书的解释只能严格适用于中国中西部地区以农业为主的产粮大省的小规模经营的农户。

四 两个主要假说体系评述

国内外关于"中国经验"的研究，都不可能忽略中国在小农经济的漫长历史中形成的具有中国特色的农业社会与当代作为农村基本制度的家庭承包制浑然一体的特征。农业经济学理论对于小农经济问题尤为重视，以其作为研究客体的讨论几如汗牛充栋；但，大多数研究都立足于国外农业经济理论一直存在的貌似对立却都是基于理性的边际主义经济理论进行分析的两个假说：恰亚诺夫（Chayanov，1925）的加入了农民主观因素的依据产出和消费的边际效用均衡作为分析基础的农户"生产—消费均衡"假说；舒尔茨（Schultz，1964）的农户依据边际成本与边际收益相等追求"利润最大化"的假说。黄宗智（1990）[1]将恰亚诺夫假说归为实体经济学派，将舒尔茨假说归类为形式主义经济学派。这里之所以提出两个主要假说体系而没有将黄宗智（1980）[2]的"过密化"小农经济行为单独作为一个假说体系，是因为笔者认为该假说是主要依据恰亚诺夫假说的研究方法针对近代中国国情背景"量身定做"的研究中国小农经济行为的理论

---

[1] 黄宗智，1990，《中国农村的过密化与现代化：规范认识危机及出路》，上海社会科学院出版社，1992。
[2] 黄宗智，1980，《华北的小农经济与社会变迁》，中华书局，2000。

体系，但鉴于该假说对于研究中国小农经济行为的重要性，本书也将其作为一个独立的假说体系进行讨论。

恰亚诺夫和舒尔茨研究的历史和国情背景的区别造成了两个假说市场约束条件的不同，基于农村并不存在剩余劳动力的判断的舒尔茨假说的市场假设是包括劳动力要素在内的完全竞争的要素市场；而恰亚诺夫认为由于外部工业市场对农民来说也是环境恶劣的，并不存在一个完全竞争的劳动力就业市场。这样两个假说对于农民从事农业劳动的机会成本的参照物产生了区别，舒尔茨假说的农业劳动力机会成本是均衡劳动力市场价格，而恰亚诺夫假说的农业劳动力机会成本则是农民主观的消费需求。

（一）恰亚诺夫小农假说

恰亚诺夫的基本理论认为农民家庭是农民农场经济活动的基础，农民决策是基于农户的消费与生产均衡模型做出的，并提出了"家庭生命周期"假说。在这个模型的基础上，土地的最优规模并不是由劳动力资本存量决定的，也因此农民的农业投入不是以利润最大化，即边际生产成本与边际收益相等的均衡理论为基础的，农民是根据家庭的消费需求来决定产出的。这类似于中国传统小农经济经常提到的自给自足经营方式，农户家庭的经济行为只是为了应对恶劣环境的维生行为，而并不产生积累。其独创性在于，他明确地把这一规律视为家庭劳动经济专有并以此区别于雇佣劳动经济，从而把前人关于"小农经济的独特规律"的认识由感性上升到理性（秦晖，1996）。[①] 对于其家庭生命周期假说，霍布斯鲍姆（Hobsbawm，1980）[②] 认为在自然经济占统治地位的时代似乎还有一定道理，然而在市场经济和半市场经济日益发展的情况下，农户分化的原因恐怕难以完全归于"家庭生命周期"说。

恰亚诺夫通过大量的统计数据分析证明了假说是适用于他所分析的1930年农村集体化之前的俄罗斯向苏联过渡时期的农村社会特征的。在这段时期市场不发达，农村劳动力在进行人力资本投资的时候除了进行农业耕作之外通常并没有其他综合风险及更好的收入等选择。恰亚诺夫意识

---

① 秦晖，1996，《农民经济组织》（译者导言），中央编译出版社1996年翻译出版。
② Hobsbawm, E., 1980, *The Peasantry in History*, Oxford: Oxford University Press, p. 244.

到手工业和商业是农民在农闲时的赚钱手段，劳动者家庭在劳动力配置上也有资本家的考虑，但认为手工业和商业无法提供高于农业的收入，即手工业和商业的市场环境更加恶劣。

在这样的经济发展状态下，恰亚诺夫提炼出来的消费—生产均衡假说是符合当时的时代背景的，恰亚诺夫式的农民的生产方式也是理性的。这样，恰亚诺夫假说的理论基础建立在了劳动力价格取决于生产的产量上，由于假说中的产量与消费均衡，因而劳动力价格取决于其家庭消费，也因此劳动力农业劳动的机会成本反映的是家庭消费量的变化。

他认为"在完全相同的水平上，有时被农民家庭认为是有利的，有时却被认为是不利的，这主要取决于需求满足程度和劳动辛苦之间的基本均衡情况。如果在家庭农场核算中尚未达到基本均衡，未被满足的需求依然相当突出，那么经营农场的家庭便有强烈的刺激去扩大其工作量，去寻求劳动力的出路，哪怕是接受低水平的劳动报酬。'出于无奈'，农民去干初看起来最不利的工作"。这是从边际效用角度进行考虑的，通过寻求辛苦程度的边际效用和需求满足的边际效用的均衡来提出农民自身经济行为的指导方式，属于典型的奥地利学派的分析方法。奥地利学派的概念、语言和逻辑充斥在恰亚诺夫的分析中，他赞同，"主观评估""边际劳动消耗"乃至"工人边际收益的效用"。但是恰亚诺夫拒绝将微观经济中对效用的主观评估延展到整个国民经济系统中。恰亚诺夫的学说也必须被看作对家庭经济的扩展研究，他提出了自然经济的概念，在这里单位产出也是单位消费，不存在工资和利润。他认为这是经济的第四种形式，非资本主义、非社会主义、非奴隶制的。在家庭生产中家庭劳动力是没有工资的，只有劳动者的时间花费。恰亚诺夫认为斯密和李嘉图的新古典经济学和马克思主义都不能适用于广大的俄罗斯人民生活的自然家庭农业。Roberts and Mutersbaugh（1996）总结认为恰亚诺夫的"基本论断是非古典经济学和马克思经济学的家庭生产的排他分析，资本和劳动力、生产和再生产的界限在家庭农场内部基本不存在"。[①] 马克思认为作为一个阶级，

[①] Roberts, R., and T. Mutersbaugh, 1996, "Commentary", *Environment and Planning* 28: p. 952.

家庭农民会被毁灭，将来农业只能在大规模商业化农业或大规模社会主义农业中二选一。而恰亚诺夫认为农民生产模式可以成功地进行自我开发，不是必然地转向资本主义或社会主义模式。小农不会消失。"农民家庭劳动力农场作为基本组织形式将会保持不变，只会发生有特定特征的改变并围绕着国民经济的情况进行调整。"恰亚诺夫也不认为集体农场会更加有效率，他认为"水平合作"的集体制将会摧毁地方乡村精英的治理并导致官僚习气（Shanin, 1974）。[1] 从一个农民家庭系统转向一个公共合作的农村经济系统，这其实是一个由农民控制的合作组织引导的农村经济的和平演变。

通过对恰亚诺夫假说的研究可以看出，恰亚诺夫假说是基于土地和劳动力市场要素不存在的背景的结论，在恰亚诺夫的模型中农场规模的大小和农业劳动力的影子价格之间存在正向的关系，因此正如 Sen（1966）指出的，要使这样的模型完全成立，那么土地和劳动力市场必须同时缺失。[2] 同样，在他的"劳动—消费均衡论"里，"消费的满足"和"劳动辛苦程度"的效用难以测定，并排除了任何社会关系的作用。这些，都为很多学者所诟病。萨哈林指出，"政治控制和政治组织总是强迫家庭农场生产出超过满足其家庭所必需的产品数量。……税收与地租必须要支付，加上征集过程中的欺诈，不平等的交换率，使得消费者与生产者的比率远远高出单纯家庭内部两者的比率"（Dufuberge, 1984）。[3] 因此恰亚诺夫假说忽略了生产关系的矛盾，并假定所研究的家庭农场与市场经济完全隔绝（侯建新，1999）。[4]

在后期，斯科特（Scott, 1979）[5] 的"道德经济"小农理论和黄宗智（1980）的"过密化"小农理论显然是受到了恰亚诺夫的极大影响。

---

[1] Teodor Shanin, 1974, "The Nature and Logic of the Peasant Economy. II: Diversity and Change. III: Policy and Intervention", *Journal of Peasant Studies* 1 (Jan. 1974): 201.

[2] Sen, A., 1966, "Peasant and Dualism with or without Surplus Labor", *Journal of Political Economy*, 74 (5): 425: 450.

[3] Dufuberge, E. P., 1984, *Chayanov: Peasantry and Economic Anthropology*, New York Press, p. 197.

[4] 侯建新，1999，《国外小农经济研究主要流派述评》，《世界历史》第 1 期。

[5] Scott, J., C., 1979, *The Moral Economy of the Peasant: Rebellion and Subsistence in Southeast Asia*, Yale University Press.

斯科特以南亚农民为研究对象提出了农民以"生存和安全第一"为主要思想的"风险规避型"农户家庭经济行为决策，作为一个非系统化研究农户经济行为的理论，为农户家庭整体经济行为加入了新的，也是重要的约束条件，此观点是基于家庭内部成员间的利他主义思想的。斯科特将农户家庭的关键问题——生存——作为研究的中心，很有说服力地用农户对粮食短缺的恐惧解释了农业社会中很多令人费解的技术、社会和道德的安排，比如对革新的态度保留，对拥有自己土地的渴望，与其他人的关系，及与国家和制度的关系等。当生存作为中心问题被确认后，它对经济和政治公正的概念的影响就可以被揭示出来了。斯科特通过研究缅甸南部和越南的农业社会的发展历史揭示了殖民时代的变迁系统性地违背了农民的道德经济并形成了反抗和革命的潜在动机。斯科特视农民为政治和道德的行动者，如同保卫个人的安全一样来保卫他们的价值观，这是一个农民政治学的范例。

　　道德经济依赖于一个中心原则，就是嵌入性。前现代经济是道德经济的原因在于它们是社会关系和非经济制度的整体中的一部分。斯科特受波兰尼（Polyani，1957）[①]的启发，反对把功利主义的理性世界化，接受并创造性地运用了波兰尼"经济嵌入于社会之中"的观念。[②]

（二）舒尔茨小农假说

　　舒尔茨则认为农民作为理性经济人是以收益最大化为考虑的，农民是能够将各种要素进行有效配置并进行农业生产的。舒尔茨接受了塔克斯（1953，引自舒尔茨《改造传统农业》）的观点，认为危地马拉的帕纳加撒尔和印度的塞纳普尔的农民都是在"一个非常发达的、倾向于完全竞争的市场条件下"，他们的活动具有"由一个既是消费单位又是生产单位的居民组成的货币经济的特征"，"十分贫穷而有效率"。[③]舒尔茨认为传统农业中由于生产要素和技术基本不变，因此持久收入流来源的供给价格基本恒定，这样持久收入流的供给曲线是一条垂直线；同时，由于农民的劳动力之外的人力资本低下，因此对这些收入流来源的需求也基本恒定，

[①] Polyani, K., 1957, *The Great Transformation*, Boston: Beacon.
[②] 此段引述系取自浙江大学任强在网站上面的工作日记，暂时无法具体给出文献出处。
[③] 塔克斯，1953，《一个便士的资本主义》，《公报》第16期，华盛顿，美国政府出版局。

持久收入流的需求曲线成为一条水平线，在这个基础上形成的均衡使持久收入流——生产要素——的价格长期处于比较高的水平。因此，农民收入低下是由于生产要素价格较高，而农民劳动力之外的人力资本存量较低，这些造成了农业投资的资本收益率低下。因此，关键应是将农产品价格和各种生产要素通过市场机制进行配置，而不是通过指令性的计划，同时加大对农民人力资本的投入以提高劳动生产率。这个观点的基础是新古典经济学的边际主义理论。

舒尔茨认为配置效率在很多小农经济中是很高的，[1] 他根据印度1918~1919年流行性感冒引起的农业劳动力减少使农业生产下降的事实证明了农业产量变化与劳动力人口变化是密切相关的，认为"贫穷社会中部分农业劳动力的边际生产为零的学说是一种错误的学说"。张五常（1969）在《佃农理论》中也提出了相同的观点，认为提出农业有大量零值劳动的剩余劳动力是不了解农业的生产特点。[2]

舒尔茨认为制度对农业的发展起着促进作用，制度应该随着经济现代化的发展而进行相应的改变，通过市场方式的经济刺激，调整农产品和生产要素价格对农民形成激励，并认为大规模农场只能带来效率的损失，应该实行在地化（即土地所有者住在自己的土地上亲自进行经营）的家庭农场经营模式，实现所有权和经营权的合一。

同时，舒尔茨认为在现代的许多高收入国家中，也出现了一个重要问题。这就是劳动生产率高速增长的农业与对农产品的需求缓慢增长的高收入经济相适应的问题。当农业需要的劳动力大幅减少时，由于离开农业的农民缺乏非农业工作的技术和教育，他们会出现大量失业，增加就业的困难，上述问题就更加尖锐了。但舒尔茨并未就这个问题继续讨论下去。

在《改造传统农业》中，舒尔茨对美国农业的分析与对发展中国家农业的分析无缝地衔接在一起，这种一致的方法与其同时代的认为农民与非农民具有不同的经济行为模式，特别是在与美国不同的发展中国家的大

---

[1] 本书后续的研究证明中国小农经济的配置效率并不高，同时舒尔茨认为的技术效率、配置效率、经济效率可以通过人力资本提高，即技术水平的提高而得到提高，然而本书后续调查显示非农收入对这些因素的影响程度较高，这是不同于舒尔茨的完美市场假说的。
[2] 张五常，1969，《佃农理论》，中译本由商务印书馆2000年出版。

部分经济学家不同。舒尔茨相信人们面对刺激有着的相同的反应态度，同时也能够认识到经济的机会性并对这些机会做出反应。他默认偏好的持续性，并寻求对不同的机遇和能力做出反应的预期和解释。这个视角使他的观点在政府扶持的农业和反贫困计划中备受争议。舒尔茨认为这些计划会扭曲个体的激励机制并最后可能失败，因为这些计划本身并没有消除个体参与市场和受到经济激励的障碍。

舒尔茨把对传统农业的改造完全寄托于西方生产要素（包括人力资本）的输入，忽视了传统农业发展的地域差异和不同特征，忽视了小农经济和社会孕育现代因素的可能（其实西欧特别是英、荷的农业资本主义就是源生于传统农业的），这恐怕是有问题的。还有，舒尔茨对刘易斯"零值劳力"观点的批评是正确的，但"非零值说"也不可过于绝对，如果发生人口超常增长等因素，在某些地区和在一定时期内，传统农业出现零值劳力的可能性不能完全排除（牛仁亮，1994）。[①] 也就是说，在向现代农业转型的过程中，不可能完全否认人口因素的作用。黄宗智等（2007）认为"在人民共和国时期，中国农村实现了舒尔茨强调的现代工业科技因素的投入（主要是机械化、化肥与科学选育良种），但它在中国并没有像在许多其它发达和发展中国家那样，提高劳动生产率和收入。农村生活水平仍然徘徊于糊口水平"。[②] "舒尔茨没有看到人口问题。当时农村政策的关键性失误是没有正视人口问题并采取适当措施，以致后来迫不得已地必须采取比较极端的生育控制。正因为如此，现代技术投入所带来的劳动生产率发展，绝大部分被人口压力所蚕食掉。"

后来，同样针对小农经济行为进行研究的波普金（1979）[③] 的理论思路也主要来源于西奥多·舒尔茨对拉美小农的分析框架，他认为"农民的经济行为背后充满了利润的算计，这一点不比资本主义企业家逊色"，"越南农民是理性的个人主义者，由他们组成的村落只是空间上

[①] 牛仁亮，1994，《二元经济中劳力利用的理论探讨——评刘易斯同舒尔茨的一场著名论战》，《中国社会科学院研究生院学报》第1期。

[②] 黄宗智、彭玉生，2007，《三大历史性变迁的交汇与中国小规模农业的前景》，《中国社会科学》第4期。

[③] Popkin, Samuel L., 1979, *The Rational Peasant: The Political Economy of Rural Society in Vietnam*, Univ of California Pr on Demand.

的概念而并无利益上的认同纽带；各农户在松散而开放的村庄中相互竞争并追求利益最大化。尽管他们偶尔也会照顾村邻或全村的利益，但在一般情况下各家各户都是自行其是自谋其利的"。在后来的讨论中也有很多学者对波普金的理论持支持的态度，有人甚至称"亚洲的农民比欧洲的农民更自私"。

（三）黄宗智"过密化"假说

黄宗智（1980，1990）通过对华北地区和长江三角洲的农户的研究认为，小农的行为和目标是基于统一的家庭的生产目标和消费目标形成的，中国江南地区在近代之所以"发展"出与英国工业革命类似的现代经济模式，其原因在于"'内卷化'（Involution）的农业非最优化（non-optimization）"。与恰亚诺夫假说相同，黄宗智将农户的经济行为归结为"生产—消费"的均衡，而非利润最大化的经济行为。并同样认为在非农就业市场缺失的条件下，尽管存在纺织等轻工业的家庭经营，这些经营也是为了满足家庭的生计需要，由人口压力推动的商品化。

黄宗智的假说引起了很多学者的争论，特别是专门研究中国问题的学者。马若孟（Myers Ramon，1991）[①] 以劳伦（Loren，1989）、[②] 戴维（David，1989）[③] 和托马斯（Thomas，1989）[④] 等人的研究为依据指出商业化和国际贸易给中国农业带来了发展，中国近代农业生产增长的速度超过了人口增长的速度，人均收入没有递减。黄宗智（1992）认为马若孟对自己的著作充满误解和歪曲，把他所说的单位工作日劳动生产率的发展与罗斯基的人均年产出的增长混同，甚至把他的"质变性发展"的定义等同于拥护马克思主义的革命。[⑤] 马若孟意图"重新挑起一场头脑简单的

[①] Myers, Ramon, 1991, "How did the Modern Chinese Economy Develop? A Review Article", *Journal of Asian Studies* 50 (3): 604 – 628.

[②] Loren, Brandt, 1989, *Commercialization and Agricultural Development in East-Central China, 1870 – 1937*, Cambridge: Cambridge University Press.

[③] Faure, David, 1989, *The Rural Economy of Pre-liberation China*, Hong Kong: Oxford University Press.

[④] Thomas, Rawski, 1989, *Economic Growth in Prewar China*, Berkeley: University of California Press.

[⑤] 黄宗智，1992，《长江三角洲的小农家庭和乡村发展》，中华书局。

斯密主义与马克思主义的政治论争"。Wong（1992）① 通过对 Loren、David、黄宗智等人研究的分析和对比，指出他们在商品化和贸易的观点上有共同之处，不同之处只是在于西方资本主义发展经验是否适用于中国。黄宗智认为 Loren 等所强调的民国时期乡村经济的积极变迁是有限的。而 Wong 认为，黄宗智提出将"由人口压力推动的商品化"和"由追求利润推动的商品化"区别开来的主张并不令人信服，无论是英国还是长江三角洲地区的农民从事乡村工业的动机都是难以区分的。陈意新（2001）则认为双方的争论核心是人均收入问题，如果中国近代农民收入没有递减，黄宗智对中国近代农业问题的整个看法便失去了基础。② 林刚（1999）认为，黄宗智的理论是将与西方经济学的劳动生产率概念相关的资本主义经济价值标准用于判断非资本主义性的经济行为及其对社会的影响。③ 赵冈（1997）则指出，只有当边际产量低于维生费用时才会真正出现过剩人口，而一个地区是否富裕，由平均产量决定，平均产量越高，容纳剩余人口的能力就越强，江南地区最富裕，剩余人口最多，这不但不矛盾，反而是必然现象。④ 一部分中国学者批驳了这样的说法，如夏明方（2002）对近代农村经济发展的观点提出了反对意见，认为尽管不能否认华北农村曾经出现的经济增长过程，但是也不应忽视其中的成本和代价，以致混淆了"增长"与"发展"这两个不同的概念。⑤ 汪敬虞（2002）则认为"农业生产如果说有增长，那也是没有发展的增长，如果说有发展，那也是不发展中的发展"。⑥ 针对林刚的看法，张常勇（2004）⑦ 提出，即便在劳动生产率这个几乎被公认是经济发展标准的问题上，中国传统小农经济的低生产率或过密化仍有其合理之处，有其与国情相适应的特点和优点。

---

① Wong, R. Bin, 1992, "Chinese Economic History and Development: A Note on the Myers-Huang Exchang", *Journal of Asian Studies* 51 (3): 600-611.
② 陈意新，2001，《美国学者对中国近代农业经济的研究》，《中国经济史研究》第 1 期。
③ 林刚，1999，《中国国情与早期现代化》，《中国经济史研究》第 4 期。
④ 赵冈，1997，《过密型农业生产的社会背景》，《中国经济史研究》第 3 期。
⑤ 夏明方，2002，《发展的幻象——近代华北农村农户收入状况与农民生活水平辨析》，《近代史研究》第 2 期。
⑥ 汪敬虞，2002，《中国资本主义的发展与不发展》，中国财政经济出版社。
⑦ 张常勇，2004，《黄宗智过密化理论探讨述评》，《中国农史》第 1 期。

所有这些针对黄宗智理论的反对声音中最值得注意的是李伯重和彭慕兰的看法。李伯重对内卷化理论提出了批评,认为这个理论很难有效解释明清时期江南的经济发展,也很难应用于对明清时期江南的研究中。黄宗智的问题在于将斯密—马克思的增长与库兹涅茨增长这两种动力和条件不同因而结果不同的无必然联系的增长理论混合在一起,而产生了逻辑问题。同时葛剑雄(1991)[①]、李中清等(2000)[②]、王国斌(1998)[③]等人的研究证明,清代人口增长率大大高于以往的说法是站不住脚的。彭慕兰(Pomeranz,2003)[④]在其著名的《大分流》一书中认为在现代早期的中国和欧洲都能看到动力和危机共存,因此需要避免片面地在欧洲只看到动力,在中国只看到内卷及发展中的危机;要看到中国和欧洲原始工业化中的共同因素,不能在世界的这一个部分只看到进步,而在另一部分只看到停滞。

抛开这些关于发展的争论,黄宗智的过密化理论对研究中国农户家庭行为的主要贡献是强调人口压力对经济的制约(这一点也是与恰亚诺夫假说体系中的俄罗斯人少地多的社会背景截然不同的),并把人口压力的问题上升到了影响中国历史进程的高度,将中国农民的经济行为与社会发展的历史进程紧密结合起来,这是有很强的实践意义的,为现代中国在不同的历史阶段的农民经济行为研究提供了理论基础及约束条件。

五 当代中国国内学者研究的简要综述

在国内,伴随1980年代初农村土地家庭联产承包责任制的推行和市场化改革的不断深化,缺少经济自主权的农户逐渐从集体经济的制度约束中摆脱出来,日渐成为独立的经济行为主体,在经济发展中发挥越来越重要的作用。与此过程同步,农户的家庭经济行为也逐渐走入国内学者的研究视野。在改革初期,人们把视角投向对农户经济行为的研究,是因为改

[①] 葛剑雄,1991,《中国人口发展史》,福建人民出版社。
[②] 李中清、王丰,2000,《人类的四分之一:马尔萨斯的神话与中国的现实》,生活·读书·新知三联书店。
[③] 王国斌,1998,《转变的中国——历史变迁与欧洲经验的局限》,江苏人民出版社。
[④] 彭慕兰,2003,《大分流:欧洲、中国及现代世界经济的发展》,史建云译,江苏人民出版社。

革中农户经济行为的变化既能揭示中国农村经济改革的进展，又能显示中国农村经济改革的不足；人们研究的角度也主要是关于经济体制改革对农户经济行为的影响，研究的目的则主要是为进一步深化农村经济改革提供政策建议（宋洪远，1994）。[①]

（一）农户的经济行为目标及合理性判断

农户作为一个经济行为主体，与其他经济行为主体的差别，首先就是有其特殊的利益目标。因此，农户行为目标的确定是农户行为研究的首先而又重要的内容（宋洪远，1995）。[②] 在此基础上必然要求对其行为做出是否符合理性的判断。事实上，对农户家庭经济行为合理性的判断也跟此一时期西方新古典经济学的引进有密切关系，特别是1987年舒尔茨《改造传统农业》一书的中文版在中国发行之后，重新审视农户家庭经济行为是否符合理性原则便成为学术界探讨的一个主题。

卢迈、戴小京（1987）属于国内最早开展此类研究的人员，他们认为，农户的决策目标具有明显的二重性，一是收入增长，二是收入稳定。[③] 但在不同的内外条件下，这双重目标有不同的体现。在系统考察了农村改革以来农户经济行为的特点之后，他们认为改革以来农户所表现出来的经济行为具有充分的合理性。李成贵（1992）[④] 接受了卢迈、戴小京关于农户决策目标二重性的观点，从理论和实证两个方面对中国农户经济行为进行了分析，认为中国农户经济行为的每一个特点都是农户在收入稳定和收入增长双重目标的支配下，对其所受到的内部约束和外部环境刺激做出理性选择所表现出来的。宋洪远利用统计资料对改革以来农户经济行为目标的二重性特征进行了检验，认为未来农户的经济行为目标具有追求收入最大化的倾向，并且在经济行为目标选择上表现出明显的兼业化倾向。他据此推断，中国农村的产业结构和市场结构特点，使农民家庭无法在一个经营项目或一个职业选择上同时满足农户收入增长和收入稳定的双

---

① 宋洪远，1994，《经济体制与农户行为——一个理论分析框架及其对中国农户问题的应用研究》，《经济研究》第8期。
② 宋洪远，1995，《农村改革对农户经济行为影响的实证分析》，《经济理论与经济管理》第1期。
③ 卢迈、戴小京，1987，《现阶段农户经济行为浅析》，《经济研究》第7期。
④ 李成贵，1992，《现阶段农户经济行为评析》，《农村经济社会》第6期。

重目标，农户的基本经营方针只能是将稳定的低收入项目同不稳定的高收入项目结合，形成农户所谓的"稳一块"与"活一块"的双重决策。范建刚（1994）则直接指出农户经济行为目标的二重性是动态的，而农户拥有资源条件的变化是决定农户经济行为动态性的内部原因，工业化进程为外部原因，并且外部原因是深层原因。[1] 孔祥智（1998）[2] 以农业和农村的市场化程度为依据，按照流行的东中西三大地带的区域划分方法将中国农户的经济行为目标分为三类，在对抽样调查获得的数据进行统计分析后认为，中国农户的经济行为正处于从传统向现代转变的过程中，尽管已经取得很大成就，但跟市场经济所要求的利润最大化目标相比还有很大距离，也因此，此一意义上的农户经济行为合理化的过程还远没有结束。

由于中国农户家庭经济行为受体制因素的影响非常大，作为对改革之后农户经济行为认识的深化，研究农村改革之前的农户家庭经济行为就具有重要的比较价值。张江华（2004）对中国集体经济时期农户家庭经济行为的研究结果表明，在相当程度上，农民劳动与消费的关系符合恰亚诺夫的判断。[3] 农民的这一行为特征，既与当时国家的权力和意识形态有关，又为传统中国文化价值与人观所限制、构成和调节。常庆欣、刘明松（2006）认为，农户的经济行为目的最终都是追求家庭在一定条件下的效用最大化，而不同的市场环境、经济发展水平和人口压力造成了不同的表现形式，在传统社会中农户效用最大化体现为对基本需求的满足。[4] 在对民国时期江汉平原的农户经济行为进行考察后他们认为，民国时期农户面临着大量来自自然的、市场的和社会的风险和不确定性，在此背景下，农户的经济行为目标是一种风险规避基础上的基本需求最大化。

（二）农户经济行为的表现及影响因素

从经济学的角度，农户的家庭经济行为可以归结为生产和消费两个

---

[1] 范建刚，1994，《动态中的农户经济行为》，《福建论坛》第7期。
[2] 孔祥智，1998，《现阶段中国农户经济行为的目标研究》，《农业技术经济》第2期。
[3] 张江华，2004，《工分制下农户的经济行为——对恰亚诺夫假说的验证与补充》，《社会学研究》第6期。
[4] 常庆欣、刘明松，2006，《民国时期江汉平原农户经济行为研究》，《中国经济史研究》第3期。

方面，研究的焦点则在于生产和消费是否可分。或许改革之后中国农村中可资研究的领域和问题过于丰富，抑或在众多国内研究人员看来诸如生产、消费这样的基本问题过于简单，即便在新家庭经济学被介绍到国内之后，循此思路对农户经济行为加以探讨的成果依然甚少。作为少数的例外，都阳（2001）①参考 Feder（1980）②分析农民进行新技术选择行为时使用的模型，在分析非农收入对农户家庭劳动力配置的影响时引入了资产组合模型，将效用函数中的收入变量加入了风险因素的影响以区别普遍的收入均等化理论。但他在模型中假定农户家庭效用函数中生产收入和消费的效用是可分的，这也就意味着他是在完全市场的前提下展开的分析，生产和消费是可分的。同时他忽略了农户家庭农业投入的劳动力配置与非农工作中的劳动力配置的相互关系，因此作为农业生产要素的土地资本这一典型的资产资本没有被纳入模型的讨论。更为重要的是，本书通过大量的文献综述和讨论证明，只有在单一模型下农户家庭出现整体一致性的偏好时，才能适用有价证券组合投资模型的基本前提假定。

在国内众多的农户经济行为研究成果中，人们更热衷于在生产和消费的大框架中对农户日常生活生产中的具体表现和影响因素进行深入的微观探讨，被纳入研究视野的农户行为包括生产过程中的投资、新技术应用、借贷、雇工、土地流转、外出务工等方面，以及日常消费中的教育、医疗、饮食、耐用品消费等方面。然而，受制于研究工具的束缚，在改革初期，大部分研究多限于逻辑推演和统计性的描述分析，如周其仁等（1983）在实地调研的基础上对农村中开始出现的土地转包行为进行了分析；③赵洪、陈讯（1987）④和韩俊（1988）⑤对日趋普遍的农户兼业化

---

① 都阳，2001，《风险分散与非农劳动供给——来自贫困地区农村的经验证据》，《数量经济技术经济研究》第 1 期。

② Feder, G., 1980, "Farm Size, Risk Aversion and Adoption of New Technology Uncertainty", Oxford Economics Paper, Vol. 32.

③ 周其仁、邓英淘、白南生，1983，《土地转包的调查和初步分析》，《中国农村观察》第 5 期。

④ 赵洪、陈讯，1987，《农户经济行为分析——安徽省 18 个村 1420 个农户调查》，《农业经济问题》第 11 期。

⑤ 韩俊，1988，《我国农户兼业化问题探析》，《经济研究》第 4 期。

进行了探讨；宋洪远（1995）[1]将经济体制纳入农户经济行为的研究中，并试图建立"经济体制—农户行为—运行绩效"这样一个理论分析框架来对农户的经济行为进行研究；姚梅（1995）[2]对农户劳动力素质和农户经济行为之间的关系进行了实证分析；柯炳生（1996）在现有统计资料和中国农业大学调查问卷的基础上，对中国农户的粮食储备及其对市场的影响进行了分析。

随着数理经济学和计量经济学在国内的推广和应用，晚近的研究越来越注重模型和定量分析。如杨涛、蔡昉（1991）[3]根据微观经济学的基本假设建构了一个农户兼业模型，并对我国农户现实中表现出来的兼业行为进行了实证分析，进而在此基础上对农业劳动力的转移进行了探讨；Park和任常青（1995）[4]针对中国贫困地区的情况建立了一个面临价格和生产双重风险、既生产又消费粮食的农户的生产决定模型，并运用陕西黄土高原、秦岭山区 255 个农户的资料进行了实证研究，结果表明，农户的消费考虑在生产决策中具有重要作用，随人口密度提高，玉米播种面积会越来越多，且对相关作物的利润没有反应，但对消费风险反应十分明显；韩洪云、赵连阁（2000）[5]对农户选择灌溉技术的行为进行了实证分析；史清华（2004）[6]从农户的家庭组织演变入手，对农户家庭经济资源配置所引发的经济结构变迁及根源进行了实证研究，探讨了浙江农户经济增长与结构转换的深层根源；谭淑豪等（2001）[7]从生产规模、收入水平和兼业行为方面对农户的土地利用行为之间的差异进行了比较，对不同类型农户对经济政策刺激的反应及其可能采取的土地利用方式对土地退化（保护）

---

[1] 宋洪远，1995，《农村改革对农户经济行为影响的实证分析》，《经济理论与经济管理》第 1 期。
[2] 姚梅，1995，《农户劳动力素质与农户经济行为分析》，《中国农村观察》第 3 期。
[3] 杨涛、蔡昉，1991，《论我国农户兼业行为与农业劳动力转移》，《中国农村经济》第 11 期。
[4] Albert Park、任常青，1995，《自给自足和风险状态下的农户生产决策模型——中国贫困地区的实证研究》，《农业技术经济》第 5 期。
[5] 韩洪云、赵连阁，2000，《农户灌溉技术选择行为的经济分析》，《中国农村经济》第 11 期。
[6] 史清华，2004，《农户经济活动及行为研究》，中国农业出版社。
[7] 谭淑豪、曲福田、黄贤金，2001，《市场经济环境下不同类型农户土地利用行为差异及土地保护政策分析》，《南京农业大学学报》第 2 期。

的作用进行了探讨；陈传波、丁士军（2005）[①] 对经济转型和加入 WTO 背景下的中国小规模农户的风险及风险管理进行了系统的研究；李桦等（2006）[②] 系统分析了退耕还林对农户的种植业生产、种植业农用物资投入、畜牧业饲养和生活消费支出等经济行为的影响；岳跃（2006）[③] 通过建立一个农户经济行为的二元博弈均衡模型，对农户经济行为的博弈过程进行了分析。

最后需要特别指出的是，在影响农户经济行为的主要因素中，除了黄宗智强调的人地资源紧张这个基本前提条件外，温铁军（2000）提出的城乡二元结构这个基本制度约束更是研究中国农户经济行为不可或缺的重要因素。

以上研究对我们认识中国农户经济行为具有重要作用，然而如果从理论流派的源头重新审视这些研究，可以说，当代中国学术界关于农户经济行为的研究大多仍旧隶属于恰亚诺夫和舒尔茨这两个假说体系，或尽管区别于这两个假说体系但也尚未形成系统的理论框架，基本都是针对个别片段进行的实证性研究。

六 小结

以上两个假说体系下的研究在其所处的时代及其所研究对象的国情背景下都有着极为正面的理论价值。恰亚诺夫假说针对的是无劳动力市场和土地市场的极端市场条件下表现出来的农户家庭为了满足家庭基本消费需求的经济行为；而黄宗智根据其理论框架结合中国人口众多的国情修正了这一假说，使其更加适用于中国近代小农经济行为的研究。舒尔茨假说采用了完全竞争市场条件下的利润最大化框架，突出的是完美市场的假定。尤为重要的是，这两个假说体系都建立在以"户"为单位的理论模型基础上，为未来研究中国农民的行为提供了很好的参照。

然而需要提出的是当代中国的市场条件已经发生了巨大变化，特别是

[①] 陈传波、丁士军，2005，《中国小农户的风险及风险管理研究》，中国财政经济出版社。
[②] 李桦、姚顺波、郭亚军，2006，《退耕还林对农户经济行为影响分析——以全国退耕还林示范县（吴起县）为例》，《中国农村经济》第 10 期。
[③] 岳跃，2006，《中国农户经济行为的二元博弈均衡分析》，中国经济出版社。

在 1978 年改革开放以后，中国进入了工业化和资本化加速时期，劳动力市场迅速发展并形成相当的规模，出现了绝无仅有的"民工潮"，同时城乡二元结构的经济特征并未消除，反而有持续深化的迹象，但人多地少依然是主要的约束条件；同时通过革命而非交易取得并均分的农民具有使用权、村社集体拥有所有权、国家拥有终极所有权的农村土地也开始了租赁和流转，因此劳动力和土地等要素市场的缺失已不复存在，当然（即使不考虑制度经济学中交易成本造成的不完全竞争）完全竞争的要素市场在实践中也并不存在。这样这两个主要假说体系就无法完美解释当代中国农户家庭在不完全要素市场刺激下的行为反应。本书的研究就是试图通过建立适合当前中国社会、经济和制度背景的农户家庭对不完全要素市场刺激的反应模型，找出中国农户家庭的经济行为动机，为深入研究农户对各种经济及制度的变化做出的反应提供一个解释框架。

此处需要另外指出的是巴鲁姆－斯奎尔模型（1979）[1] 和罗（1986）[2] 模型，尽管这两个模型考虑了劳动力市场和土地市场问题，但还是无法形成系统的理论框架，同时也不适合中国的国情。巴鲁姆－斯奎尔模型中的单一市场工资是不符合中国城乡收入差距较大的工业化和资本化加速的社会转型期背景的，该模型还认为农户不是雇出而是雇入劳动力；而罗模型尽管引入了城乡二元结构的劳动力市场，但主要研究的是男性与女性间因性别产生的工资差异，同时农户可依据家庭规模而相应取得耕地的、与恰亚诺夫假说相似的土地制度在中国各地的实践中也是千差万别的，另外中国农户在土地上的产出基本还是可以自给自足的，而罗模型却认为大量农户无法实现自给自足。[3] 因此本书也不再对这两个模型进行深入讨论。

综上所述，通过研究发现，舒尔茨假说也好、恰亚诺夫假说也好，尽管理论各自不同，但其前提都是以农户为研究单位，而不是以农民个体为

---

[1] Barnum, H. N. & Squire, L., 1979, "A Model of an Agricultural Household: Theory and Evidence", World Bank Occasional Paper No. 27, Washingtong D. C.: World Bank.

[2] Low, A., 1986, *Agricultural Development in Southern Africa: Farm Household-Economics and the Food Crisis*, London: James Currey.

[3] 对这部分的论述和理解主要参考了 Frank Ellis 的《农民经济学》中对两个模型的总结，并加入了笔者对中国农业基本国情的一些理解。

研究对象，其实这也是农民经济行为研究中的普遍性基本假定。但是，恰亚诺夫假说尽管承认农户家庭以家庭为单位追求最大化效用，但其消费与产出的均衡拒绝了农户家庭形成积累，即产生"发展"的可能性。恰亚诺夫假说的经济是没有市场（特别是劳动力市场）、没有交换的完全停滞的经济，因此无法成为分析当代中国农户家庭经济行为的主要理论框架；同样，对于舒尔茨假说，正如 Ellis（1988）[1] 所说的，该假说"更注重的是农民农业单纯的技术问题——迅速的技术定位，而很少注意农民增产可能面临的社会或市场约束"，该假说也拒绝了农民可以用低成本的方式来改善农民家庭产出和收入的可能，因此这个假说是"革命性的悲观主义"（Lipton，1968）。[2]

恰亚诺夫假说的研究背景是完全缺失的要素市场，在这样的环境下农户家庭只能通过农业生产取得收入，而外部市场环境是极为恶劣的；舒尔茨假说的市场环境是完全竞争的市场，要素配置是有效率的。但是当代中国的要素市场环境在经历了新中国成立初期以工业化积累为目标的计划经济向西方以新自由主义经济体制为方向的转型后，市场环境已完全有别于恰亚诺夫和舒尔茨的市场背景，这部分将在后面进行简要讨论。

---

[1] Frank Ellis, 1988,《农民经济学》，上海人民出版社 2006 年出版中文译本，第 81 页。

[2] Lipton, M., 1968, "The Theory of The Optimising Peasant", *Journal of Development Studies*, Vol. 4, No. 3, pp. 327 – 551.

第二章　农村土地、劳动力和金融

在第一章中本书对两个主要假说体系做出了详细的论述，尽管这两个假说在其所研究的时代和国家制度背景下是符合逻辑的，并均得到了验证，但两个假说研究的要素市场在当代中国的不同国情背景下都有其不适用性，特别是土地市场和劳动力市场。信贷资本市场在新中国成立后尽管进行了各种制度尝试和修订，但农民还是普遍不具有金融资本市场的经营能力。以非市场交易方式取得的以均分承包制为特征的相对稳定的土地产权性质既不同于恰亚诺夫假说的土地可无限供给的前提，也不同于舒尔茨假说的土地市场私有化的前提；劳动力市场也既不像恰亚诺夫假说的无外部劳动力市场及大量的近距离短工就业机会，又不是舒尔茨的劳动力工资基本均衡的完全竞争的劳动力市场。

当代中国面临的市场环境是与恰亚诺夫和舒尔茨两个假说体系不同的，在工业化和资本化加速的今天，既表现出农业市场环境相对恶劣的一面，也表现出了工业劳动力市场需求强劲的一面。因此当代中国农户，既要面对恶劣的农业市场，又要面对相对收入较高的工业劳动力市场（但并未形成城乡一体化的劳动力市场）。Benjamin 和 Brandt（2002）[1]也指出要素市场的不完备是所有发展中国家的共同特征，并会对生产率、增长和不平等等方面产生影响。对于中国这样一个处于经济转型期的发展中人口大国来说，这样的不完全市场带来的问题可能是更加复杂的。

恶劣的农业市场在中国与别国不同的土地承包制度条件下，特别是在

---

[1] Benjamin, Dwayne., and Brandt, Loren., 2002, "Property Rights, Labour Markets, and Efficiency in A Transition Economy: the Case of Rural China", *Canadian Journal of Economics*, Vol. 35, No. 4, pp. 689–716.

2006年农业税废止后，也表现出了可以在自给自足条件下对抗风险的良好的农业生产特征，而竞争环境相对较好的工业劳动力市场尽管给中国农户提供了远超过农业生产销售收入的稳定现金收入，但相对于城市的生活成本来说，农民的打工收入依旧无法提供他们举家迁徙城市的生活保障。在政府及市场均无法提供农民风险管理的机制时，以非市场交易方式获得的均分承包土地承担起了农户家庭社会保障的部分职能，而农户家庭也需要通过劳动力的高效配置尽可能地实现以风险规避为约束条件和前提的以户为单位的家庭预期收入（效用）最大化的目标。因此土地市场和劳动力市场是分析中国农户家庭要素配置决策的主要前置背景条件，信贷市场和风险管理市场是影响决策的重要因子。

一 土地要素情况简析

（一） 土地产权制度的变迁

新中国成立后在1950年代初开始推进土改，土改过程中的均分制度基本以传统村社为单位，而并非更大范围的均分，例如镇。为了适应农业生产的季节性劳动力需求及公共品的规模建设等要求，农村在土改后又通过互助组的形式通过农户家庭之间的自愿结合实现了农业生产的合作，互助组的成功又带来了初级社的建设，此时参与合作的农户由 8～10 户的互助组形式变成普遍 20～30 户的初级合作社形式，当然也有 40～50 户的大型合作社。这时农户的生产、生活水平都得到了很大程度的提高，土地改革的任务完成。通常认为，互助组和初级社没有改变土地个体所有的性质，高级社则将土地划归合作社所有，建立起了土地的集体所有制（钱忠好，2000）。[1] 在这期间1950年国家曾经允许农村进行土地买卖；1951年提出了土地做股的合作社，1953年更认为土地股份合作社应该成为主导，并同时开始了合作社的立法工作。但紧接着的集体化运动将这种能体现市场经济的近似于私有产权的制度消灭在了萌芽中，这是由于新中国建立初期的工业化建设，需要使国家能从农业提取积累并向农村推销工业产品。中国在 1956～1958 年进行的将土地产权实质收归国有的改革，将传

---

[1] 钱忠好，2000，《中国农村土地制度历史变迁的经济学分析》，《江苏社会科学》第 3 期。

统社区农民变成国有农场工人实现了农业规模经营，其结果是三年自然灾害的悲剧，而这里的集体化这个词实质上不能理解为通常意义上的农户个体出于理性经济人考虑而基于自愿的合作行为，而应是国营化的代名词。在 1959~1961 年的三年自然灾害后，1962 年 9 月中共八届十中全会通过的《农村人民公社条例（草案）》确定了生产队的土地和财产所有权，确立了人民公社"三级所有，队为基础"的体制，这时的农村土地产权性质已经不再是严格意义上的国有制了，当然国家仍然是土地产权的终极所有者。因此实质上的国营农场的所谓"集体化"时代自 1949 年新中国成立仅仅实行了不到 6 年，即 1956~1961 年。在 1978 年十一届三中全会后中国农村土地开始实行家庭联产承包责任制，这时国营的色彩依旧存在，只是被尽可能地淡化了，这种情况也只持续了 4 年。

中国自 1984 年开始普遍推行从 1982 年起多次获得国家肯定的家庭联产承包责任制（即"大包干"），这种制度实际上与当时中国农村实行的家庭承包制是根本不同的。后者不破坏"三级所有，队为基础"体制，只是改变了生产队的内部结算方法，把"秋后算账"改为"春前算账（类似于明确了农户对集体上缴定额租）"。而前者作为一种制度改变，却是把土改形成的均分制度和 1960 年代"调整"形成的"队为基础"制度结合在一起的。土地作为农业最基本的生产资料，在大包干后与生产者直接结合起来，使生产力得到了极大的释放。另外，在城乡二元结构的体制下，政府无力承担农村社会保障的职责；同时中国由于人口问题，长期处在人地关系高度紧张的环境下。1984 年全面推行大包干时，劳均耕地面积仅为 0.3 公顷，人均只有约 0.1 公顷土地（老口径）。由于平均分配土地，广大农区，尤其是大多数传统农区，一个农户占有三五块、十几块，甚至几十块"远近高低各不同"的耕地成为普遍现象。其后随人口增长，土地还要"三年一小调，五年一大调"，由此客观上造成土地无限析分的问题，小农经济的规模日渐细小。基于比较优势理论，土地属于稀缺要素，因此并不具有比较优势，只是在新中国成立初期由于资本与土地相比更加稀缺才会出现土地要素的比较优势，然而随着中国工业化和资本化进程的快速发展，土地的比较优势迅速丧失。在这种情况下，农地起到的社会保障作用远远大于其生产作用。此时的农村土地出现了新的"三级所有制",即农民享有承包权,取得农业耕种的收益和处置权;村民小组拥有土地的所有权,可以对村内土地进行分配和处置;而国家享有终极所有权,[①]可以根据国家的需要对农村土地进行处置。

从这个客观情况出发,也可以认为大包干是一种形成制度改变的交易:政府在退出相对于城市工业而言日益显得"不经济"的农业的同时,向村社集体和农民在土地和其他农业生产资料所有权上做出让步,换得的是农村集体的自我管理和农民的自我保障。从农村基本经济制度变革的角度看,由于在大包干推行时土地在农村全部资产中占绝对比例,以土地制度为基础的财产关系是农村生产关系的主要内容,其他制度和组织问题都是派生的。土地的国家终极所有的产权性质也决定中国的农村土地也不可能如舒尔茨假说通过交易和地租实现资源的市场化重新配置。

从上面农村土地产权制度的变迁过程来看,事实上在新中国成立后,农村土地产权中绝大部分时间贯穿始终的形式是传统村社(一般就是"生产小队")的社区产权边界清晰和农户家庭拥有成员权的土地所有权形式,尽管在短暂的国营化时期出现了村社产权边界被打破的情况,但因此付出的沉重代价使国家不得不迅速修复了村社产权的清晰界限。

(二) 当代中国农村土地市场的运行情况

自改革开放以来,中国农村土地产权制度的演变使土地流转在制度上成为可能。1984年的中央一号文件更是通过文件形式确立了土地流转的合法性,文件规定,"土地承包期一般应在十五年以上,……鼓励土地逐步向种田能手集中,……无力耕种或转营他业而要求不包或少包土地的,可以将土地交给集体统一安排,也可以经集体同意,由社员自找对象协商转包"。2003年3月1日开始实施的《中华人民共和国农村土地承包法》明确规定:"通过家庭承包取得的土地承包经营权可以依法采取转包、出租、互换、转让或者其他方式流转。"2009年2月1日的中央一号文件又

[①] 在国家享有终极所有权的问题上还存在一些争议,很多情况下真正对土地拥有最终处置权的不是中央政府,而是地方政府,中央政府试图收回土地处置权的行动也受到了地方政府的普遍抵制。笔者认为,中央政府也好,地方政府也好,法律上都是代表国家行使行政权力,而中央政府与地方政府之间是"委托—代理"关系,因此无论土地的处置权实际上掌握在哪一级政府,都可以说是掌握在国家手中。

指出："土地承包经营权流转，不得改变土地集体所有性质，不得改变土地用途，不得损害农民土地承包权益。坚持依法自愿有偿原则，尊重农民的土地流转主体地位，任何组织和个人不得强迫流转，也不能妨碍自主流转。"2015年的中央一号文件进一步指出，"充分发挥县乡农村土地承包经营权、林权流转服务平台作用，引导农村产权流转交易市场健康发展。完善有利于推进农村集体产权制度改革的税费政策"。

因此在这种情况下，农村土地流转理论上是可行的，并可以通过土地流转使农业生产产生规模效益。据农业部统计，截至2014年年中，全国农村土地流转面积已经达到3.8亿亩，占全国耕地面积的28.8%。在土地资源较丰富的东北地区和经济发达的沿海省份流转规模相对较大，在经济不发达和欠发达地区则流转比例较低。然而值得注意的是，在这些土地流转中除了传统种粮大省也是劳动力转移大省尚注意粮食生产之外，其他省份的粮食用地在流转过程中出现了大量的非粮食生产现象；同时土地流转过程中的非农化趋势更为普遍，大量农地显性或隐性地转化为建设开发用地。

从全国的实际情况看，土地流转的趋势也存在反向的诱因，如在2004年执行"三项补贴"和"一减免"的政策后，特别是自2006年正式在全国范围内取消农业税费后，转出去的土地出现了大面积回流；在大部分实行土地承包制的地区，也存在土地调整次数频繁的问题。

就土地市场的运行机制来说，土地的供求机制和价格决定机制是土地市场运行机制的核心（毕保德，2005），[1] 而土地需求是有弹性的，土地作为一种生产要素，其需求是引致需求（萨缪尔森，1986）。[2] 就中国农村土地市场的实际情况看，中国农村土地在不改变其使用性质的前提下是具有市场决定价格的基础的。然而一旦土地的使用性质发生改变，则往往出现地方政府越权流转的现象，同时农民完全失去了价格的决定权，取而代之的是地方政府直接定价而强行征收。

（三）评价与小结

自1960年代以来以工业化积累为目标的计划经济体制到当代以新自

---

[1] 毕保德，2005，《土地经济学》，中国人民大学出版社。
[2] 萨缪尔森，1986，《经济学》（中册），商务印书馆。

由主义经济为主体的经济制度的演变导致的中国土地产权制度的变迁体现的是政府在非交易取得的先天残缺的土地产权中根据不同需要进行介入的过程；同时与这种介入力量持续抗衡的不是农户个体的土地产权，而是村社产权边界清晰、体现内部农户"成员权"的传统村社村民小组的集体产权。这样的产权基础是不可能形成现代经济学以利己主义的"个人理性"为基本出发点的完全竞争的土地市场的，土地流转也受制于各种社会制度因素和国情背景，正如 Bardhan 和 Udry（1999）[①] 所认为的，在发展中国家普遍存在"与土地分配对于社会、经济活动的巨大影响相比，在任何给定年份，土地市场的实际交易规模和程度都相当小，市场上的土地交易量相比于总的土地存量来说相当低"。当代中国农村土地市场的现实是土地流转规模较小，流转趋势受到多种因素的抑制，大部分农户家庭很难将土地规模依据需求进行高效率的调整。在这样的情况下，恰亚诺夫假说中土地市场缺失条件下由于人少地多而存在的土地完全弹性供给，和舒尔茨假说中的完全竞争市场条件下的土地资源高配置效率，都与当代中国这种特殊历史条件和国情制度背景下农村土地要素市场的实际情况有很大偏差。

二 劳动力要素情况简析

本节将讨论当代中国劳动力市场区别于他国的特征并为后面的深入讨论提供背景资料。中国自1978年改革开放以来劳动力市场从无到有，并逐渐规范，但人所共知的是尚未形成经济学意义上的完全竞争的劳动力市场，即在劳动力市场上并不存在均衡的劳动力市场价格，在城乡二元结构的背景下尤为突出的是，从事传统小农生产的农民和从事现代工业劳动的农民之间存在显著的收入差异。[②]

（一）小农经济外部的宏观制度变迁

在中国的产业资本初步形成并主导了以改革开放为名的产业结构调整

[①] Bardhan, P. K., and Udry, Christopher., 1999, "*Development Microeconomics*", Oxford: Oxford University Press.

[②] 对于城乡收入差距的观点本书无意再使用数据来证明，这方面的学术文章已经汗牛充栋，人所共知，这也是很多学者提出加快城市化建设，通过农民进城而从事收入较高的城市工作来缓解乃至解决收入差距问题的原因。

和资本扩张时期，特别是1988年和1997年的两次经济危机之后，更大的导致小农将自身资本化的制度变化随之发生，小农的劳动力资本也随之开始逐步走向市场，形成了以农民长距离迁徙进行非农就业（"民工潮"）为特征的具有中国特色的劳动力市场。

中国于1988~1989年爆发了典型的滞胀形态的危机，随后是1990~1991年的萧条阶段。对于农村的影响，则一方面是1989~1991年连续3年农产品卖难造成了农民收入的负增长；另一方面，国家无力承担粮食库存对财政的压力而在1992年取消了粮票制度，这使城乡间的自由迁移成为可能。而紧随其后的是1993年城市经济进入复苏和高涨阶段，需要更大规模地提取农村劳动力以完成在资本严重短缺条件下地方工业化的原始积累。于1993年同步形成的新一轮高增长水涨船高地拉动农产品价格跟随上涨，导致了1994~1996年的通胀危机。接下来和1997年"软着陆成功"相关的是随后几年农产品价格的不断下跌，到2000年跌到了最低，而粮食产量也跌到了最低点。[①] 与宏观经济相关的这些重大变化，造成农民收入1997年以后连续4年负增长，资本存量低且过于分散的小农经济更是无法与城市资本化的工业市场对接；遂导致城乡收入差距在城市化加快占有资源资本化收益的同一时期进一步拉大。

（二）农村的劳动力资本存量变化趋势

1990年代以来，农民为了追求劳动力资本产出，开始了向珠三角和长三角等东部发达地区和城市郊区的打工迁移。尽管在中西部农村可能仍然部分存在单位面积劳动力资本密集的问题（这是由于人口增长存在惯性），但据资料统计及实际调研发现在农村20~35岁的青壮年劳动力已经很匮乏了，农村的劳动力资本存量已经大幅降低。因此，整个劳动力迁移的动态过程结构性地降低了农村的劳动力资本存量。

到2003年新一轮通货膨胀起步后，农产品价格和农民在农业上的收入仍然未得到有效的提升，城乡收入差距还是越来越大，农村已经被城市发展严重抛离，自此，中国举世瞩目的"民工潮"愈益强大。农民为了使自己的劳动力资本最大化只能背井离乡进城打工，同时将妇女、儿童、

---

① 数据来源：国家统计局网站。

老人留在农村进行生存化的农业生产；近年来的农村调查显示，年轻妇女也已开始撤离农村。

由于大部分农民开始从事繁重的、工资率较低的加工贸易型制造业，而沿海发达地区和城市恰好可以借助人口红利为加快工业化引入更多劳动力要素。于是，农村土地、劳动力这两个要素都在资本化过程中进行了重新定价，以对接国外金融资本。当城市服务业和一般贸易型制造业的相对工资率较高时，以加工贸易为主的地区出现了"民工荒"现象。这客观地表明，农民在把劳动力资本化后对自己的资本存量和预期产出有了一种自觉的评估。同时，农村的"去过密化"也逐渐加强。

鉴于农村的劳动力资本存量已经大幅降低，而是否仍然存在"过密化"确实不能单一地从农村人口数量上来看，也要结合劳动力资本存量来分析，笔者根据国家统计局统计的数据，制作表2-1进行比较。

表2-1 农村劳动力资本存量变化趋势

年代	全国有效灌溉面积（千公顷）	全国乡村劳动力人口（万人）	全国农业劳动力人口（万人）	农业劳动力占乡村总劳动力人口的比例
1983	44644	34690	31645	91.2%
2005	55029	50387	29976	59.5%
2014	65723	37943	22790	60%

数据来源：国家统计局统计数据。

从表中我们可以看到，2005年与1983年相比，尽管农业劳动力人口数量变动不大，但农业劳动力数量占乡村劳动力数量的比例减少超过30个百分点，表明2005年农业劳动力资本存量相对于1983年大幅降低。同时由于至2005年有效灌溉面积的增加超过20%，农村劳动力资本存量的过密化现象已经得到了一定程度的缓解。及至到了2014年，农业劳动力数量占乡村劳动力数量的比例变化不大，但有效灌溉面积增加了近20%，过密化现象实际上是在大幅减少的。

刘怀宇等（2008）[①]在研究中发现，从1978年至2005年劳动力的边

[①] 刘怀宇、李晨婕、温铁军，2008，《被动闲暇中的劳动力机会成本及其对粮食生产的影响》，《中国人民大学学报》第6期。

际产出一直是递增的，而化肥投入的边际产出却一直是递减的，尽管如此农民还是不断加大化肥的投入量，而减少劳动力的投入。据此可以认为：农民对边际产出并没有一个清晰的觉察，而对自己劳动力资本投入的机会成本却有很清楚的了解，换言之，农民对自己的劳动力资本在外打工和务农的收益差别有很强的认识，其实，这也是尽人皆知的一般的经验归纳。

当然这样的"去过密化"过程客观上对单一模型的家庭结构产生了负面的冲击，东西部收入差距导致的农民远距离迁徙会对家庭的整体性造成一定的负面影响；同时土地私有化和流转信号的不断增强也将进一步对农户家庭的经营模式产生负面冲击。

（三）民工荒、就业难与城乡一体化劳动力市场

恰亚诺夫假说体现的是缺失的劳动力市场，这显然是与当代中国国情不同的假说背景，但当代中国是否已经出现了舒尔茨假说背景中的完全竞争的劳动力市场[①]或已经出现了城乡一体化劳动力市场的趋势呢？判断这一点的主要目的在于准确定位农户家庭劳动力农业投入机会成本的参考点。对于是否出现城乡一体化的劳动力市场，目前大多数的判断是以刘易斯拐点是否到来为依据的，简单地通过剩余劳动力数量来判断是不可行的，这主要是由于不同学者测算（杜鹰，2005[②]；王检贵、丁守海，2005[③]；章铮，2005[④]；蔡昉，2007[⑤]）的我国究竟有多少剩余劳动力的结果差异过大。本书也将从这个角度开始切入讨论城乡劳动力市场究竟是仍旧处于长期以来的城乡二元分割的劳动力市场状态还是已经出现了城乡一体化的劳动力市场的趋势。

自2003年以来在中国沿海城市相继出现了"民工荒"问题，对此大部分研究者普遍认为农村能够进城务工的劳动力已经基本都离开农村进城

[①] 本书对于完全竞争的劳动力市场的判断是以宏观的城乡一体化劳动力市场是否形成为依据的。当然从微观经济的角度考虑，大部分学者认为由于交易成本的存在等因素，真正意义上的完全竞争劳动力市场不可能形成，这里本书就不再反复强调这个微观方面的问题。

[②] 杜鹰，2005，《努力做好新时期就业、收入分配、社会保障工作》，《中国经贸导刊》第21期。

[③] 王检贵、丁守海，2005，《中国究竟还有多少农业剩余劳动力》，《中国社会科学》第12期。

[④] 章铮，2005，《民工供给量的统计分析——兼论民工荒》，《中国农村经济》第11期。

[⑤] 蔡昉，2007，《破解农村剩余劳动力之谜》，《中国人口科学》第2期。

务工了，出现了劳动力总量在供给面上的不足，[①] 因此判断城乡二元劳动力市场开始解体，出现了均衡的趋势。然而我们需要注意到的是与之对应的却是城乡收入差距持续扩大，基尼系数在 2009 年已经接近 0.5，这是与城乡劳动力一体化市场趋势导致的城乡收入差距缩小的基本判断相反的事实。同时，也有数据证明供给总量不足的说法不能成立，白南生、陈传波（2008）[②] 的研究认为农村劳动力中外出务工经商和本地非农就业的比重合计在各地相差极大，意味着应该有许多地方还存在大量需要转移也可以转移的农村劳动力。

笔者认为目前的"民工荒"问题并不能精确地反映出刘易斯拐点的到来，更不能因此认为城乡二元分割的劳动力市场开始显著出现收入差距收敛的趋势，原因主要有以下几方面。

第一，"民工荒"产生的部分原因可归结于城市生活成本的快速上升。

在笔者 2009 年接受教育部应对国际金融危机的课题调研中，我们发现由于经济危机，农民工返乡后，大部分是进入当地制造业的工厂进行非农工作，而并不是回到乡下从事农业劳动，这说明农业收入还是远低于城市非农工作收入的。就这一点我们需要注意到的是在沿海发达地区向内地的产业转移过程中，存在由于地区差异形成区域性劳动力市场一体化的趋势。都阳和蔡昉（2004）在对中国制造业区域工资差距的研究中发现，区域工资差距出现了收敛的现象，这也验证了真正收敛的只是区域性工资差距。这是由于沿海发达地区的生活成本升高，尽管内陆省份的打工收入相对较低但相比较内陆地区较低的生活成本来说实际收入并未下降；同时，在地化的工业就业也可以将一部分生活成本向农业转嫁，从而实现更高的收入效用，但这并不意味着农业收入的提高，也自然不是城乡一体化市场的形成，只是区域性城市打工收入差距的缩小。因此，"用工荒"体

---

① 国务院发展研究中心"推进社会主义新农村建设课题组"对农村劳动力利用状况进行了一次全面调查。调查覆盖 17 个（省）区、市，2749 个行政村。74.3% 的村庄认为本村能够外出打工的青年劳动力都已经出去了，只有 1/4 的村认为本村还有青壮年劳动力可转移。这个比例在东部、中部和西部地区分别为 71.6%、76% 和 76.4%。

② 白南生、陈传波，2008，《还有人能外出吗？外出务工率的地区差异研究》，《中国劳动经济学》第 2 期。

现的刘易斯拐点不再是简单的工资问题，更是收入效用问题。

第二，民工荒是区域性和结构性的，并不具有普遍意义，应该从劳动力需求面来综合考虑。

尽管沿海发达地区和劳动密集型制造业劳动力工资的低下导致了民工荒，但事实上他们的工资收入仍然高于中国中西部普遍的农业收入。王德文、蔡昉、高文书（2005）认为民工荒主要是区域性和结构性的，区域性指民工荒主要出现在沿海发达地区和劳动密集型制造业，结构性民工荒指在民工总体仍供大于求的情况下某一类型民工出现供不应求的现象。[①] 因此，沿海发达地区制造业的"民工荒"并不能完全反映综合各个领域的农民工供给不足，更不能因此认为剩余劳动力的问题已基本解决。

从需求层面来看，城市工业社会对农民工的年龄和技能要求更高了，这反而导致了更多农村剩余劳动力的产生。钱文荣、谢长青（2009）的研究显示，"已经就业的城市农民工的年龄几乎集中在16～45岁之间，而45岁以上的农民工只占总数的6.3%。这反过来说明了农村的农业剩余劳动力主要集中在45岁以上的人口。目前劳动力短缺严重的发达地区对劳动力的需求主要集中在35岁以下的人口"。[②] 我们从2009年的调研中也发现，企业对于工人技术水平的要求也越来越高，在金融危机中真正返乡的农民工大部分是缺乏制造业所要求的技术的，而这批农民工返乡后也大部分在尝试学习各种相关技能及参加政府组织的培训。因此，企业"民工荒"的实质是在产业升级过程中（尽管升级是缓慢的）对拥有工业化所需的人力资本的技术农民工的需求缺口。

第三，"民工荒"与"就业难"并存现象。

我们在讨论刘易斯拐点时势必要讨论托达罗之谜，托达罗之谜是刘易斯拐点的补充，也是城乡劳动力市场一体化的刘易斯－拉尼斯－费模型的另一面，二者是共生的关系，并不矛盾。在刘易斯－拉尼斯－费的模型条件下，农民离开传统农业部门进入现代工业部门，只要存在城乡收入差距，农村劳动力池（labor pool）的劳动力就会源源不断地涌入城市。在

[①] 王德文、蔡昉、高文书，2005，《全球化与中国国内劳动力流动：新趋势与政策含义》，《开放导报》第8期。

[②] 钱文荣、谢长青，《从农民工供求关系看刘易斯拐点》，《人口研究》第2期。

全球一体化的条件下，由于中国人多地少的国情背景，农业就业并不存在比较优势，尤其是在农业现代化过程中物质资本可以代替劳动力资本的环境下，涌入城市的不再只是剩余劳动力。而托达罗模型中悖论的形成是由于农民进城依据的是预期收入，这意味着存在一定的失业概率，[1] 即城乡收入差距越大，农民进城越多，所能承受的失业率也越高，因此"若过于偏重城市发展，使得城市收入（工资）水平过快增长，进一步拉大城乡收入差距，不仅会引起人口大规模流动，不利于解决城市失业问题，而且可能造成农忙季节农村劳动力的不足，影响农业生产"。[2] 而不加区别地发展教育事业会进一步加剧劳动力的转移和城市的失业，应该制定"适合特定国家和地区社会经济和环境要求的成功的农村发展计划，似乎可以为过度的乡－城人口流动问题提供一种唯一可行的解决办法"。[3]

因此，面对刘易斯拐点（如果事实存在的话）的到来，在欢呼之余还要警惕，如果无法实现传统农业部门和现代工业部门的工资均衡，只是通过最终消灭传统农业并将其变为工业化的物质资本替代劳动力资本的现代农业，那么刘易斯拐点带来的很可能只是城市的失业率高企。结果如中国国家人力资源和社会保障部就业促进司司长于法鸣[4]所讲，"今年（2010年——笔者注）我国劳动力的总供给量将超过2400万人，但经济发展吸纳的就业人数仅仅能够达到一半，尤其是今年的高校毕业生已经达到了630万人，城镇的就业困难人员包括4050人员、[5] '零就业'家庭、残疾人等就业还是相当困难，这些都表明中国劳动力供大于求的总量矛盾依然存在，城镇就业形势依然严峻"。

（四）评价与小结

通过上面的简单评述，本书基本可以确认当代中国的城乡劳动力市场尚未出现一体化的趋势，即仍然属于一个不完全竞争的市场，而目前的工资上涨、用工荒、就业难等问题都说明了我国国情背景的复杂性。我们可

---

[1] 这个概率值几乎与城市劳动力失业率相若。
[2] 迈克尔·P. 托达罗，1999，《经济发展》，中国经济出版社，第281页。
[3] 迈克尔·P. 托达罗，1999，《经济发展》，中国经济出版社，第283页。
[4] 于法鸣，2010，《人保部：用工荒一词不准确　内地就业形势仍严峻》，新华网，2010年2月25日。
[5] 40岁、50岁的年纪较大的就业者。

以看到中国目前的劳动力市场在人多地少和城乡二元结构的国情背景下表现出了不同于其他任何国家的特征，而我国小农经济条件下农户家庭的劳动力要素配置必然受这些经济和社会制度背景的约束。

这里笔者注意到了一个矛盾，从实证研究的角度看，中国农业劳动力的边际产出出现了递增的现象（参见本书粮食产量实证研究部分），而南亮进（2008）[1]认为这是刘易斯拐点到来的一个重要特征，因为判断刘易斯拐点应该根据边际生产力，而不是工资水平，因为工资上涨可能是经济景气造成的，就像第一次世界大战时期日本城市产业工人工资高涨，并不能说明拐点的到来。这意味农业边际劳动生产率的递增可以推断出来的刘易斯拐点到来与本书此节进行的判断存在矛盾，本书将在后面的章节中试图解释这个问题，并质疑使用边际生产率来判断剩余劳动力是否存在的科学性。

三 农村信贷要素市场和保险市场的失灵

对于中国的农户家庭来说，资本要素由于稀缺，在家庭生产要素的配置中往往不被计算在内。同样，中国与其他发展中国家一样具有主流发展经济学认为的正规信贷机构和非正规信贷机构并存的"二元"信贷市场（Hoff and Stiglitz，1990），[2]大部分农户家庭的借贷行为也并不是以生产和再生产为目的，而是以家庭消费为目的的借贷。固有的人多地少的国情背景和长期的城乡二元结构的制度背景，使金融要素对农业生产尤为重要。然而现实是中国农村的金融资本长期对城市净流出，如何解决农村和农业的金融困境可以说至今尚未破题。

（一）中国农村金融体制变迁

三年自然灾害后，在1962年中央政府明确提出，信用社是农村的资金互助组织，是中国社会主义金融体系的重要组成部分。1963年中国农业银行成立，成为农村信用社的管理机构。在这样的背景下，具有集体性质、有着集体产权的信用社实际上成了国有机构，被纳入正规的国有金融

---

[1] 南亮进，2008，《经济发展的转折点：日本经验》，社会科学文献出版社。

[2] Hoff, K., and J. E. Stiglitz, 1990, "Introduction: Imperfect Information and Rural Credit Markets: Puzzles and Policy Perspectives", *World Bank Economic Review*, 4 (3): pp. 235–250.

体系。农户原本以合作之名投资入股到农村信用社的资产也实际上被划归国有,由于农户在与国家谈判中地位的弱势,农户事实上无法从农信社获得股权分红,而后来农信社出现大面积亏损,国家提供大量资金援助,这些都不是按照正规制度进行处理的,最终无法确认当年农户入股的股权,结果是农户入股的财产也在1962年一并划归了国有。1977年国家再次明确农村信用社既是集体金融组织,也是国家在农村的基层金融机构。两年后,中央政府进一步将农村信用社的管理权收紧,规定农村信用社办理农村各项金融业务,行使国家金融部门的职责。

1978年中国共产党十一届三中全会后,农村改革正式启动,人民公社解体,家庭联产承包责任制的统分结合的生产方式基本确立。在这样的背景下,为管理好旧的人民公社时期的集体资产,有关部门开始在少数地区试行农村合作基金会制度,希望用信贷手段把集体资产管理好,使之能够继续为农业发展服务。到了1986年,全国就有几千个乡镇建立了农村集体资金融通组织,筹集可融通资金近50亿元人民币。[①] 在初始阶段,农村合作基金会存在机构不规范、规模小、监管混乱等问题。随着合作基金会的发展,农村合作基金会在内部资金融通方面确实为农业发展和农户信贷提供了必要的资金支持。国家先后发布了相关文件支持合作基金会的发展,并进一步规范了合作基金会的工作等内容。1986年6月,中共中央和国务院联合下发了中办发〔1986〕27号文件,文件中提出"一些农村合作经济组织……只要不对外吸收存款,只在内部相互融资,应当允许试行"。这其实是规范了农村合作基金会的业务范畴。1990年中央19号文件更进一步指出"办好不以盈利为目的的合作基金会,管好用好集体资金"。这个文件的发布确定了农村合作基金会非营利的机构性质。及至到了1992年,国务院再次提出,继续发展农业合作基金会,满足高产优质高效农业发展的需要。[②] 此时农村合作基金会进入快速增长期。然而随之而来的就是,农村合作基金会快速膨胀后产生了对高额利润的渴望,开始以招股为名吸纳居民存款,入股人不参与管理和承担风险,实际上做的

---

① 农业部农村合作基金会办公室,1993,转引自王曙光等,2006,《农村金融与新农村建设》,华夏出版社,第100页。
② 国务院,1992,《国务院关于发展高产优质高效农业的决定》。

是非法集资进行违法金融运作的业务。农村合作基金会自1996年开始进入整顿期。整顿期间在部分地区出现了较大规模的挤兑现象，造成了很多社会群体性事件。国务院在1999年1月发文，在《国务院办公厅转发整顿农村合作基金会工作小组清理整顿农村合作基金会工作方案的通知》中正式宣布在全国范围内统一取缔农村合作基金会。而时至今日，学术界还在对农村合作基金会的取缔感到惋惜，认为倒出了脏水、泼出了孩子，应该适当引导而不是统一取缔。

20世纪90年代中后期，中国加快对农村金融体制的改革，形成了以农业银行、农业发展银行和农村信用社为核心的农村正规金融组织体系。但是，农业银行在商业化的推动下，已经几乎脱农；农业发展银行业务缺乏多样化，简单商业化的存储贷机制不可能满足农户和农村小微型企业的信贷需求；农村信用社自身则面临一系列问题，其结果是农村地区真正来自正规金融机构的金融供给十分有限，大量信贷需求得不到满足。农民迫切需要通过合作金融来破解融资难题。2006年底，我国开启了新一轮农村金融体制改革，放宽了农村金融市场准入限制，允许各类资本到农村地区设立新型农村金融机构，包括村镇银行、小额贷款公司、农村资金互助社等。

(二) 中国农村金融体系现状

普遍来看，中国的正规金融系统对农村信贷市场的影响是"系统性负投资"，[1] 因此中国农村目前的信贷市场还是主要依靠非正规市场的渠道得到融资，而这种农村非正规金融也是有效率的（姚耀军、陈德付，2005）。[2] 据国际农业发展基金会的研究报告，中国农民来自非正规市场的贷款大约为来自正规信贷机构的4倍。从农户在生产方面的资金获得来看，农业银行只能提供5%~8%，农村信用社供应13~19%，而70%以上的农户唯有靠民间借贷和私人借款来解决资金短缺的问题。这里我们需要注意的是，尽管非正规金融是有效率的，但这并不能说明其利率形成机

---

[1] 银行或其他金融机构从一个地区的居民中获得储蓄，而没有以相应比例向该地区发放贷款。这一定义摘自王曙光的《农村金融与新农村建设》一书的第57页。
[2] 姚耀军、陈德付，2005，《中国农村非正规金融的兴起：理论及其实证研究》，《中国农村经济》第8期。

制是市场自我适应的结果。抛开正规金融撤离农村市场的情况不说，非正规金融自身的法律地位模糊及区域垄断等特征导致的交易成本过高等因素使利率形成不可能是完全市场竞争的结果，因此非正规金融的有效率恰恰说明了农村金融市场失灵的国情背景。因此产生的结果是，农民确实获得了用于平滑消费和生产的资金，但是由于非正规金融普遍存在的过高利率导致农民借贷成本过高，农民的风险也加大了。

近十几年来，我国已经对农村金融做了很多试验，包括建立农村资金互助社、扶贫资金互助会等，这些创新为农村合作金融的发展奠定了一定的基础，也积累了一些经验和教训。但目前，银监会正式批复的农村资金互助社只有49家，扶贫资金互助会则主要依靠扶贫资金在贫困地区运作。大部分农户缺少可以依托的合作组织。尽管近年来政府大力推动正规金融机构下乡和发展半官方的民间小额信贷，但中国农村信贷市场的失灵还是很明显的。农村存款金融机构网点对行政村的覆盖率依旧不高。截至2014年底，央行调查数据显示全国金融机构空白乡镇还有1570个；小额信贷机构农户覆盖率较低（33.2%），而且大部分业务集中在有抵押的农村商业领域；国有大型银行（农业银行等）的信贷额度一般是2万~5万元，以2万、3万元为主。超过70%的农户贷款是用于教育、医疗等紧急情况，而非用于生产、再生产投入。

自2006年起参照孟加拉国诺贝尔和平奖获得者尤努斯设立的从事小微信贷的乡村银行模式，中国农村开始推进村镇银行的设立，并于2007年3月成立了第一间农村村镇银行——四川仪陇惠民村镇银行。根据中国银行业协会发布的网上资料，截至2014年底，我国村镇银行已经发展到1233家，覆盖全国31个省级行政区域，小微企业贷款余额2405亿元，占比达49.5%。但是事实上，村镇银行的整体趋势却是脱农的，村镇银行只给县域的中小企业贷款，而非农民。首先，从网点布局来看，村镇银行已经脱离了最需要小微贷款的农村贫困地区。郑兴（2013）[①] 根据国家统计局的《东西中部和东北地区划分方法》，统计出东部省份村镇银行数量为338家，占比为31%；中部村镇银行数量为263家，占比为24%；

---

① 郑兴，2013，《我国村镇银行发展现状及存在问题剖析》，《科技创业》第2期。

西部地区村镇银行数量为342家，占比为31%；东北地区村镇银行数量为158家，占比为14%，得出了中西部欠发达地区村镇银行投资不足的结论。从具体贫困县的数据来看，村镇银行更是呈现出数量少、规模小、涉农业务不足等问题。其次，这些村镇银行的服务对象也从农户和从事农产品加工的小微企业转向中高端涉农较少的客户，已经偏离了服务"三农"的村镇银行设立主旨。最后，村镇银行经营品种单一，只是传统的存贷款业务，与农村信用社的功能无显著区别，这已经完全背离了村镇银行设立之初确定的通过金融创新的方式解决涉农金融服务的初衷。在这样的背景下，原设计的分组担保、分期偿还、降低抵押的小额贷款计划并未得到有效的实施。因此，村镇银行的成立并没有惠及最基本的农户，农村的资金需求状况并没有得到明显改善。

在农村资金互助社的发展方面，我国进行得更是异常缓慢。如前文所述，正规注册的资金互助社仅49家，但由于成本高、收益低等原因，基本都处于低效运营状态。农村资金互助社普遍面临资金供不应求的局面，出现了严重的信贷短缺（齐书良、李子奈，2009）。[①] 银监会正式注册监管的农村资金互助社比其他新型农村金融机构发展缓慢。以全国首家获得金融许可证的农村资金互助社——吉林省梨树县闫家村百信农村资金互助社——为例，该社已入股的101户（包括8名发起人）和有入股意愿的近200户农民，其入股动机均为获得贷款，基本表现出来的都是贷款需求强而存款意愿极低的特征。2007年12月末，该资金互助社存款余额仅为2.35万元，存款户更是仅有3户；该社股本金增长也极为缓慢，从2007年3月正式挂牌到2007年12月12日，资金互助社社员数增长了215.6%，但是，其股金仅增长了27.4%，增幅不足社员数增长幅度的1/9。[②] 其后的数据便不得而知了，但从相关的访谈和报道中还是可以看出一些基本情况。众多对吉林百信资金互助社的研究显示，其普遍存在存款额较低、贷款额较高的现象。在2014年的财经类媒体采访中，姜柏林

[①] 齐书良、李子奈，2009，《农村资金互助社相关政策研究——基于社员利益最大化模型的分析》，《农村经济》第10期。

[②] 李中华、姜柏林，2008，《资金来源渠道不畅严重制约农村资金互助社发展——对全国首家农村资金互助社资金组织情况的调查》，《中国金融》第4期。

表示百信资金互助社基本处于"冬眠状态",规模上并没有得到扩大,业务也基本停滞。对此,姜柏林将问题归结为监管机构的抑制加大了成本。

而大量无法获得金融许可证的非正规农村资金互助社通过其他形式注册后处于监管之外的灰色地带。李昌平等自 2009 年 10 月开始在郝堂村组织民间资金互助社("夕阳红"),通过其定义的"内置金融"模式来从事民间金融借贷行为,并利用土地承包权流转、宅基地抵押等方式进行变相抵押担保和人事担保来控制风险。从其自己的讲述中他表达了强烈的扩张倾向,通过收取较高贷款利息(月息至少 1%)实现资金互助社的利益最大化。尽管最终收益都将用于本地居民,但这与其他脱农的国家金融机构区别也并不显著,最终也是通过金融扩张获得利润,至于利润能否反哺农村还要看后续的制度安排是否合理,同时较高的利率能否可持续发展还要观察。同时现有的组织形式和经营模式是否具有持续发展的可能性也是个问题,李昌平自己也认为"村组织、村民、各级政府、协作者等各方,还能不能像最初那样坐下来、反复研讨、达成共识,好像很难了"。① 董晓林等(2012)② 认为一旦由少数发起人控制了农村资金互助社的运营,在旺盛的贷款需求下,农村资金互助社极易偏离合作金融轨道,发生异化,向纯粹的商业金融发展,追求经济利益最大化。银监会框架外的农村资金互助社在发展中已经出现了上述迹象。从实践来看,很多农村资金互助社在整个乡镇范围内以低标准的入社资格来吸纳社员,社员之间基本不认识,完全不具备合作金融的村社熟人关系基础。社员对农村资金互助社内部运营和决策的参与程度不够,资金互助社实际上被发起人控制,而这个发起人可能是村社领导,也可能是有名气的社会活动者。在当代中国普遍的资金强需求刺激下,农村资金互助社经营表现出资本与生俱来的营利性倾向,与传统金融机构做法并无不同,出现了为增加可贷资金不惜高息揽存、倾向低风险有抵押品的非农行业等行为。在风险内部控制机制不完善、外部监管不利的情况下,这些非正规农村资金互助社的风险将不断累积,经营性质也出现了异化为非法集资的可能性,最终还是可能如以往的

---

① 高欣,2014,《守住"新郝堂"》,《法治周末》7 月 23 日。
② 董晓林、徐虹、易俊,2012,《中国农村资金互助社的社员利益倾向:判断、影响与解释》,《中国农村经济》第 10 期。

农村合作基金会一样引起系统性金融风险。

至于小额贷款公司，由于其先天的"只贷不存"、市场化经营的特征，其脱农的结果是在预料之中的。总体上来说小额贷款公司存在融入资金逐渐减少、涉农贷款金额偏大、贷款周期较短、信用贷款减少、抵押担保贷款增速快、贷款利率过高等问题。尽管近年来，贷款给涉农产业的数量和比例增加，覆盖面也相对比较平均，但由于贷款金额较大，依然无法起到帮助小微农户的作用。

而在保险市场，中国农户家庭几乎无法获得正规的社会保障体系的家庭生活保险和农业生产保险。面对这种情况，中国农户家庭只能通过传统社区内部固有的血缘地缘关系、通过一系列的非正规制度性安排彼此分担风险，并接受帕累托有效风险配置。Bardhan 和 Udry（1999）[1] 认为，"在一个整合程度较高的社区内，信息流动可能足够充分并使家庭收入随机冲击的发生成为共知。这样，就允许社会层次上的组织可以出面为家庭的收入波动提供保险，而同时又避免会困扰一个外部保险者的道德风险和逆向选择问题的出现"。结果是，农户家庭的内部风险经过社区内部化后降至最低，他们仅需关注社区的整体风险，即系统风险。本书也将在后面继续讨论传统村社内部保险的经济学含义，并认为传统村社内部集体伦理的产生也在很大程度上来自社区内的各个体农户家庭为了管理系统风险而推动社区整体福利水平提高的集体行动。

（三）农村专业合作社[2]

截至 2014 年 9 月底，我国依法在工商部门登记的合作社数量已达到 123 万家，有入社农户超过 9000 万户，覆盖全国 34.6% 的农户。合作社作为一种现代经营组织，能够有效联合原子化分散农户对接市场，推进现代农业科技要素投入，以引导标准化专业化生产，提高农业经营效率，保障农民利益，增加农民收入。与合作社蓬勃发展的趋势相比，其资金需求也呈现出旺盛增长的势头。随着我国农业产业化的不断发展，合作社的业

---

[1] Bardhan, P. K., and Udry, Christopher., 1999, *Development Microeconomics*, Oxford: Oxford University Press.

[2] 此部分内容系依据中国农业大学博士研究生、农业部经管站贺潇的近期研究成果整理而成。

务领域日渐拓宽，覆盖了农业各产业，涉及种植业、养殖业、农村服务业和农产品加工业，从事主要农产品的生产；合作社的服务能力快速提升，越来越多的合作社开展了农资供应、统防统治服务，发展了包装、储藏、加工、流通等业务，有一半的合作社开展了一体化服务，尤其是一些合作社积极发展直供直销，开展农社对接。合作社对于资金的需求量越来越大，但现阶段合作社发展规模仍然有限，实力较弱，社均成员不到80人，社均出资额不到200万元，自我积累能力十分有限，迫切需要资金支持用于扩大再生产和组织可持续发展。

农民发展合作金融的需求，与合作社本身的发展需求达成了某种程度的一致。一些合作社社员开始尝试借助合作社这个组织载体，把原本的生产合作扩展到资金合作的领域，开展基于信用基础的内部资金互助。而资金合作正是国际合作组织的重要功能之一。从经济学的角度看，合作社内部开展信用合作，风险小、成本低，合作资金配置有效，与其他金融模式相比，这种方式配置信贷资金具有更高效率。按照近年来中央1号文件的要求，允许农民合作社开展信用合作。但至今，相关管理办法和细则还未出台。信用合作涉及资金，如果运行出现问题，甚至可能重蹈农村基金会的覆辙，失去这一模式本身的制度优势。因此，研究基于农民合作社开展信用合作的运行机制，从而建立有效的监督管理机制具有重要的意义。

多数学者赞成合作社从生产合作衍伸至资金合作，生产互助与资金互助必然是相伴生的两个方面，而《农民专业合作社法》不允许信用合作，相当于砍掉了合作社发展的一条腿。农村合作金融新政策的出台，将引导我国的农民专业合作社从原来单一的生产经营合作，向"经营合作＋金融合作"转变，这将极大地推动专业合作社的发展。郑良芳（2010）[1] 通过对比国外农村合作金融的发展经验，指出在农村如果只发展专业合作社，不相应发展以农民为主体的真正的合作金融组织，专业合作社将寸步难行，因此国家要帮扶农民发展资金互助社。王曙光（2012）[2] 认为当前

---

[1] 郑良芳，2010，《加快发展农民办的信用合作组织的对策建议》，《区域金融研究》第10期。
[2] 王曙光，2014，《构建真正的合作金融：合作社信用合作模式与风险控制》，《农村经营管理》第5期。

合作社普遍面临融资的瓶颈，资金短缺制约了合作社事业的发展。提出要通过合作社内部社员的联合担保来构建银社合作机制，建立政府对合作社贷款进行贴息支持和担保费支持的商业性担保中心，实行合作社内部的资金互助等三种金融发展模式。夏英、宋彦峰（2011）[①]指出在商业化目标的推动下，正规金融组织距离农村和农民越来越远。农村资金互助社作为银监会框架下的新型合作金融组织，由于组织模式在运作和监管等诸多方面类似于正规的商业金融机构，与基于合作社理念的合作金融组织尚有差距。而且现有制度框架下合作金融组织准入成本过高，合作社可以作为一个信用共同体来发展。胡卓红（2009）通过对金融服务农民专业合作社的现状进行分析，指出当前金融服务合作社存在的问题突出，提出要建立健全农民专业合作社内部的资金互助组织体系。[②]

（四）评价与小结

综合上面的内容，我们可以发现在中国农村金融依旧存在农村正规金融供给不足、农村金融资本对外净流出、农村农业及相关产业金融化程度不足、县域金融规模缩小发展受到抑制、农村各类金融机构监管和监管机制不健全等问题。面对这些问题，我们需要反思的是进行了这么多年的农村金融改革是否遵循了市场规律，是否符合我们服务的对象——农民——的需要。在我国相关政策的制定过程中，大量借鉴了一些发展中国家的小微金融机构的经验，初期也被众多学者研究证明是有效的，然而在我国已经进入工业化社会的今天，这些制度安排是否还是有效的和具有可持续性的？从发达国家的经验来看，这样的制度安排通常是不可持续的。纽约联邦银行对美国20世纪90年代中期的银行业务状况的研究发现：银行规模越小，其小额贷款占贷款总额的比重越大，小额贷款占资产总额的比例越高。资产低于1亿美元的银行的国内小商业贷款占资产总额的8.9%，而在资产高于50亿美元的银行，这个比例只有2.9%（Federal Reserve Bank of New York，1995）。[③] Goldberg and White（1997）的研究发现，银行规

[①] 夏英、宋彦峰，2011，《以农民专业合作社为基础的资金互助制度分析》，《中国合作经济评论》第1期。
[②] 胡卓红，2009，《农民专业合作社发展助推机制研究》，《农村经济》第7期。
[③] Federal Reserve Bank of New York, "Current Issues in Economics and Finance", June 1995.

模与其向小企业贷款的力度（占银行资产的百分比）之间存在明显的反向关系。① 也有研究表明，结构复杂的大银行较少向小企业贷款（Berger and Udall，1996），② 新建立的银行比同等规模的既存银行向小企业提供了较多的贷款（Shull，1993）。③

从合作金融来看，我们可以从东亚发达国家和地区以及北美等发达国家找到很多成功案例，然而合作金融制度的设计如何能够更有效？从目前中国农村资金互助社的经验来看显然是失败的，正规的资金互助社成本过高，不具备可持续性，非正规资金互助社脱农现象严重，相当数量的非正规资金互助社最终成为非法集资机构，与当年的农村合作基金会的情况基本类似。以往农民通过家庭的劳动力配置来管理不确定性和风险，及至今天，农民开始以土地为纽带扩大范围，希望通过合作社克服以家庭为单位的小规模风险管理方式的弊端，以更大规模、更多配置方式来管理不确定性和风险。这就是现代合作社的起因，特别是对农业三要素净流出的中国农村来说。有些研究人员和社会活动者呼吁将合作金融还给农民，然而如何还？怎么还？要不要监管？还是依靠乡土熟人社会、能人治理模式？这样的合作金融乃至合作社是否具有可持续性？大面积发生的非法集资恰恰是这种不受监管的所谓合作金融的结果，这类金融不受监管是一定会外溢的，资本市场的本质如此。郝堂村资金互助社的李昌平明确提出会外溢，而外溢的结果还是会脱农，而郝堂村依靠养老金建信用社、以乡土熟人社会模式的道德约束来防止资金问题，最大的可能也只是保证赢利时乡村精英们能够还款，但如果亏损呢？而且即便赢利，靠道德来约束精英这种机制的可靠性明显无法把握。Hogeland（2015）认为合作社参与者普遍可能有矛盾的想法，既希望合作社是以市场为导向的，又希望合作社是以家庭

---

① Goldberg, Lawrence and Lawrence J. White. 1997. *De Novo Banks and Lending to Small Businesses*: *An Exploratory Analysis*. May.
② Berger, Allen and Gregory Udall. 1996, "Universal Banking and the Future of Small Business Lending" in Saunders, Anthony and Walters, Ingo. 1996. *Universal Banking*: *Financial System Design Reconsidered*. Irwin Professional Publishing Co.
③ Shull, Bernad, 1999, "The Separation of Banking and Commerce in the United States: An Examination of Principle Issues". IN: "*Financial Markets*, *Institutions & Instruments*", May, 1999, pp. 1 – 55.

作坊模式运行的。[1] 在中国笔者观察到也存在类似的现象，中国的合作社组织者和成员倾向于以市场为导向，或至少对外声称以市场为导向，但又要求不在正式制度的监管下，同时要求政府通过补贴等政策分担部分组织成本。这些期望本身是相互矛盾的。

因此面对上述林林总总的问题，我们的城市研究人员和社会活动者简单粗暴地将自己心目中的农村景象、农村经济活动、农民经济行为强加在农户身上，其结果必然是不适应的、不可持续的。只有准确地研究农户家庭经济行为模式和农民的真正需求才可能准确地进行相关的机制设计。从目前的研究看来，农村专业合作社在生产合作的同时延伸到金融互助领域是具有优势的，而且存在不外溢、监管方便的优势。如何广文（2009）所说，"农村专业合作社的合作金融可以克服正规金融机构信贷博弈过程中难以克服的信息不对称问题，极大地消除道德风险的不利影响，可以最大限度地减少不良资产的产生；可以克服进入商业信贷市场的障碍，极大地提高农户信贷的可得性"。[2]

四 结论

通过上面的分析，本书认为由于当代中国农村金融体系建设的严重滞后和农户家庭的资本稀缺，农户在配置生产要素过程中往往会忽略金融资本要素的配置而尽可能地使用其他要素替代金融要素；同时不完全的信贷市场和缺失的风险管理市场使农户在农业生产中面对的不确定性大幅增加，农户家庭因此表现出更大的风险厌恶特征。

综上所述，当代中国农户面对的是非完全竞争的城乡二元分割的劳动力市场和以非交易方式取得产权的产权残缺的土地市场，同时又有着人多地少的基本国情约束，这样的国情背景既区别于恰亚诺夫假说的完全缺失的劳动力市场和无限弹性供给的土地市场，也区别于舒尔茨假说的完全竞争的要素市场。在信贷市场方面，由于正规信贷机构的脱农和退出，非正

---

[1] Hogeland, J. A. 2015, "Managing Uncertainty and Expectations: The Strategic Response of U. S. Agricultural Cooperatives to Agricultural Industrialization". *Journal of Co-operative Organization and Management* (2015), http://dx.doi.org/10.1016/j.jcom.2015.06.001.

[2] 何广文，2009，《农民专业合作社金融服务模式探析》，《中国农村信用合作》第3期。

规信贷机构的自身限制导致的垄断市场形式使中国农户普遍无法获得或难以获得信贷用于生产和再生产，因此中国农户家庭在考虑生产要素配置时往往会忽略信贷资本，而非正规信贷机构的高利率反而加深了农户家庭利用信贷的风险。而缺失的风险管理市场和失灵的信贷市场使农户家庭面临更大的不确定性，农户只能尽可能地寻求资本市场之外的风险管理机制以最大程度地削弱不确定性取得最大的效用集。这个效用集在农户家庭生产决策和消费决策不可分的情况下拒绝了递归函数模型，而更趋向于预期效用函数模型。

第三章 农户家庭要素配置
——人力资本的视角

前面讨论了农业经济的两个基本假说体系，它们都是以"户"作为研究对象的理论，家庭分工是以"户"为基础的经济行为的核心机制，需要特别注意的是，家庭分工与传统古典主义经济学所研究的分工不同。古典经济学所关注的是企业同种产品的不同生产环节的"分工"，而家庭有着完全不同的多产品生产的分工方式；同时，基于完全竞争市场的假定，最优决策从不同时买和卖同种产品，从不同时买和生产同种产品，最多卖一种产品（文定理、Wen theorem、文玫，1998）。[①] 显然，中国目前的小农经济家庭生产方式和劳动力资源配置方式与完全竞争市场理论不相符，除非我们假定中国小农几乎全体"非理性"，而这又明显不符合基本理论逻辑，因此，简单地以分工一词来表达和理解家庭内部劳动力资源的配置方式是不合时宜的。本章将对中国农户家庭的劳动力资源配置提出以农民自身的人力资本存量为主要考量对象的农户家庭人力资本配置方式。

对于传统小农来说，在中国也并未形成对农业的风险管理市场，尽管可以将中国近几年所实行的粮食保护价、补贴等政策视为一种风险管理，但这些都只是局部而非系统的针对农业的风险管理；迄今为止，针对农民的社会保障体系也尚未形成，中国农户需要面对市场风险、自然风险及社会保障体系残缺的个人风险。因此，中国农户家庭对于任何市场刺激的反应都需要考虑风险问题。斯科特（Scot，1979）通过对东南亚农村社会经

---

① Wen, M., 1998, "An Analytical Framework of Consumer-Producers, Economies of Specialisation and Transaction Costs", in K. Arrow, Y-K. Ng, X. Yang (eds.), *Increasing Returns and Economic Analysis*, London, Macmillan.

济的研究，以"道义经济学"的形式延展了恰亚诺夫的生产—消费均衡理论。[1] 他认为，农户的经济行为与企业家有着重要区别。农民经济行为的主导动机是生计和消费，追求安全和避免风险才是基本原则。在不完全市场条件下，风险是时刻存在的。因此，任何理性经济人的经济行为在任何情况下都需要将风险管理纳入思考框架，也因此，理性经济人首先需要在自身的选择集内寻求含有显著风险含义的预期收入效用最大化，而后才涉及生产和销售的利润最大化行为。

一 一个猜想——农户家庭人力资本配置方式

在狭义的金融资本市场中，投资组合往往指代可交易变现的资本资产，包括证券、房屋、土地等，将无法交易的人力资本排除在组合之外。然而，人力资本可在雇佣工作（出租）等对外投资过程中产生收益（工资等），并影响投资者的资本组合方式。最初提出这个观点的是发明有价证券资本组合理论的 Markowitz（1959），[2] 他注意到了人力资本对投资组合的影响，并从多个角度论证过这种影响的存在。更具体的证明是 Mayers（1973）的研究，他认为，如果将人力资本纳入资产组合中，那么人力资本组合与金融资本存在协方差关系，也即意味着这两种资产存在相关性。萨缪尔森（Samuelson，1969）[3] 和莫顿（Merton，1969）[4] 的研究发现，不同社会阶层的人对风险投资组合形式的选择不同，而个人将自己未来收入的预期作为风险资产加入投资组合中是产生这种不同的重要因素。一个家庭中不同成员在空间上的分散可以被看成或部分被看成这个家庭对付在空间上有相互关系的风险的对策，家庭通过把不同的成员（不管是出于利他主义，还是通过隐含的风险共享契约保持经济联系）分散于不同的

---

[1] Scott, J. C, 1979, "*The Moral Economy of the Peasant: Rebellion and Subsistence in Southeast Asia*", Yale University Press.
[2] Markowitz, Harry, 1959, "*Portfolio Selection: Efficient Diversification of Investments*". New York: Wiley.
[3] Samuelson, Paul A., 1969, "Lifetime Portfolio Selection by Dynamic Stochastic Programming". *Review of Economics and Statistics*, 51, August 239 – 246.
[4] Merton, R. C., 1969, "Lifetime Portfolio Selection under Uncertainty: The Continuous Time Case", *Review of Economics and Statistics*, 247 – 257.

农业气候区，或者不同的经济部门，可以使家庭的收入来源多样化，从而保护这个家庭防范那些无法在当地防范的风险。目前越来越多的研究者（Svensson，1993；① Davis et al.，2000；② Viceira，2001；③ Bertaut et al.，2002；④ Penaranda，2007；⑤ Lindset et al.，2008⑥）将人力资本纳入投资组合选择中，使其成为一个不可或缺的组合元素，被认为是风险资产（risky asset），这主要是由个体收入的不确定性决定的。为了更直观地解释，我们假设一个理性经济人在拥有一笔现金财富后，为使其投资获利，需要选择一个投资组合，通常会包括股票、债权乃至房产等。但如果除了这些选择之外，该人将其中一部分财富投资在教育上，从而减少了对金融资产的投资，此时我们应当认为该人将对自己人力资本的投资也纳入了投资组合，因此其获得收益的方式除了股票债券收益、房产出租收益外，还有一项就是人力资本出租（被雇佣或自雇）收益，这样人力资本的对外投资（出租）就成为资产组合投资的一个项目。

对于中国农民来说，其所拥有的资本大部分以人力资本体现，金融资本则是稀缺的，近乎为零；另一项能够成为资本的资产是通过土改而获得的土地。将不确定市场条件下的"风险规避"理论与农户家庭经济理论的单一模型结合，就可以构建出农户家庭经济行为的预期收入效用最大化理论。由于家庭内部成员的人力资本存量不同，成员人力资本依附于单一个体使家庭人力资本可在一定程度上如金融资本那样进行分割，进而投入与成员个体人力资本相适合的领域，表现出与金融资本投资的资产组合相类似的加入风险因素考虑的人力资本投资方式。由于这

---

① Svensson, L. and Werner, I., 1993, "Nontraded Assets in Incomplete Markets: Pricing and Portfolio Choice", *European Economic Review*, 37 (5), 1149 – 1168.

② Davis, S. J., and Willen, P., 2000, *Uncertain Labor Income and Portfolio Choice: Covariance and Its Implications*, Manuscript, University of Chicago and Princeton University.

③ Viceira, L. M., 2001, "Optimal Portfolio Choice for Long-Horizon Investorswith Nontradable Labor Income", *Journal of Finance*, 56 (2), 433 – 470.

④ Bertaut, C., and Starr-McCluer, M., 2002, *Household Portfolios in the United States*, MIT Press.

⑤ Penaranda, Francisco., 2007, *Portfolio Choice Beyond the Traditional Approach*, UPF, Ramon Trias Fargas 25 – 27, E-08005 Barcelona, Spain.

⑥ Lindset, Snorre. and Matsen, Egil., 2008, "Human Capital Investment and Optimal Portfolio Choice", *European Journal of Finance*, 2011, 17 (7): 539 – 552.

种家庭整体以成员人力资本形式形成的投资组合服从一般的个体预期收入效用最大化原则,也服从资本投资的风险管理原则,因此可以认为是一种家庭人力资本组合[①]（Human Capital Portfolio）。在这种充满弹性的投资行为中,为适应农业市场环境及外部工业市场环境,农户家庭可以与普遍性的金融市场投资一样表现出充分的弹性和可调性（Flexibility and Adaptability）。

在这样的国情背景下,中国农户普遍拥有的土地作为农户在人力资本以外仅存的重要资本资产,成为农户家庭人力资本配置决策的重要参考变量,特别是在取消农业税之后,其主要特征是当农户人力资本投入后会产生用于家庭自给自足消费的收益,可被看作"无风险资产",产出中用于自我消费的部分代表着无风险资产的固定收益率。这种情况下,与新古典经济学完全竞争条件下生产和消费决策可分、农户人力资本投入极有可能是有风险的论断不同的是,中国的农户,特别是中西部不发达省份的农户,有进行自给自足生产来满足基本消费以平滑劳动力配置产生收益的不确定性的激励,这意味着在取消农业税后土地上的自给自足产出部分是固定回报的无风险收益,土地是无风险资产。也因此,文定理（Wen Theorem）的假说是不符合中国当前的国情背景的。

基于以上的分析,笔者认为:1. 在单一模型下,农户家庭中实际上形成了以天然血缘关系为基础的人力资本的资产组合（Portfolio of Assets）,因其具有典型的农户家庭经营的内部化特征而使交易成本趋于零,[②] 进而使分属不同单个家庭成员的人力资本皆属于"户",因此,在农户家庭得以内部化处理外部性问题的条件下,农户经济的外部效应是正的;而经济危机产生失业等重要的负外部性不利因素,恰好可利用农户家庭内部风险收益共担的模式得以缓解。[③]

2. 在获得迁徙生存条件后,现阶段仍然以户为单位的农村劳动者把

[①] 恰亚诺夫（1925）也提出了农民家庭类似于资本家采取的资本组合的经营方式。然而他认为由于当时手工业和商业等市场环境更加恶劣,农户的人力资本在这些领域的投资回报率更低,因此不在其讨论的范围内。

[②] 事实上实践中并不存在交易成本为零的情况,这里是对交易成本极低的情况的解释。

[③] 科斯在接受《经济学消息报》主编高小勇采访时说,中国农村的家庭在人民公社解体后,作为替代的制度安排发挥了作用。

家庭拥有的人力资本在务农和外出打工间进行选择是一种投资人行为，如此产生的大量劳动力迁徙将使农村人力资本存量大大降低。这时的农业补贴政策应有利于维护农户的土地并使他们将劳动力资产配置到能产生最优的风险收益综合效用的领域。

3. 土地是大部分中国农户持有的唯一无风险资产，通过将土地与人力资本进行配置，中国农户有机会使这种配置产生最优的风险和收益综合效用。土地私有化后，如果农民通过转包和租赁土地获得的租或一次性的转让收入不够在未来进行投资产生一定的收入流，土地在农业经营范围内出现大规模流转的发生概率将被大大降低。

二 一个假定——中国农户家庭生产和消费的不可分性

前述对中国农村土地、劳动力和信贷资本要素市场的研究表明，中国农户家庭处在一个不完全竞争的要素市场中，因此农户的效用最大化问题无法在完全竞争市场的框架下进行分析，这意味着拒绝了递归效用函数，而倾向于以预期效用函数为基本模型假设。对效用函数递归性的否定隐含的逻辑是农户家庭的生产和消费是相互依赖、不可分的。本书此处就农户生产和消费的不可分性带来的相关问题进行简要讨论以厘清这个假定的准确定义。

首先，在恰亚诺夫的模型中，生产和消费均衡假说的基础也是生产和消费的不可分性，其生产和消费的均衡只是不可分性中的一个特例。在这样的假定下，由于劳动力市场的缺失，劳动力的影子价格与农场大小存在正向的关系（姚洋，2004），[1] 此时劳动力的机会成本直接对应于务农收入。而本书认为由于中国城乡二元分割的劳动力市场导致的劳动力的机会成本，即影子价格，是区别于农业收入的城市打工预期收入，因此尽管农户劳动力的影子价格可能与农场大小仍然存在正向关系，但其相关性已经被削弱，生产和消费的均衡被打破，而代之以更一般的生产和消费的不可分性。这时，农户的生产要素配置方式受到了包括消费需求在内的更多因素的影响，如农户土地、劳动力及资本的禀赋等。这时，贝克尔（Becker，1965）的单

---

[1] 姚洋，2004，《土地、制度和农业发展》，北京大学出版社。

一模型理论①更加适合分析当代中国农户的生产决策行为,他认为农户是生产和消费的结合体,收入、生产函数和时间是农户加入风险因子后追求效用最大化的约束条件,这时生产最大化、利润最大化都不再是农户要素配置的优先选择目标。

其次,对于舒尔茨的利润最大化假说,生产和消费的不可分性是与此完全不同的,因为利润最大化假说必然以完全竞争市场为基础,生产和消费决策也是总体可分的。

因此,本书提出的生产和消费不可分性是本书接下来讨论中使用农户家庭预期效用最大化和资本资产组合理论的基本假定条件。

三 猜想成立的几个必要条件

上面的猜想将人力资本的配置等同于金融学意义上的资本资产组合投资形式,那么就必须要严格服从资本资产组合投资的理论和数学意义,否则该猜想就是有瑕疵的,甚至是不成立的,本节将讨论并说明这些必要条件。

(一) 人力资本与金融资本的同质性

对于人力资本与金融资本是否具有同质性,争议在于人力资本的产权性质,乃至其衍生问题——人力资本的可交易性质。

早期的研究认为人力资本是不可交易的(Nonmarketable Capital),原因在于人力资本附着在人身上,而人是不可以进行交易的,人是主动财产。如,巴泽尔(1977)在美国《法律和经济学报》上发表的论文中发现,奴隶是一种"主动的财产"(full-fledged property),不但会跑,而且控制着他自己劳动努力的供给。②

与以往的研究不同,当代的大量研究表明人力资本是可交易的资本。它们之间的区别在于现代人力资本理论认为在任何有价证券的交易过程中,实际交换的只是收入流,债券和股票的持有人并不获得任何具体的指

---

① Becker, Gary S., 1965, "A Theory of the Allocation of Time", *The Economic Journal*, Vol. Vol. 75, No. 299: 493 – 517.
② Barzel, Y., 1977, "An Economic Analysis of Slavery". *Journal of Law and Economics*, 20, 87 – 110.

定资产，如公司的房屋或其他资产。事实上，现代企业的估值基本都遵循利润（收入流）估值法，与公司实物资产的关系已经不再紧密。如此，人力资本与有价证券一样，都可以形成收入流，因此交易是可以实现的。至于由于是"主动的财产"，买主很难控制人力资本的努力程度，无法控制其工作产出的问题并不是一个原则性问题，这是委托—代理问题，尽管很难处理，但至少具有解决的理论框架，已经与是否可以交易的问题无关。

对于沽清问题，由于人力资本是风险资产，同时一次性支付购买相当长时间的收入流是存在风险的，因此雇主会按月付工资，但对于高人力资本存量，也有年薪制，极端情况下，会有10年以上的合约。考虑这样一个例子，一个足球俱乐部为了获取一个球员的合约，需要支付另一个球队的转会费，其实质也是在沽清人力资本，沽清其合约期间内的全部收入流。因此，一次性沽清人力资本资产的可能性是存在的，问题是值不值得一次性付出高价，二者并不必然导致奴隶制度的产生。

通过以上的简要分析，本书有理由认为人力资本与金融资本具有同质性。

（二）农户家庭要素配置方式的效用函数是预期效用函数

首先要考虑的一点是，当使用人力资本组合投资的行为模式时，需要抛弃利润最大化这一基本概念，原因在于组合投资产生的是预期效用最大化，涉及预期和不确定性的问题，而利润最大化在舒尔茨的理论中只是边际收益与边际成本相等的结果，从而忽略了不确定因素，因此需要使用预期效用理论来进行分析。

如果农户家庭的生产要素配置也遵循资本资产投资组合的方式，那么就与传统的资本资产投资组合一样落入了同一个理论框架，那就是对资本资产组合中的相对风险的厌恶程度取决于其生产和消费是否可分，如果可分，则意味着农户对农业投入和非农投入的生产效用评估相近。由于这两种产出收益的多少，并不直接影响农户家庭的消费效用，这样产生的问题是传统的预期效用函数模型及消费资本资产定价模型（CCAPM）都无法适用。如果不可分，就意味着农户对农业投入和非农投入有不同的生产效用评估，农户家庭对生产的选择与其家庭禀赋有关。因此农业投入和非农投入会由于家庭资源禀赋不同（这包括，家庭间的人力资本存量不同、土地存量不同，以及家庭间储蓄额不同等因素）而导致其预期收益的效用不同，这就意味着农户家庭的生产要素配置与家庭资源禀赋不可分，这是符合不完全市场条件下的分析方法的。当农户无法规避市场风险并同时受到要素市场不完全性制约的情况下，生产要素不能与农户的财富禀赋相分离。由于农户无法化解市场风险及家庭风险，因此其生产要素也无法简单地以利润最大化的原则进行配置，而需要充分考虑风险因素及家庭禀赋以实现在加入风险规避条件下的预期效用最大化，而预期效用函数正是非递归效用函数。

辛格等（Singh, Squire and Strauss, 1988）[1]的研究也佐证了这一点，农业收益与影子工资存在显著的差异，并影响着农场劳动强度的投入，这意味着非农就业的存在和效用的不同。他认为农场大小与影子工资的正向关系也意味着农场大小与劳动力使用强度之间、农场大小和生产力之间存在反向关系，而这种关系反映了农户作为一个生产单位和一个消费单位所做出的决策之间的相互依赖性或不可分性。农场大小或其他禀赋变量对生产决策有显著的解释力，则认为不可分性存在（Benjamin, 1992;[2] Gavian and Fafchamps, 1996;[3] Burgess, 1998[4]），而不可分性恰恰是不完全要素市场的典型特征。

本书研究的不完全市场状态产生了农户生产和禀赋的相互依赖性和不可分性，而这种依赖性和不可分性拒绝了递归效用函数，而接受了非递归效用函数——预期效用函数。因此农户的家庭效用函数拥有适用于资产组合投资理论和资本资产定价理论的预期效用函数的特征。

---

[1] Singh, Inderjit, Lyn Squire, and John Strauss, 1986, *Agricultural Household Models: Extensions, Applications, and Policy.* Baltimore, Md.: Johns Hopkins University Press.

[2] Benjamin, D., 1992, "Household Composition, Labor Markets, and Labor Demand: Testing for Separation in Agricultural Household Models", *Econometrica*, 60 (March 1992): 287–322.

[3] Gavian, S. and M. Fafchamps, L., 1996, "Land Tenure and Allocative Efficiency in Niger", *American Journal of Agricultural Economics*, 78 (May): 460–471.

[4] Burgess, R., 1988, "Market Incomplete and Nutritional Status in Rural China", paper delivered at the International Conference on Land Tenure and Agricultural Performance in Rural China, Beijing, China, May 1998.

基于以上的分析，本书将农户家庭的生产要素配置方式套用预期效用函数和资本资产组合投资模型是符合不完全市场的背景和理论框架的。需要特别指出的是，本书认为的农民家庭"生产—消费不可分"的效用函数与恰亚诺夫假说中"生产—消费均衡"的效用函数是有相似之处的，实际上"生产—消费均衡"的效用函数是"生产—消费不可分"的效用函数的特例，区别在于"生产—消费均衡"是针对要素市场缺失下的无积累的经济行为，而"生产—消费不可分"是针对不完全市场条件下的经济行为，并不妨碍农户家庭形成积累。

（三）农户家庭的预期效用函数的适用性

由于预期效用函数只能针对单一个体的投资行为，不同的偏好无法使用一个预期效用函数，因此农户家庭的行为必须表现出单一个体的特征，即全部家庭成员偏好一致。贝克尔新家庭经济学条件下的单一模型是利他主义的，风险共担、收入分享的具有偏好一致性的理论假说，为本书使用以"户"为单位的预期效用函数模型提供了依据。

下面通过对贝克尔家庭单一模型的讨论来提供家庭内部偏好一致性的验证。

贝克尔（Becker，1993）认为社会环境 R 代表个人 i 的周围人对 i 的评价，而这种评价影响 i 的个人产出，但 i 可以通过自身的努力改变社会环境对其的影响，而社会环境 R 又会反过来再影响 i，而家庭的单一模型是这种情况下的一个特例。[①]

假定只有一种商品，它可以用单一产品（时间的投入暂且忽略不计）及其他人的单一特征来生产。那么效用达到最大等同于这种商品产出达到最大，于是有：

$$U_i = Z(x, R) \tag{3.1}$$

假定其他变量对该特征的影响不取决于 i 的自身努力，因此 R 可以写成加法函数：

---

① 这里的理论综述主要是根据贝克尔在1993年的《人类行为的经济分析》中的摘要总结形成的，第303~315页。

$$R = D_i + h \tag{3.2}$$

这里 h 衡量 i 的努力的影响，D 表示当 i 不付出努力时 R 的水平，就是说，D_i 衡量 i 的"社会环境"。

i 的货币收入预算约束可以写为：

$$p_x x + p_R h = I_i \tag{3.3}$$

这里，I_i 表示 i 的货币收入，$p_R h$ 表示 i 对 R 的支出数量，p_R 表示一单位 R 对 i 的价格，用 $R - D_i$ 代替式（3.3）中的 h，得到：

$$p_x x + p_R R = I_i + p_R D_i = S_i \tag{3.4}$$

上式右边表示 i 的货币收入及社会环境对他的价值之和，称作 i 的社会收入；左边表示 i 的社会收入如何"支出"：一部分用于他的"自身"产品（x），一部分用于其他人的特征（R）。

如果 i 使由式（3.1）给定的效用—产出函数极大化，约束条件为式（3.4）给定的对社会收入的限制，那么，均衡条件则是：

$$\frac{\partial U_i}{\partial x} \bigg/ \frac{\partial U_i}{\partial R} = \frac{p_x}{p_R} \tag{3.5}$$

假定 i 关心其配偶 j，这意味着 i 的效用函数依赖于 j 的福利，同时为了方便起见假定 j 既不积极也不消极关心 i，衡量这种依赖性的变量为 R_i，因此有：

$$R_i = \frac{I_j + h_{ij}}{p_x} = \frac{S_j}{p_x} = x_j \tag{3.6}$$

这里，I_j 表示 j 的自身收入，h_{ij} 表示 i 对 j 的施予，S_j 表示 j 的社会收入，x_j 表示 j 消费的产品。将式（3.6）代入式（3.4），得到 i 的社会收入：

$$p_x x_i + p_R R_i = S_i = I_i + \frac{p_R I_j}{p_x} \tag{3.7}$$

这里，p_x 表示转移给 j 的资源对 i 的价格，如果 i 将资源转移给 j 而不存在任何"交易"费用（这里需要指出的是在同一个家庭内一般不存在交易费用或交易费用极低），如果 i 对 j 的关心足以使 $h_{ij}>0$，那么，$p_R = p_x$，而且

$$S_i = p_x x_i + p_x x_j = I_i + I_j = I_{ij} \tag{3.8}$$

i 的社会收入等于 i 与 j 联合的自身收入或者说等于家庭的自身收入，而且，由式（3.5）给定的均衡条件表明：

$$\frac{\partial U_i}{\partial x_i} \Big/ \frac{\partial U_i}{\partial (R_i = v_j)} = \frac{p_x}{p_R} = 1 \tag{3.9}$$

或者说，i 将从 j 的自身消费与他的自身消费中获得相等的边际效用。

上面分析的意义在于，只要 i 持续将资源转移给 j，那么，i 与 j 在家庭收入分配上的变化对任何一个人的消费或福利毫无影响，贝克尔认为这一结论不仅适用于两人家庭的夫妻关系，也适用于包含父母、兄弟、子女等的较大规模的家庭关系。也因此，家庭全部成员的偏好一致，可以作为一个单一个体进行研究，这样就可以使用预期效用函数。

（四）小结

基于以上讨论，本书认为使用以人力资本为主的资本组合模型来作为研究家庭生产要素配置的理论框架是合乎逻辑的。当然，在这个模型中土地作为家庭另外拥有的生产要素也起着重要作用，后文将会对此进行详细讨论。

四　农村家庭风险规避问题

（一）中国农村家庭劳动力配置的现实国情背景

关于农村家庭对风险的认知问题，恰亚诺夫也好，舒尔茨也好，他们都集中讨论了农产品的市场价格问题，然而我们需要指出的是，在工业化和资本化加速发展的过程中，中国的现实国情已经不再与恰亚诺夫和舒尔茨所描述的国情背景相吻合。

中国在1990年代进入了以加快国有企业改革为名的城市产业资本扩张阶段；其间的重大变化是：新一轮滞胀型危机在1988~1989年爆发、其后的萧条阶段延续到1991年；继之，特别重要的是，1992年政府由于

无力支付"卖粮难"带来的长期库存财政补贴压力而取消了粮票等票证制度,使农民得到相对自由进入城市就业的生存条件后,农村耕地与人口之间的紧张关系随流动打工劳动力的迅速增加而有所减轻。中国小农的经济行为极大地受到外部环境变化的影响——1980年代恢复传统家庭经营的农村改革,可认为是国家完成工业化原始积累之后对农村实行的全面休养生息政策,核心内容是把过去由国家以人民公社名义占有的剩余劳动力资源和通过统购统销占有的工农产品价格"剪刀差",连同约20亿亩土地和25亿亩山林等其他农业资源,逐渐大部分还给了"原主"——农民家庭。在这样的国情背景下,农村农民家庭成为"有产者",经济行为也不再仅限于农业劳动,而扩展至了家庭手工业、小商业及工业劳动中。

现阶段的中国,城市经济已经基本上完成了资本化;而大多数传统农村乡土社会之中的农民一方面仍然处在资本原始积累不足、生存压力较大的客观环境约束下,另一方面,在市场化改革长期推进的农村劳动力非农转移的影响下,大部分农户已经形成人力资本的结构性变化——资本存量较低的妇女、老人甚至儿童进行满足基本生存需要的农业生产,而资本存量较高的青壮年农民则根据经济环境、就业环境等多方面的外部条件做出从事农业生产或向外迁徙就业的选择。一般而言,除了人力资本,中国农民中的大多数不具备其他形式的资本来获取要素市场化条件下的收益。那么从理论上可以说,中国农民已经将自己的人力资本与外部工业化、市场化环境对接。据此可以认为,仍然以农户为基本单位的农民经济行为,体现的是一种小农对自己所处的生存环境和经济条件的决策选择,农户内部的人力资本配置也是在自给自足的小农经济收入和外部非农就业收入之间寻求均衡的过程。

(二) 农户的风险规避与不确定性

在这样的国情背景下,农户面对的风险也不再是单一的农产品市场风险,他们还需要面对充满更多不确定性的劳动密集型工业市场的风险及国家政策风险。这里需要特别注意的是,不确定性是不能完全等价于风险的,因此用于风险估计的具有很强的统计特征的概率并不是通行于农民内部的对不确定性的衡量,换言之这种不确定性是农民基于对过去事件和经验的感觉,具有很强的主观特征。进行这样的风险分析的基础是决策者对发生不确定事件的个人感觉强度和对其潜在后果的个人估价，因此预期效用最大化的经济理念在单一模型的条件下是适合对农户整体经济行为进行分析的工具，此时里面涉及的概率也只是农户主观对不确定性的感觉，已经不具备很强的统计学特征。

在对于农户对风险态度的研究方面，大量文献研究[①]认为农户是风险规避型的（Schluter and Mount，1976；Dillon and Scandizzo，1978；Binswanger and Sillers，1983），因此，Wolgin（1975），Bliss and Hiebert（1974）等认为农民做出的资源配置决策是次优的。

基于以上情况，我们不难看出，目前对农户经济行为研究的共同点是农户家庭是风险规避的，其对不确定性的觉察是主观的、不可一般化统计的。本书进一步认为农户家庭的经济行为更倾向于对不确定性的管理，同时，在中国现阶段的国情背景下，农户家庭对劳动力的配置并不一定必然由于不确定性而牺牲部分效率，特别是在取消农业税后，真正成为"有产者"的农户可以更好地将土地资本及人力资本与外部工业化社会相结合形成最优的资本资产组合（Optimal Portfolio Choice）。这样尽管在这个过程中农业方面的产出效率下降，但对于家庭劳动力配置及总体产出效用来说还可能是最优的。事实上我们在进行传统的资本资产组合研究时往往重视金融资产的组合形式来判断投资者是风险规避型、风险中立型还是风险进取型的，但如果将投资者个体的人力资本加入组合中，经验上看，人力资本存量越高的人往往越倾向于风险进取。其根本原因在于人力资本存量高的投资人拥有一个能获得较高的人力资本收益率的无风险资产，而传统资本资产组合理论中无风险资产也是组合中不可或缺的。本书下面也将着重讨论单一模型下农户家庭整体的人力资本配置以及资本资产组合形式下无风险资产的界定及其对农户经济行为的影响。

五　农户家庭的人力资本配置方式对土地问题的含义

（一）投资组合中无风险资产相关理论回顾

资产投资组合理论中，在不包含无风险资产的情况下，所有最佳投资

---

① 艾里思（Frank ellis），2006，《农民经济学》，上海人民出版社，第 81 页。

组合（Efficient Portfolio）的集合是马科维茨效率前缘（Markowitz Efficient Frontier）。效率前缘曲线上面的每一点都代表一个最佳投资组合，也就是在给定任意一个相同预期回报的条件下风险最低的投资组合。如果将市场投资组合和无风险资产组合在一起，其结果是资本市场线（Capital Market Line 或 CML）。资本市场线上每一点代表的投资组合比效率前缘曲线上的投资组合更加优化。因此，理性投资者将投资一部分资金到无风险资产，其余的资金投在市场投资组合里，这意味着投资组合中无风险资产在理性投资者的投资安排中是不可或缺的。

图 3-1 描绘了存在无风险资产的情况下投资组合的最优选择在切点 M 处。

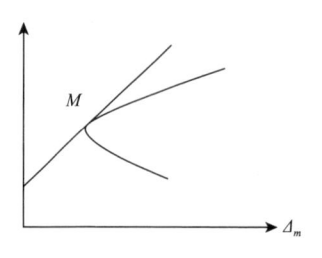

图 3-1 存在无风险资产情况下的投资组合最优选择

其中，R_e 表示预期收益率，R_f 表示无风险资产收益率，R_m 表示风险资产收益率，Δ_m 表示收益的标准差，即风险的测度。

同时，无风险资产的收益率的变化也对资产组合中无风险资产和风险资产投资的比例产生影响，在这里我们进行简单推导。

假定一个风险规避者在时期 0 投资了两类资产，一类资产是无风险资产，产出收益率是 r_f，投入资本为 a；一类是有风险资产，回报率是 r_v，投入资产为 b。家庭总资产为 $x = a + b$。在时期 1，家庭总财富为：

$$W = a(1 + r_f) + b(1 + r_v) \tag{3.10}$$

为简单起见，假定投资者投资在风险资产上的回报率可能有两种不确定的投资结果，产生不同的回报率 r_1 和 r_2，$r_1 > 0$，$r_2 > 0$。产生 r_1 的概率为 p，产生 r_2 的概率为 $1 - p$。则不同回报率情况下家庭的总财富分别为：

$$w_1 = a + b + ar_f + br_1 \tag{3.11}$$

$$w_2 = a + b + ar_f + br_2 \tag{3.12}$$

该农户家庭在时期 1 的期望效用为：

$$f(b) = u[E(W)] = pu(w_1) + (1-p)u(w_2) \tag{3.13}$$

对风险规避型农户家庭来说，期望效用函数是凹函数，投资者通过对 b（风险资产）的数量调整来获得最大化的预期效用，即：

$$\max \quad f(b) \tag{3.14}$$

$$s.\,t. \quad b \geqslant 0 \tag{3.15}$$

因此，$f'(b)=0$，则：

$$\frac{p}{(1-p)}\frac{u'(x+ar_f+br_1)}{u'(x+ar_f+br_2)}=-\frac{r_2}{r_1} \tag{3.16}$$

根据式（3.13）可以计算出最值点 b^*，由于风险规避，$u''(\cdot)<0$，因此可以推出：

$$f''(b)=pr_1^2 u''(w_1)+(1-p)r_2^2 u''(w_2)<0 \tag{3.17}$$

在此条件下，(3.17) 式中 b^* 是唯一最值点。对式（3.11）、（3.12）和式（3.16）进行微分可得如下 (3.18) 式中的两个结果：

$$\frac{dw_1^*}{dr_f}=\frac{\frac{1-p}{p}\left(-\frac{r_2}{r_1}\right)a\left(\frac{r_1-r_2}{r_1}\right)u''(w_2^*)}{u''(w_1^*)+\frac{1-p}{p}\left(\frac{r_1-r_2}{r_1}\right)^2 u''(w_2^*)}$$

$$\frac{dw_2^*}{dr_f}=\frac{\left(-\frac{r_2}{r_1}\right)a\left(\frac{r_1-r_2}{r_1}\right)u''(w_1^*)}{u''(w_1^*)+\frac{1-p}{p}\left(\frac{r_1-r_2}{r_1}\right)^2 u''(w_2^*)} \tag{3.18}$$

其中，由于 $u''(\cdot)<0$，故而 $u''(w_1^*)+\frac{1-p}{p}r^2 u''(w_2^*)<0$，同时 $w_1^*-w_2^*=(r_1-r_2)b^*$，因此：

$$\frac{dw_1^*}{dr_f}-\frac{dw_2^*}{dr_f}=(r_1-r_2)\frac{db^*}{dr_f} \tag{3.19}$$

将式（3.18）和式（3.16）中的结果代入式（3.19），并运用阿罗·普拉特绝对风险规避系数 $R_b(\cdot)=-\frac{u''(\cdot)}{u'(\cdot)}$，得出：

$$\frac{db^*}{dr_f} = \frac{-au'(w_1^*)[R_b(w_2^*) - R_b(w_1^*)]}{r_1\left[u''(w_1^*) + \frac{1-p}{p}r^2 u''(w_2^*)\right]} \quad (3.20)$$

由于 $u''(\cdot)<0$，及绝对风险规避系数递减时 $R'_b(\cdot)<0$（根据绝对风险规避系数递减原理），决定 $\frac{db^*}{dr_f}$ 的是相对风险厌恶程度，在相对风险厌恶递增时无风险资产的收益率会相对升高，在给定总投资规模的情况下，风险规避者投资在风险资产的份额会减少，反之亦然。

（二）土地是当今中国农民天然的无风险资产

对于农民来说投资在土地上的一部分人力资本是可以实现资本组合中的加入无风险资产目标的，农业中用于自我消费的产出并不受市场价格的影响，因此这部分依靠土地的产出成为农民人力资本投资的天然的无风险投资收益。同时非自我消费部分的农地产出也作为一种风险投资收益进入农户家庭人力资本投资组合的考虑之中，这样农户可以通过对劳动力在农业和非农经营上投入比例的调整来控制无风险资产和风险资产的数量以实现农业收入与非农收入方式的最优配置。当土地成为大多数农户人力资本唯一可投资的无风险资产时，土地便能用简单的生产要素概念来进行衡量，在很大程度上土地对农民来说有其不可替代性。

当农业是农民可以进行的唯一经济行为时（或外部手工业、商业市场环境恶劣时），农民只能在农业经济行为中选择风险资产组合，这时农户需要面对耕地资源约束、外部市场农产品价格约束等。而当耕地面积较大时，如果外部市场条件好，农户可以选择合适的人力资本投入组合以获取最优的产出收益，此时农户也会产生自余用于市场销售；如果外部市场恶劣，农产品价格风险较大，通过图 3-1 的曲线可以看出在处于曲线的下半段时，风险中性和风险规避型的农户一般都会选择农业产出的自给自足，而不再产生自余，这也符合恰亚诺夫假说的基本观点。

而当农民在农业之外还有其他可以选择的经济行为时，他们将在农业产出与外部打工或经商等经济行为中选择最优的人力资本资产投资组合，这时农民的农业产出也将随外部就业收入的变化产生相应的变化。因此，在这种情况下考虑农业产出时相关的变量需求将扩展至农业之外的收入情况、市场环境等。需要特别指出的是，当耕地面积约束无法满足农户的自给自足需求，农户家庭的农业所得连温饱也无法满足时，无风险资产的最优值可能只是一个角点解。

(三) 土地流转与土地产权

对于土地流转，长期以来都有看法认为只有将私人土地产权边界清晰起来，即土地私有化，才可以使土地能够真正流转起来。然而从理论和实践上来看，保持土地的村民小组集体所有制，个人家庭承包制同样可以带来以转包和租赁为主流的所有权不变的流转形式。从理论上看，转包和租赁并不会使农民丧失以土地作为无风险资产的特性，反而是农民根据主观上对非农打工的预期而调整了农户人力资本在无风险资产和风险资产间的配置比例。土地的转包费、租让金是资产的固定收益率，此时人力资本不再与土地相结合，自然土地的收益率会降低，然而人力资本全部投在了有风险但收益率更高的外出打工或其他自雇行为中。在实践中，能够更好地体现私有产权"买卖"性质的转让比例极低，这主要是由于农村地区农地"转让"的市场价格较低，不足以使转让土地的农户获得新的无风险资产。

我们在田野调研中发现，江苏、浙江、广东等发达地区的农村土地转包和租赁的现象较为普遍，还有以土地入股或将集体土地作股分配给社区成员的，这与我们上面的理论分析及资本组合理论的基本观点是相吻合的：当农户初始资产增加时，他们趋向于风险进取，对无风险资产土地的人力资本投入自然较少，或者不投入仅获得租赁收益，被转包或租赁的农地也大多被用于地方工业发展的目的，土地用途的改变也产生了级差地租，形成更高的收益。而在江西、安徽、湖北等相对落后地区，土地转包和租赁现象也不够普遍，更遑论转让，这主要是由于当地经济不发达，这些地区的农民初始资产较少，农户家庭从事非农就业存在风险，因此投资在土地上的人力资本也相应增加。

根据上面的分析，我们可以认为对于单一模型下的农户来说，土地可以成为人力资本可投资的无风险资产，使农户家庭的人力资本资产组合收益出现最优解的可能，并使农户家庭收益达到最优解。依照本章第三个问题的分析，土地作为无风险资产，可以产生农户家庭人力资本组合较高层次的最优解，提高农户家庭整体收益的稳定性。如果土地被转让，理性农户还需要寻找一个新的无风险资产来进行人力资本的投资，那么农户首先面临的问题是为什么要转让现有的无风险资产？除非转让的收益足以使农民获得新的无风险资产并产生剩余，或者农民的人力资本可以投资在另一种无风险资产上面。

众所周知，由于教育程度相对较低，农民的人力资本主要以体力劳动的形式表现出来，因此相对于城市人口来说离开了土地的农民人力资本存量极低，除了土地很难再发现更好的无风险资产。从另一个角度来说，相对于投资其他无风险资产或寻找新的无风险资产，农民以土地作为无风险资产也是一种比较优势的体现。现实中我们也可以找到经验依据，在2006年取消农业税以前，由于各项税费繁重，农业种植成本极高，此时土地并不是一个严格意义的无风险资产，因此弃耕撂荒现象严重，土地被无偿交给别人种植的情况很多，然而到了2006年，弃耕撂荒现象基本得到遏制，土地也开始较大规模地出现有偿转租。

当然土地的流转情况也是与人均土地持有量高度相关的，人均持有量越多，用于自我消费的产出占总产出的比例相对越小，超出满足自我消费部分的土地就会如前所述成为风险资产，很难得到全部人力资本投入，此时土地流转将极可能发生。比较土改和大包干这两种"残缺"产权制度，可以看到它们形成的约束条件不同，结果也不同。20世纪50年代是4亿农民进行土改，以后农民虽然一般情况下不能出租土地，但可以通过直接买卖土地实现"有偿流转"，实现资源的优化配置，因此在土改以后的3年里出现了所谓的"新富农"。而1978年以后是8亿~9亿农民大包干，以后农村土地虽然不得买卖，却可以出租，亦即"有偿流转"。一部分农民如果生产经营能力强，当然可以多租土地。但事实上由于农村人口翻了一番多，人地关系越来越紧张，劳动力绝对过剩，实现转让的耕地面积在农村工业化城镇化加速的10多年里大约仅有1%。很多地方农村基层仍然不得不随人口增加不断均分土地。结果，像土改以后那种有能力相对集中土地、在种植业上进行规模经营的富农，也自然没有条件产生。

基于以上分析，可以发现在现阶段的国情背景及土地制度框架下，农村土地流转的情况不是受制于土地私有权的问题，而是受制于中国大部分农村地区仍然不发达的现状，以及具有无风险资产"替代"作用的农村社会保障体系不完善等农户经济环境。然而，即使能够解决这些问题也并不必然会带来土地流转，相反可能会引发与日本相似的"二兼滞留"现象，这意味着还需要其他生产要素处于良好的市场状态，如土地要具有合理（不能过低也不能过高）的流转价格、农业产出收益较好及有城乡一体化的劳动力市场等，下一章将更多就这些问题进行讨论。

六 非农就业问题

对于当代中国的农户家庭来说，最大的变化莫过于工业化和资本化加速带来的劳动力市场迅速扩大，农户家庭除了农业种植的职业选择之外有了更多诸如家庭贸易行为、非农自雇及进城打工等的非农就业机会。在农户家庭的人力资本组合投资理论框架下，非农就业产生的收入是风险收入，因此非农就业是农户配置家庭劳动力资源的一个重要的风险投资选择。到目前为止，世界范围内，非农收入已经成为农村家庭提高家庭福利水平的重要来源（Hill，2000）。[①] 对于中国来说尤为如此，2010年更被认为是农民收入结构转换的临界点，"大农业这一块的收入大概就是50%，一半，还有40%是来自于工资性收入，就是打工，有的是进城，有的是在乡镇企业，还有10%来自两块，这是新的概念，一块叫农民的财产性收入，有些房子出租，存款的利息，财产性收入大概不到4%，还有6%多一点，叫转移性收入，就是政府给的各种补贴等等，现在的收入结构，我说今年是个临界点，可能到明年，来自农业大概会降到49%，50%以下"（陈锡文，2010）。[②] 农户家庭的这种经济行为带来的非农收入不可避免地会对农业生产中土地和劳动力的配置带来相反的影响，势必会影响农户家庭对农业生产的要素投入。

关于农户家庭对农业投入的效率方面，国内外很多学者进行了大量的实

[①] Hill, B., 2000, *Farm Incomes, Wealth and Agricultural Policy* (3rd Ed.), Aldershot: Ashgate Publishing.
[②] 陈锡文，《农民收入结构进入临界点非农收入超50%》，凤凰网专访，2010年2月24日。

证性研究。国外学者中，主要有 Battese 和 Coelli（1992）[1]、Sharif 和 Dar（1996）[2]、Wang 等（1996）[3] 及 Jha 和 Rhodes（1999）[4] 对亚洲的研究，Ray 和 Bhadra（1993）[5] 对印度的研究，Adesina 和 Djato（1996）[6] 对科特迪瓦的研究，Sotnikov（1998）[7] 对俄罗斯的研究，Croppenstedt 和 Demeke（1997）[8] 及 Seyoum 等（1998）[9] 对埃塞俄比亚的研究，Aguilar 和 Bigsten（1993）[10] 对肯尼亚的研究，Heshmati 和 Mulugetya（1996）[11] 对乌干达的研究，Chavas 等（2005）[12] 对冈比亚的研究等。这些研究都为非

---

[1] Battese, G. E., and T. J. Coelli., 1992, "Frontier Production Functions, Technical Efficiency and Panel Data, with Application to Paddy Farmers in India", *Journal of Productivity Analysis* 3 (1992): 153 – 169.

[2] Sharif, N. R., and A. A. Dar., 1996, "An Empirical Study of the Patterns and Sources of Technical Inefficiency in Traditional and HYV Rice Cultivation in Bangladesh", *Journal of Development Studies* 32 (1996): 612 – 629.

[3] Wang, J., E. J. Wailes, andG. L. Cramer., 1996, "A Shadow-Price Frontier Measurement of Profit Efficiency in Chinese Agriculture", *American Journal of Agricultural Economics* 78 (1996): 146 – 156.

[4] Jha, R., and M. J. Rhodes., 1999, "Some Imperatives of the Green Revolution: Technical Efficiency and Ownership of Inputs in Indian Agriculture", *Agricultural and Resource Economics Review*, 28 (1999): 57 – 64.

[5] Ray, S. C., and D. Bhadra., 1993, "Nonparametric Tests of Cost Minimizing Behavior: A Study of Indian Farms", *American Journal of Agricultural Economics*, 75 (1993): 990 – 999.

[6] Adesina, A. A., and K. K. Djato., 1996, "Farm Size, Relative Efficiency and Agrarian Policy in Cote d'Ivoire: Profit Function Analysis of Rice Farms", *Agricultural Economics* 14 (1996): 93 – 102.

[7] Sotnikov, S., 1998, "Evaluating the Effects of Price and Trade Liberalisation on the Technical Efficiency of Agricultural Production in a Transition Economy: the Case of Russia", *European Review of Agricultural Economics* 25 (1998): 412 – 431.

[8] Croppenstedt, A., and M. Demeke., 1997, "An Empirical Study of Cereal Crop Production and Technical Efficiency of Private Farmers in Ethiopia: A Mixed Fixed-Random Coefficients Approach", *Applied Economics* 29 (1997): 1217 – 1226.

[9] Seyoum, E. T., G. E. Battese, and E. M. Fleming, 1998, "Technical Efficiency and Productivity of Maize Producers in Eastern Ethiopia: A Study of Farmers Within and Outside the Sasakawa Global 2000 Project", *Agricultural Economics* 19 (1998): 341 – 348.

[10] Aguilar, R., and A. Bigsten., 1993, "An Analysis of Differences in Technical Efficiency among Kenyan Small Holders", *East African Economic Review* 9 (1993): 295 – 306.

[11] Heshmati, A., and Y. Mulugetya., 1996, "Technical Efficiency of the Ugandan Matoke Farms", *Applied Economics Letters* 3 (1996): 491 – 494.

[12] Chavas, Jean-Paul., Petrie, Ragan., and Roth, Michael., 2005, "Farm Household Production Efficiency: Evidence From The Gambia", *American Journal of Agricultural Economics*. 87 (1) (Feb 2005): 160 – 179.

农经济行为对农业要素配置缺乏效率的问题提供了证据,并充分反映了农户有效管理稀缺资源与其可采用的最优配置方式的不平衡问题。

笔者在 2009 年 8 月对安徽省安庆市怀宁县的 3 个镇——黄墩镇、金拱镇及小市镇——中三个村的 210 户农户进行了问卷调查,取得有效问卷 186 份。在根据数据包罗分析(DEA)来测算农业生产效率后,曾经试图通过 Tobit 模型验证非农收入对农户农业经济配置效率的影响,但由于土地流转市场极不活跃,该重要变量的估计偏差过大,因此无法对农户的技术效率、配置效率及规模效率中各因子的影响程度做出完整、准确的测算,最终放弃了整体实证分析,这里只能暂时通过上面外国学者的文献研究及中国的相关研究结论来佐证在城乡二元结构的劳动力市场条件下,非农收入与农业收入的不均衡导致的农业经济配置效率低下。当然在中国学者的研究中也有很多就这一问题进行了研究,其中姚洋(2004)的研究最具代表性,笔者猜想的非农收入是农户农业配置效率的重要影响因子的猜想得到了其研究的部分证实。另外一些学者,如时悦(2008)[1]、赵晓明等(2009)[2]、李淑英(2008)[3] 及汪旭晖和刘勇(2008)[4] 的研究都验证了目前中国传统农业大省农业生产效率的低下,特别是汪旭辉和刘勇的研究结论相比较来说更接近笔者的猜想。他们的结论显示:"我国的很多农业大省并非是农业强省,一些农业大省的农业生产效率非常低下。……还有一些农业大省如山东、湖北、河北、河南、安徽的农业生产效率连续三年都在较低的水平徘徊,尤其是河南和安徽的农业生产效率极为低下。"众所周知,中国的农业大省也是"农民工"大省,而这样的大省的主要特征就是农户家庭中成员外出务工的收入是家庭重要的经济来源,同时留在农村的家庭成员仍然从事相当强度的农业劳动,这间接说明了非农

---

[1] 时悦,2007,《农业生产效率变动分析、分解及调整目标——基于 DEA 方法的实证研究》,《华南农业大学学报》(社会科学版)第 6 卷第 4 期。

[2] 赵晓明、郑思海、阮小鸣,2009,《基于 DEA 的河北省农业生产超效率分析》,《商业周刊》第 22 期。

[3] 李淑英,2009,《基于 DEA 模型的中部农业生产效率与技术进步评价》,《江西农业学报》第 21 卷第 10 期。

[4] 汪旭晖、刘勇,2008,《基于 DEA 模型的我国农业生产效率综合评价》,《河北经贸大学学报》第 29 卷第 1 期。

收入对农业生产经济配置效率的负向影响。更为重要的是都阳（2001）的研究显示，①"家庭为了分散收入波动风险而使劳动供给多样化"，这是与本书的假说相吻合的结论。

通过上述分析，我们可以得出结论，在中国目前的不完全市场条件下，非农收入对农户的家庭经济行为有着重要的作用，因此在进行农户家庭经济行为研究时，我们只能在确定农业劳动的机会成本是非农收入，而二者又有显著差距的条件下进行分析，并将农户的这两种同时进行的经济行为进行全面的理解才能够构建出完整的中国农户家庭经济行为理论。同时需要注意的是，在对农户人力资本的投资中，对农业生产能力和非农就业能力的人力资本投资是完全区分开来的，需要在不同的领域进行不同类型的投资。因此，单一的提升农户家庭成员人力资本的行为并不必然带来农业生产能力和非农就业能力的同时提高，相反可能会产生负面影响。

上述研究揭示了中国农户家庭农业生产的低效率在很大程度上受到资源配置效率的影响，表面看来是中国农户家庭对于资源的价格和稀缺性缺乏正常的行为反应，但实际上体现的是相比较工业化社会的非农就业收入来说农业产出收益低下导致了农户家庭的这种看似非理性，实为正常的经济刺激下的理性选择。尽管农户家庭在农业生产上的资源配置是低效率的，但从家庭整体看来，资源配置是高效率的，效用是最大化的，这种配置提高了家庭的整体福利水平。

七 结论

综上所述，就中国国情来说，"新家庭经济理论"下的单一模型对中国农村家庭劳动力的配置及风险管理机制是具有说服力的。在这种模式下，适用于单一个人的预期效用及投资理论也适用于对农村家庭经济行为的分析。农村家庭内部的人力资本配置可以看作家庭整体的人力资本组合，在此模式下，农户家庭内部不能解雇劳动力，也因此单一个人的收入和风险由家庭内部所有成员共同承担，大大弱化了个体家庭成员所受风险

---

① 都阳，2001，《风险分散与非农劳动供给——来自贫困地区农村的经验证据》，《数量经济技术经济研究》第1期。

的冲击并降低了个体成员的"最低生存工资"标准。在土地均分制的条件下，单一模型家庭形成了对抗外部危机的基础，对于国家化解一次次的经济波动时将危机转嫁给农村形成了正的外部性，也因此国家能够一次次地在经济波动中没有付出很高的社会成本便安然度过危机并获得了资本的积累。

在中国农村现行的基本经济制度下，土地对低人力资本存量的农户来说，是天然的具有比较优势的无风险资产。在这样的国情背景下，外部就业机会越稳定，收入越高，就越要提高粮食保护价和农业补贴。否则，在农户以家庭为单位进行人力资本投资组合的情况下，土地产出的无风险资产回报率相对降低会影响其在资产组合中的比例，这意味着粮食产量会降低，由自给自足自余变成自给自足，甚至自给不足，在农民没有意愿进行农地流转的情况下，粮食安全问题会因此愈发严重。而任何强迫农民离开土地实现城市化的手段都只会使农户家庭收入陷入不稳定状态，承受更大的风险，如果没有稳定的城市就业机会、相应的社会保障体系及对农民的人力资本的投资，贸然推进城市化使农民离开土地对农民都是有害无益的，特别是在经济波动时期。至于农村生活环境恶劣的问题，完全可以通过实实在在的新农村建设来改善农村生活环境，付出的综合成本相比较建设更多的城市"贫民窟"要低得多。

在城乡收入差距日益扩大的今天，农户家庭的非农就业为家庭整体带来了福利增加，家庭内部的劳动力资源配置是有效率的，然而从农业生产角度考虑资源配置效率是低下的。中国农业以小农经济为主体的生产模式，不同于北美大农场以大量机械动力替代劳动力投入的模式。在北美的大农场上，机械动力在农业中的投入是稳定的，基本无内生性；而中国的小农经济条件下，劳动力的投入是有内生性的，所以在进行计量估计时会产生内生的影响，劳动力在农业上投入的机会成本对劳动时间的影响构成了劳动力投入的内生性，并会最终影响粮食产量。

第四章　农户家庭劳动力配置决策机制的讨论

——一个多主体模型的视角

传统城乡二元结构的劳动力市场理论是基于古典经济学理论在完全竞争市场条件下对单一经济人个体利润最大化的决策行为做出的判断，这与 Schultz 的个体农民经济行为如普通商人一样的利润最大化原则的视角是基本一致的。据此，普遍认为在当代中国工业化与城市化加速发展的过程中个体农民会由于城乡收入差距而大量流向城市工业部门就业，但实际上我们并未大面积地观测到农户放弃农业生产的行为，反而出现了城市工业岗位就业不足，普通劳动力价格大幅上涨的情况，与之相矛盾的是城乡收入差距仍持续扩大（刘怀宇、马中，2011）。[①] 同时，对我们东亚邻国的大量实证研究也并不支持工资决定劳动力流向的城乡二元劳动力市场理论假说。在日本出现了农户家庭劳动力在农业和工业部门"二兼滞留"的情况（Yujiro Hayami, Yoshihisa Godo, 2003）。[②] 在韩国由于城市工资的大幅提高，刘易斯拐点在 1970 年代到来，但韩国的农村剩余劳动力并未完全消失，在城市和农村仍然存在大量剩余劳动力（Bai, 1982）。[③]

[①] 刘怀宇、马中，2011，《"刘易斯转折点"假象及其对"人口红利"释放的冲击》，《人口研究》第 4 期。

[②] Yujiro Hayami, Yoshihisa Godo, *Agriculture Economics*, China Agriculture Press, 2003, pp. 244 - 248.

[③] Moo-Ki, Bai., "The Turning Point in the Korean Economy", *The Developing Economies*, 1982, Vol. 20: 117 - 140.

笔者认为产生上述农村劳动力转移情况现实与理论差异的原因还是要从中国国情背景下农村家庭内部劳动力的配置方式上进行讨论，这种配置方式也与任何其他资源资本化的配置一样受到国情、宏观经济政策、不同阶段的市场发育程度及总体经济环境等多方面实际情况的限制与约束。自1978年改革开放以来，当代中国农村的家庭劳动力资源配置方式已由过去几乎单一的农业劳动配置逐渐转向在各类就业方式中进行多项组合形式的配置，同时中国农村与他国不同的土地承包制度为农户提供了基本的无风险资产（特别是在2006年取消农业税后）。这种配置通常是以农户家庭为单位，以劳动力资源资本化后实现的预期收入效用最大化为目标，根据不同的家庭劳动力资源、农业经营状况等进行的劳动力资源配置。

本章将在新家庭经济学的单一模型（Becker，1965，1973，1974；[①] Barro，1974[②]）基础上通过对农户家庭进行多主体模型建模来人工模拟农户家庭对外界不同的经济条件变化的反应过程，以此推演农户家庭进行家庭劳动力配置决策的机理，并探讨未来更可行的政府相关决策导向。文中借鉴普通资本投资理论来研究个体农户家庭拥有的人力资本对外投资获取更佳经济收益的决策模式，引入农村家庭的风险厌恶属性，以农户家庭实现预期收入效用最大化为最终目标，是本章内容区别于传统城乡二元结构理论来观察研究农村家庭劳动力资源配置过程的主要视角。

一 研究的理论基础及假定

（一）农户家庭经济行为的单一模型理论

本章的基本假定是，在贝克尔的新家庭经济学的单一模型成立的情况

[①] Becker, Gary S., "A Theory of the Allocation of Time", *The Economic Journal*, 1965, Vol. Vol. 75, No. 299: 493 – 517.
Becker, Gary S., "A Theory of Marriage: Part I", *Journal of Political Economics*, 1973, Vol. 81: 813 – 846.
Becker, Gary S., "A Theory of Social Interactions", *Journal of Political Economics*, 1974, Vol. 82: 1063 – 1093.

[②] Barro, Robert J., "Are Government Bonds Net Wealth", *Journal of Political Economy*, 1974 Vol. 82（6, November-December）: 1095 – 1117.

下，农户家庭内部收入分享、风险共担的基本行为准则是农户的整体家庭具有单一的效用，而非每个家庭成员具有区别于其他成员的效用集，因此农户具有了普遍意义的，仅适用于单一个体的预期效用函数。单一模型的突出特点表现在家庭成员内部任一成员的收入状态变化会直接影响包括其本人在内的全部家庭成员的效用状态。

尽管这种具有利他主义倾向的单一模型也曾受到集体模型假说的挑战（Doss，2006；Quisumbing and Maluccio，2003；Chiappori，1988，1992等），[①]但证明单一模型错误的证据尚缺乏说服力。在诸多的实证检验中无法准确提取家庭收入分配的特征，而家庭收入集中平等分配也并不代表以绝对的平均分配为准绳；同时对于风险的分担机制引入的变量也不够完整。单一模型作为解释家庭劳动力配置和收入分配的工具仍然有其理论和实践的重要含义，在很多问题的分析上，单一模型和集体模型的解释也并没有实质的差异。相对来说发展中国家由于经济条件的限制，很多情况下农户家庭通过收入分享和风险共担的方式来分散工业化和城市化加速过程中产业歧视政策造成人力资本[②]贬值带来的风险也是合理的。事实上，集体模型的主要支持者 Browning 等（2006）[③] 的近期研究中通过引入分配因子模式单一模型（Distribution Factors Dependent Unitary Model）发现，只要家庭成员的需求满足斯勒茨基条件即可确定单一模型成立。

---

① Doss, C. R., "The Effects of Intrahousehold Property Ownership on Expenditure Patterns in Ghana", *Journal of African Economies*, 2006, Vol. 15: 149 – 180. Quisumbing, A., and J. Maluccio, "Resources at Marriage and Intrahousehold Allocation: Evidence from Bangladesh, Ethiopia, Indonesia, and South Africa", *Oxford Bulletin of Economics and Statistics*, 2003, Vol. 65: 283 – 327. Chiappori, P. A., "Rational Household Labor Supply", *Econometrica*, 1988, Vol. 56, 63 – 89. Chiappori, P. A., "Collective Labor Supply and Welfare", *Journal of Political Economy*, 1992, Vol. 100, 437 – 467.

② 事实上在长期的人力资本理论研究中，农民在农业方面的人力资本问题长期受到忽视，这主要是由工业化社会中的人力资本歧视问题产生的。阿里吉（Arrighi，2007）关于中国小农经济结构讨论的核心思想是，中国的发展是由于有人力资本积累的优势，是小农在人多地少的国情制约下比规模经营的现代农业具有更高的土地产出率的结果。

③ Browning, Martin., Chiappori, Pierre-André., and Lechene, Valérie., "Collective and Unitary Models: A Clarification", *Review of Economics of the Household*, Springer, 2006, Vol. 4 (1), pages 5 – 14, 03.

（二）对中国农户家庭结构设定的基础

国际劳工组织的劳动力市场主要指标数据库关于15岁（含）以上总人口就业比率（百分比）的数据显示，2006年、2007年、2008年中国15岁（含）以上总人口就业比率分别为72%、72%、71%。根据中国国家统计局的统计数据库，2000年全国人口普查数据的统计结果为农村15~64岁人口占农村总人口数的66.98%；2005年1%抽样数据的统计结果为农村15~60岁人口占农村总人口数的65.51%，15~64岁人口占农村总人口数的70.5%。我国对劳动力人口的统计标准为15~60岁适龄人口，国际上将劳动力人口定义为15~64岁适龄人口。由上述数据得到的统计结果可认为中国非劳动力人口与劳动力人口的比例约为1:2。中国国家统计局2005年的1%抽样数据表明，剔除集体户，我国家庭平均每户人口数为3.13，农村家庭户平均每户人口数为3.27，其中剔除少数民族聚集省份如海南省、青海省、新疆维吾尔自治区、宁夏回族自治区、贵州省与西藏自治区，农村家庭平均每户人口数为3.18。基于上述数据，本章在构建家庭结构时对数据取整，假定每户家庭有3名家庭成员，其中每户有两名劳动力人口。

（三）关于效用与风险偏好的假定

本章假定劳动力根据效用最大化进行决策，而不仅仅是工资。通常情况下，使用效用函数二阶导数的符号来表示人们对待风险的态度，二阶导数大于0为风险偏好，二阶导数小于0为风险厌恶。根据边际效用递减原理，一个人希望拥有财富的数量越多越好，即效用函数一阶导数大于零，当财富不断增加时，效用的单位增加速度逐渐下降，即效用函数二阶导数小于零。当前，理论界最流行的效用函数一般有三种类型，即二次效用函数、对数效用函数和指数效用函数。Pratt（1964）[1] 证明，在二次效用函数下绝对风险规避系数随着财富的增加而增加。对数效用函数具有递减的绝对风险规避系数和恒定的相对风险规避系数的特征。著名数学家

---

[1] Pratt, J. W., "Risk Aversion in the Small and in the Large", *Econometrica*, Vol. 32, No. 1/2. (Jan.-Apr., 1964): 122-136.

Bernoulli（1738）[①] 为解决圣彼得堡悖论提出了货币边际效用递减理论，将货币的效用测度函数用对数函数表示。因此，本章采用对数函数来表示农村劳动力的风险厌恶倾向。

二 模型

(一) 多主体模型的选择

多主体建模（Agent-Based Modeling，ABM）方法是采用多个自主决策个体（即"主体"）的集合来描述一个系统。主体是异质的，每个主体都有一定的策略集，根据外界因素的变化与反馈独立评估自己所处的情况，并根据一定的规则做出采用何种策略的决定。不同于纯数学方法，计算机模拟可以较好地模拟系统的动力学过程，从组成系统的个体的角度来描述系统。这一特性使得在多主体建模中可以引入主体之间反复的竞争相互作用（Helbing，2000），可以给出多种复杂的系统的演化结果，为它所模拟的真实系统提供一些有参考价值的信息。本章通过引入收入分配因子，把收入不同并且非平均分配的成员效用叠加为单一效用的单一模型。同时运用多主体建模的动态分析方法，逐期动态考察每一期农户家庭内部各劳动力成员的择业决定对其下一期收入效用的影响，使用主体模型的分析模式进行计算机仿真模拟，测试务农收入、务工收入、风险乃至城市生活成本等不同的宏观经济变量对农户家庭成员间协调劳动供给与劳动力决策行为的影响。

(二) 建模[②]

1. 变量的设定

这里我们假定存在 n 个家庭，根据上一节中提到的人口普查结果我们可以假定平均每个家庭有两名劳动力，因此模型中的所有家庭主体共有 $2n$ 个可供给的劳动力。对于家庭 i，其劳动力成员分别为 A_i、B_i，人均生活成本为 C_i，因此家庭的总生活成本为 $3C_i$；农户家庭可以获得一定的非劳动收入（如补贴、土地租赁费用等），用 V_i 表示；每个主体在第 T 时期

[①] Bernoulli，Daniel.，"Exposition of a new Theory on the Measurement of Risk"，*Econometrica* 22 (1)：23 – 36.

[②] 该模型由本书作者与对外经贸大学曹诗男副教授讨论完成。

时可以有务农、务工和闲暇三种策略选择，三种策略在 T 时期获得的预期工资分别为 M_t^N，M_t^G，M_t^K。

对于预期工资，即从事农业、工业劳动的收入以及其他非劳动收入，其不可避免地要扣除相应的成本才能体现出真实的纯收入。对于务农来说，由于中国农民至今尚未完全摆脱自给自足的小农经济形态，其务农产出部分用于自身的家庭消费，其实际价格不能用其售卖农产品的价格为依据，而应该参考城市的零售价格，同时其用于自身消费部分也不应被计入其收入，从这个角度上来看其农业实际收入可能是被低估的。对于务工来说，城市消费品具有较高的价格，基本医疗，乃至教育成本都在大幅提升，更不消说住房价格，而住房在农村几乎是免费的，因此其城市打工的实际收入往往是被务工个体高估的。鉴于这种情况，本章加入了收入调整因子用以更加真实地反映务农与务工的实际收入。每一个主体选择不同的策略，在 T 期消耗的生活成本占工资的比例不同，用每个策略的期望工资乘以各自的收入调整因子 μ_t^N，μ_t^G，μ_t^K，得到每个策略的纯收入 I_t^N，I_t^G，I_t^K。

关于收入的效用，在农户家庭考察收入的效用时，由于各个家庭的偏好不同，相同的务农与务工收入对于每个家庭产生的效用也不同。此处假定每个家庭对务农、务工和闲暇的效用函数为对数函数，分别为 $\log_{a_i^N}(I_N)$，$\log_{b_i^G}(I_G)$，$\log_{c_i^K}(I_K)$。同时，由于中国农村家庭的土地是通过均分制获得的，并在 2006 年取消了农业税，因此基于土地生产要素的务农收入在当代中国农村仍然存在，其风险性相较务工来说极低，特别是用于自给自足的那部分农作物产出基本可以视为无风险资产收益。当然务农可能存在舒适性差、城市生活的诱惑大等问题，也存在与务工不同的效用，但总体上来看常年高负荷加班的城市制造业务工对于大量农民来说只是最直接获取现金的过程，其效用相对较低。基于此，不同劳务策略获得的相同纯收入 I，其效用函数的底不同，且满足 $U_K(I) > U_N(I) > U_G(I)$。

2. 策略的实施

农户家庭各个成员的就业选择是一个策略过程，每个成员通过评估自己的个人劳动力资本情况及家庭其他成员的就业及收入情况，通过相互协调进行就业选择。最初的市场状态可以被认为是随机的，当然也可以通过手工调整使其更加接近现实的市场情况，所有农户掌握的信息均在家庭成员内部进行分享，① 所有的主体在同一时间进行决策。每个家庭成员在一个时间段上只采取一个策略，这是符合一般家庭决策的规律的，符合单一模型的基本约束要求。

在每一个时间段 T，根据务农、务工、闲暇三种情况，每个主体在策略集 $S_i = \{+1, -1, 0\}$ 中选择策略 $s_i^{A(B)}$：假如其选择了农业生产则 $S_i^{A(B)} = +1$，假如其选择了非农就业则 $S_i^{A(B)} = -1$，选择了闲暇则 $S_i^{A(B)} = 0$。n_t^N，n_t^G，n_t^K 分别表示在时间段 T 选择务农、务工及闲暇的主体数量，且 $n_t^N + n_t^G + n_t^K = 2n$。每一时间段农户家庭的劳动力 A_i，B_i 进行决策时，非劳动收入是影响家庭个体进行决策的重要因素，如果非劳动收入能够负担家庭的总生活成本，人们将更倾向于选择不工作或者少量工作。因此在家庭的劳动力个体进行决策时，首先要比较非劳动收入 V_i 与家庭的生活成本 $3C_i$ 的大小。假设 A_i 先进行决策。如果 $V_i < 3G_i$，则 A_i 根据自身效用最大化选择务农或务工；如果 $V_i > 3G_i$，则 A_i 以概率 p 选择闲暇，以概率 $1-p$ 选择务农或者务工。B_i 在决策前，考虑到 A_i 决策后带来收入，比较 V_i 与 $3C_i + i$。如果 $V_i < 3C_i + i$，则 B_i 比较不同策略带来的效用，结合 A_i 决策产生的效用，以家庭效用总体最大化为目标选择务农或务工；如果 $V_i > 3C_i + i$，B_i 以概率 p 选择闲暇，以概率 $1-p$ 选择务农或者务工。决策过程如图 4-1 所示。

经过以上的分析，在第 i 期，A_i 选择策略 s_i^A，B_i 选择策略 s_i^B，则有：

$$U_i = \begin{cases} \log_{s_i^A}(I_{i,A} + I_{i,B}), S_i^A = S_i^B \\ \log_{s_i^A}(I_{i,A}) + \log_{s_i^B}(I_{i,B}), S_i^A \neq S_i^B \end{cases}$$

---

① 当然在实践中，一个家庭内部可能会出现部分成员对一些额外收入的隐瞒现象，这也是集体模型的支持者在研究中用来批驳单一模型的论点之一，以否定家庭收入的共享性。但这里需指出的是，这种额外收入往往在家庭整体收入中占比很小，用其来否定单一模型本身就夸大了事实，出现额外收入也可能是家庭内部收入共享的一种分配方式的默契，当然也不一定反映家庭成员间信息的不完全披露性。本书此处忽略这个因素的影响。

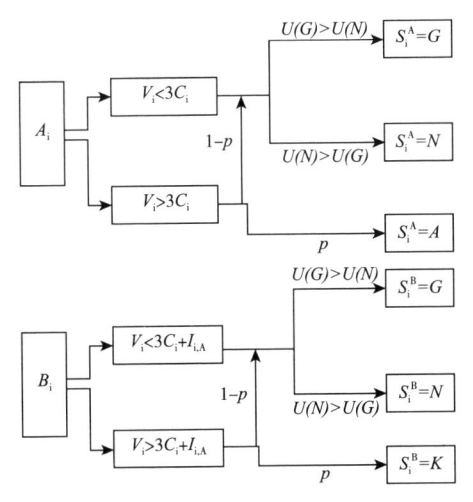

图 4-1 家庭劳动力策略选择图

三 模型仿真计算结果及分析

（一）仿真模型说明

本章使用适合主体模型仿真分析的基本软件 NetLogo4.1.3 来完成上述模型的仿真计算。将已建立的模型编程输入多主体对不同的经济刺激产生的反应来估计微观个体在宏观环境发生变化时的应对措施。此处设定 50 户农户，依据每户两个劳动力的假设，即 100 个劳动力。仿真模型中的参数含义表述如表 4-1 所示。

表 4-1 仿真模型中的参数含义

	参数	参数名称	说明
1	number_of_agents	系统中主体数目	每户家庭有两个劳动力 A、B
2	farming-income	农作收入	取值 (0, 100)
3	Alpha	务农实际收入参数	取值 (0, 1)
4	working-income	务工收入	取值 (0, 100)
5	Beta	务工实际收入参数	取值 (0, 1)
6	Subsidy	政府补贴	取值 (0, 10)
7	Gama	生活成本参数	取值 (0, 1)
8	P	选择闲暇概率	取值 (0, 1)

在此模型中，所有农户家庭成员中成员 A 先进行选择。对于 A 来说，选择农作或者务工仅产生单一效用影响，所以决定因素为二者带来的实际收入产生的效用大小，对于选择务农来说其收入的效用为农作收入（farming-income）与务农实际收入参数（alpha）之积，alpha 越大说明务工收入效用越大，其实质反映的是单一个体从事农业生产时在农村的生活成本；同样选择务工其收入效用为务工收入（working-income）与务工实际收入参数（beta）之积，beta 越大说明务工收入效用越大，其实质反映的是单一个体从事城市制造业生产时在城市的生活成本。在城乡收入水平、生活水平差距持续扩大的当代中国，通常城市生活成本大幅度高于农村生活成本，当然存在城市务工的农民工通过低生活品质人为降低城市生活成本的普遍事实。alpha 和 beta 参数的取值均为（0，1），因该参数反映的是比值关系，数值不应超过 1，超过 1 会出现扣除生活成本后收入不降反增的现象，这显然是不可能出现的情况。模型仿真过程中，通过 beta 值的自动变化可使城乡生活成本差距产生相对变化，而 alpha 值无须变动，只需根据需要选择初始值即可。

gama 代表农户家庭平均生活成本水平，其取值不超过 1，在计算机仿真过程中通过与农户务农收入的乘积反映农户家庭平均生活水平的绝对值，之所以以此方法进行计算主要是由于中国农户依旧普遍存在的部分自给自足的小农经济，其平均生活成本与农业产出是相关的。当 gama 值升高时，意味着家庭的平均生活成本水平提高。在模型中将比较政府补贴 subsidy 加入成员 A 实际收入 farming-income × alpha（或 working-income × beta）与 3 倍家庭生活成本 farming-income × gama 的大小。当前者大于后者时 B 以概率 p 选择闲暇，以概率 1 - p 选择农作或者务工。当前者小于后者时 B 将选择农作或者务工。

对于家庭成员 B，他将通过比较家庭农作或者务工带来的实际收入及闲暇产生的效用与成员 A 的收入效用加总，得出家庭整体预期效用，并确保该家庭效用函数最大化。

这里需要指出的是，由于此模型为仿真模拟，因此在模型运行过程中存在随机及概率因素，会导致相同初始条件每次运行的结果并不能完全一致，此处随机考察的典型结果取 10 次计算的平均值，尽管每次运算结果席位不同，但这些运算结果的特征是相同的。

（二）主要结果描述

首先考虑城市生活成本对农户家庭劳动力配置的影响，在这个模型中通过 beta 值的变化来考察农户的经济行为对城市生活成本变化的反应，beta 值在此过程中从 0.1 增加至 1。

计算中将乡村生活成本系数 alpha 设定在 1 的位置，beta 值的变化反映出城乡生活成本的相对变化过程。在此过程中有三个参数同时会影响农户的经济行为，它们分别是务工收入 working-income，农户平均生活成本 gama，及农户风险觉察系数 u。此处我们设定务农收入为 20，因此务工收入达到 100 时是务农收入的 5 倍。p 为 0.5。此处进行了 6 次典型仿真实验①来获取结果论证本章观点（见图 4-2～图 4-7）。

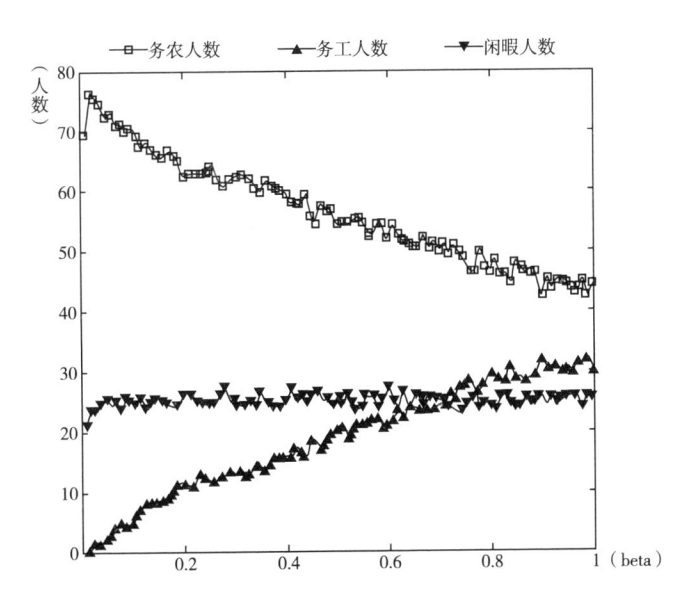

图 4-2　农户家庭经济决策仿真结果（一）

---

① 此模型编程部分由北京林业大学教师邓晶完成。

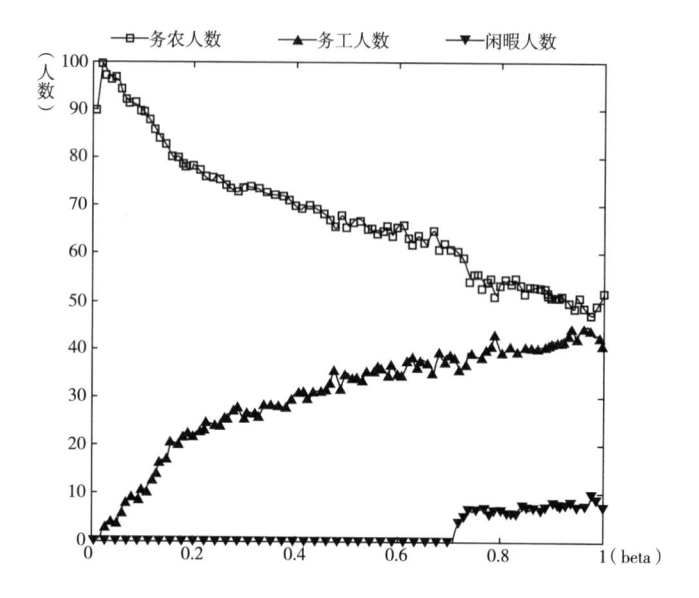

图 4-3 农户家庭经济决策仿真模拟结果（二）

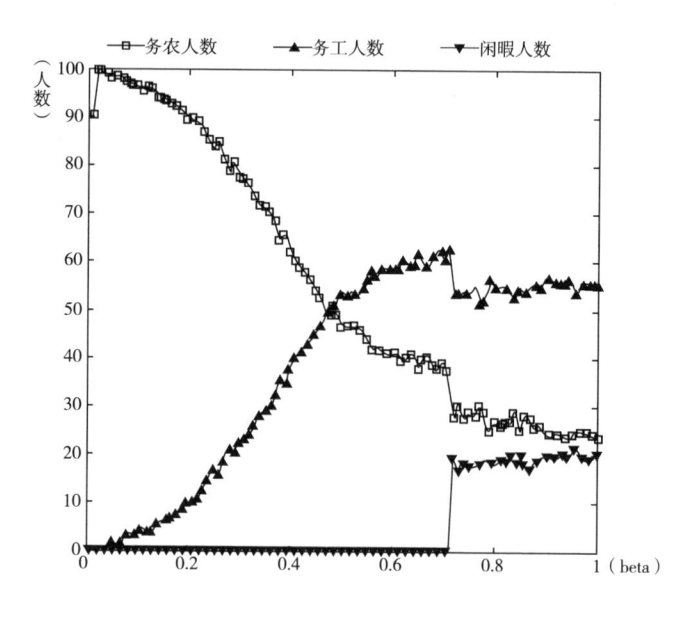

图 4-4 农户家庭经济决策仿真模拟结果（三）

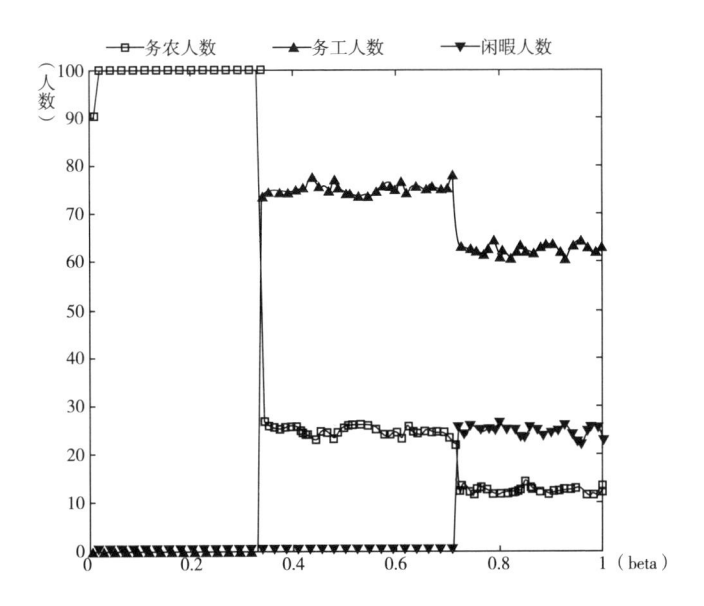

图 4-5　农户家庭经济决策仿真模拟结果（四）

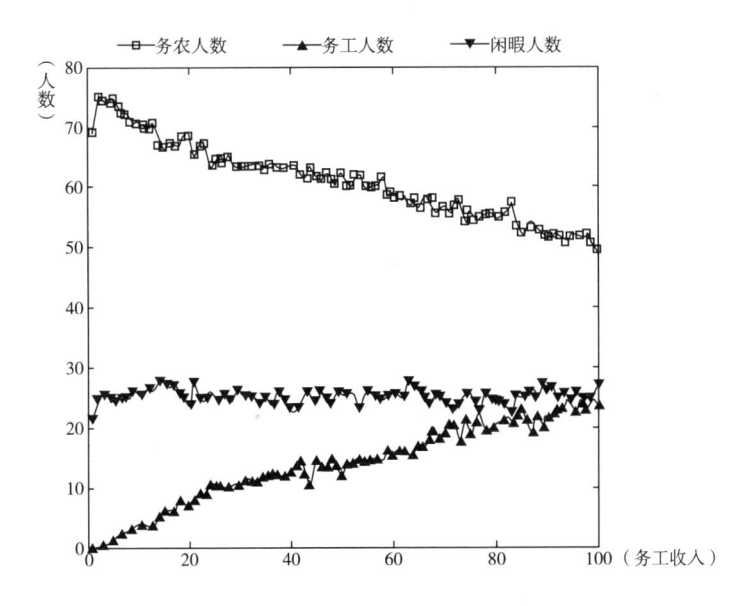

图 4-6　农户家庭经济决策仿真模拟结果（五）

图 4-7　农户家庭经济决策仿真模拟结果（六）

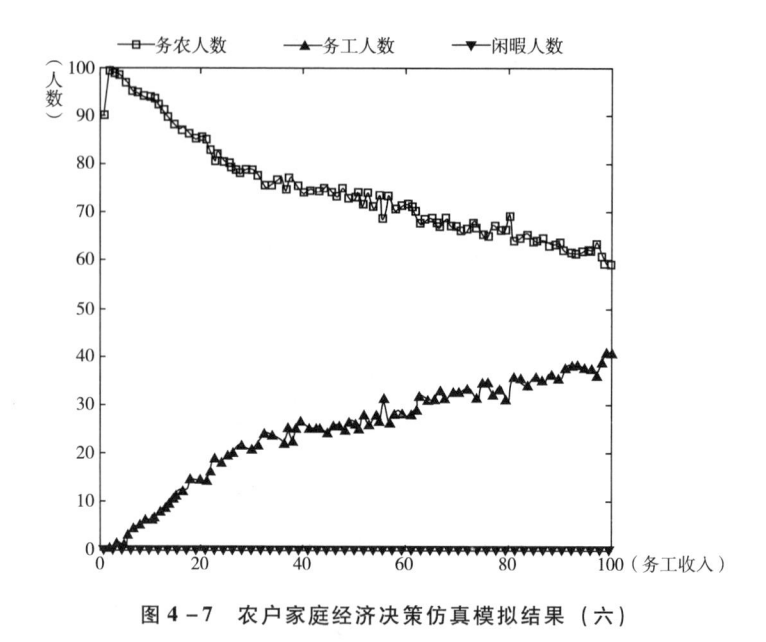

在图 4-2 所示的仿真过程中，设定务工收入为 60，即务农收入的三倍，gama 值为 0.2，即农户的生活成本基本以农村生活成本为主，自给自足的农村生活仍然为主要生存方式，风险觉察系数 u 为 5。仿真结果是城市生活成本越高，农户会越倾向于选择务农，即使城乡生活成本趋同，务工收入 3 倍于务农收入，由于风险规避的原因，仍然无法使全部农民转向投入城市工作，同时保持比较平稳数量的闲暇人口在 25 人左右。调整 gama 值至 0.8 的高值时，农户已经开始面对与城市趋同的生活成本，根据图 4-3 的仿真结果，农户并未因此全部脱离农村进入城市，相反务农人口在风险的约束下并未放弃土地，反而更多地投入了农业工作，减少闲暇人口，而城市实际收入的逐步提高只是使闲暇人口开始出现，当 beta 为 1 时，出现了 8 名闲暇劳动者。为更好地反映农户经济行为对风险的觉察与反应，将 u 值调整为 1，根据图 4-4 的结果，随着务工实际收入的增加务农人口大幅下降，但仍无法全部转向投入务工，同时闲暇人口明显增多。继续调整风险值 u 为 0，此时根据图 4-5 的结果，农户开始以收入为基本导向，不再是坡度变化，而是在某个价格点突变。之所以仍然存在务农人口，原因在于 gama 值代表的农村生

活成本与务农收入有关联，从侧面也说明了只要存在自给自足经济农民就不会完全脱离土地，这对于人多地少的国情约束下的小农经济行为的研究是有现实意义的。

以上的仿真计算结果已经基本反映出农户家庭面对城市生活成本、风险及农村生活成本优势的经济决策行为。为了更直观地反映问题，图4-6进一步显示了在城市生活成本固定时，城市务工工资变化对农户行为的影响。根据图4-6的结果，在城市生活成本beta值为0.4，即城市生活成本较高的背景下，尽管城市工资不断升高，闲暇人口却始终保持在20人左右，而大量农民滞留农村；城市工资升高至务农收入的5倍时，在风险因素和城市生活成本因素的共同作用下，大量农民仍然选择留在农村，而不进城工作获取相比较务农而言更直接的现金收入。最后如图4-7所示，在务农与务工收入较低，无法支付基本生活成本的情况下，闲暇人口才会彻底消失，农户劳动力将全部投入务农及务工的工作中，产生有效率的劳动力配置的可能性。

从这些多主体模型的模拟结果来看，简单地以工资变化来控制劳动力的流动，在仿真运行初期带来了较大的劳动力流动性，提升工资会使农村劳动力大量进城从事工业生产。但随后即使务工收入达到务农收入的5倍也无法使农村劳动力完全出清，其结果是闲暇人口增加，农户中依旧有部分劳动力选择留守农业。这种城乡劳动力流动的不充分性，无法通过简单的价格因素来进行控制和疏导，也无法简单地用"刘易斯拐点"理论来解释，现阶段发生在中国的"民工荒"问题之所以引起广泛争论而无法达成一致的原因也在于此。

关于模型结果中风险因素对农户家庭劳动力配置的作用，我们可以清楚地看到，在中国农业的低风险性已经导致当代中国出现与日本相似的农户在城市与农村"二兼滞留"的现象。国务院发展研究中心2010年重大课题《促进城乡统筹发展，加快农民工市民化进程研究》（2011）的研究结论中"84%的农民工希望进城后能定居并保留承包地，各年龄组农民工保留承包地意愿都很强烈，16~25岁希望保留承包地的比重达到89.6%，26~30岁希望保留承包地的比重达到90.3%"有力地支持了我们仿真运算得出的结论。这种现象与个人的收入闲暇效用的经济刺激是相似的，区别在于后者是通过调整个人的工作和闲暇时间来实现的，而前者是通过部分家庭成员直接退出劳动来实现的，最终导致了劳动力市场供应的短缺和显著的失业及家庭收入低下共存的现象。

（三）小结

综合上面的模拟结果及分析，本书认为使用新家庭经济学下的单一模型进行建模是能够解释当前农村劳动力供给的主要现象和问题的，在逻辑上也是合理的。在当代中国人多地少和城乡二元结构的大背景下，农户家庭更倾向于出于风险控制和效用最大化的考虑对家庭劳动力资本进行分散投资、有效配置，这是符合理性经济人的一般概念的，只是不再是以家庭个体成员，而是以户为单位的"农户理性"。当前的"民工荒"现象也好，农户的城市与农村兼业经营也好，这些现象都是农户在当前社会经济背景下基于对风险及自身劳动力资本的认知而实现家庭效用最大化的结果。然而，这种对于微观农户家庭来说很可能是有效率的劳动力配置方式可能对于宏观社会来说并不是有效率的。本章的理论模型希望未来能够为解决这个问题提供另外一个视角的研究方法。

四 劳动力依然是决定粮食产量的主要因子——一个实证研究

当代的农业经济研究，大都集中在产权制度变化对农业生产效率的影响方面（特别是农村土地产权制度的变化）。新中国自建立初期就推行了"土改"，通过行政强制手段将农村土地在所处社区内部平均分配，形成了区别于其他国家的土地产权制度，由于这种产权制度并不是市场自由交易的结果，因此这种土地产权是残缺的，而产权的终极所有者是国家，国家可以在任何需要的时候介入以实现政府的利益最大化。正如周其仁（1994）[1]所认为的，1950年代初的土改本身承认了按照社区血缘关系形成的对外排他的"村社土地产权"，又在国家权力侵入的条件下形成了农地产权的残缺。

笔者认为，在中国土地产权制度先天残缺的基础上，仅仅通过土地产

---

[1] 周其仁，1994，《中国农村改革：国家和所有权关系的变化》，刊于《中外学者论农村》，华夏出版社。

权政策的变化来解释农业生产效率的变化是不够的,而政府、城市利益集团及农民三方不断博弈形成的政策和制度变迁导致的各方收益分配方式的变化也是决定农业生产效率的一个重要因素。当然在博弈过程中由于分散小农的弱势,低效率的均衡是长期存在的,而高效率的均衡却往往由于行政手段的介入而昙花一现,各方又重新进入博弈,自然过程中就充满了各种悲喜剧。在这个过程中城乡收入的差距并不一定是直接制度的结果,如统购统销、集体化等,在落实土地家庭承包制后,国家以城市化(工业化)为导向的政策同样加速了城乡收入差距的扩大。

Yang 等(2003)[①]从政治经济学的角度研究发现,中国改革前后恰好经历了一个构成城市偏向政策两种政治经济学根源的转变,蔡昉(2007)[②]认为随着城乡收入的实际差距接近和达到改革初始的水平,农民将通过退出机制即"用脚投票"促进制度变革条件的成熟最终推动城市偏向政策的改变。事实上2006年取消农业税后的一系列政策变化验证了这个观点。

本书将通过分析1953~2013年土地产权制度及税费制度变迁过程中粮食生产效率的变化,验证土地产权制度变化是否能够全部解释60多年来的生产现实,同时分析在这些阶段中收益的分配方式对粮食生产效率的影响。[③]

在我们讨论农村土地产权制度的时候,往往将1983年以前的土地产权制度都归结为集体产权,即使在1983年以后,仍然将家庭承包形式的大包干制度的产权的所有权残缺归结为集体产权的问题。但是,在笔者看来,意识形态化的集体产权制度即纯粹的公有制的产权制度仅发生在1959~1961年,当然在后期也有一定的时滞影响。

原本以自然村为边界的清晰产权,在外部制度和政府部门眼里是不清晰的,政府以行政村划分的产权边界模糊了原有的产权体系,同时从外部

[①] Dennis T. Yang and Fang Cai, 2003, "The Political Economy of China's Rural-Urban Divide", in Nick Hope, Dennis T. Yang and Mu Yang (eds) *How Far Across the River? Chinese Policy Reform at the Millennium*, Stanford: Stanford University Press, pp. 389 – 416.
[②] 蔡昉,2007,《破解农村剩余劳动力之谜》,《中国人口科学》第2期。
[③] 本节的部分数据取自温铁军2009年出版的《三农问题与制度变迁》。

派入的干部仅对上级负责而打破了传统的宗族治理模式（王朔柏，2004），① 为国家提取农业剩余提供了条件。集体化时期的农业低效率问题也因此产生。在中国很多研究农村问题的专家都认为以自然村或村民小组为单位的所谓集体产权向来都是边界清晰的（折晓叶等，2000；张晓山等，2003）。②

目前学术界很多人并不认同使用集体产权这个概念来作为1983年以前产权制度的一个统称，因为任何制度的演变都不可能是一蹴而就的，都要经历一个反复博弈的过程，在这个过程中的大部分时间内往往处于比较模糊的状态。郑有贵（1999）的研究认为，1978年以前中国农村所有制为单一的公有制，以强制性手段由多种所有制形式向单一的公有制演变，1978年以后是诱致性的由单一的公有制向多种所有制形式演变。而1978年以前又以1958年一哄而上的实现"一大二公"为目标的人民公社化为最甚，追求纯而又纯的单一公有制，将1950年代初兴起的供销合作社、信用合作社由民办"升级"为官办。本书认为真正完全体现国家意识的"集体产权"仅存在于1959~1962年这四年，而其他任何时刻的农村土地产权都是以残缺的产权形式出现的，只是有时国家所有强势一些，有时农民所有强势一些。这是政府通过土地产权的残缺性介入对农民劳动力资本剥夺的一个过程。高王凌（2009）③ 将这个时期分作了三个部分："第一，是'懵懵懂懂'的时期，讲早期合作化过程中的事情；第二，是'大梦初觉'，是说所谓大跃进时期；第三，按杜润生杜老的意见，叫'两面政策'，是1962年以后'三级所有队为基础'的阶段。"

需要指出的是，在2006年以后，尽管农村土地产权的政策本身并未发生重要的变化，但由于国家实质性地取消了各种农业税费，土地产权的实质也因此发生了重要变化，原有农地产权中的租的性质被极大地淡化，向完全的私有产权形式又迈进了一步。

---

① 王朔柏，2004，《从血缘群到公民化：共和国时代安徽农村宗族变迁研究》，《中国社会科学》第1期。
② 折晓叶、陈婴婴，2000，《社区的时间——"超级村庄"的发展历程》，浙江人民出版社。张晓山等，2003，《中国乡镇企业产权改革备忘录》，社会科学文献出版社。
③ 笔者辗转向高王凌先生求证，这个论断并未正式发表，仅在网络上刊出，文章题目为《大梦初觉——大跃进和农民行为》，经确认是高王凌先生本人的观点。

因此，本处将 1953~2013 年的农村土地产权制度根据其实际演变过程划分为以下 5 个阶段。

1. 第一个阶段：1953~1958 年

本书称此阶段的土地产权制度为"村社产权"。

1950 年代初的土改本身就承认了按照社区血缘地缘关系形成的对外排他的"村社土地产权"，又在国家权力侵入的条件下造成了"农地产权残缺"。1949 年新中国成立后，土改从 1950 年开始，到 1953 年复查后结束。土改实际上是以村为单位来具体操作的，所以土地改革实质上是以自然村社为单位的土地均分，在产权关系上所有权与实际控制权和使用权也是分离的。

这里，我们将承认村社产权的合作化初期作为农村土地产权制度的第一阶段。这段时期本应为 1953~1957 年，但任何转变都不是一夕完成的，存在时滞现象。从实际的粮食产量的数据来看 1958 年粮食产量还是持续增加的，只是增幅降低，而统购统销价格与市场价的价差也是在 1959 年开始显著的。因此，这个产权表现阶段我们认为是从 1953 年至 1958 年。

2. 第二个阶段：1959~1962 年

严格意义上讲这个阶段土地产权以国家产权为表现形式，政府是全国唯一的"地主"，拥有和控制土地，农民只是没有谈判能力的佃农，我们在本书中仍然沿用"集体产权"这个称呼。

这个时期高级社不仅取消了初级社承认的农民私有财产权利，而且打破了过去氏族村社制度内部以"血缘、地缘"为边界的财产关系，不再以自然村为单位建立生产组织，打碎了传统的小农村社经济制度的组织载体，这种情况一直延续到 1962 年。王朔柏认为在这个阶段大量以上级命令为导向的干部进驻，彻底打破了农村以社区福利为主要导向的宗族势力的领导地位，但是到了 1962 年，大面积饥荒惊动了中央，开始了"四清"工作，本地宗族势力迅速恢复。

因此，我们认为这个阶段是类似于苏联的国营农场形式的土地产权制度。

3. 第三个阶段：1963～1983 年

就是杜润生先生认为的"两面政策"时期。由于三年饥荒的影响，政府恢复了以前的"三级所有"制，这种产权形式是"集体产权"和"村社产权"的复合形式，本书称之为"复合式村社产权"。

1962～1983 年在"大跃进"和三年饥荒后，国家调整政策，恢复了"三级所有""队为基础"的制度，对剩余收益的索取趋于温和，农民得到了维持生计的食物，但被剥夺的收益也仅次于1959～1962年。这期间尽管也出现了各种各样的其他情况，有的地方有单干现象，有的地方出现包产到户，有的地方搞过"两田制"，但是，基本的体制还是稳定的。

4. 第四个阶段：1983～2005 年

这个阶段是没有争议的，就是"大包干"式的土地承包制，在这个阶段统购统销基本消除，仍然保留农业税，对农民剩余收益权的剥夺表面上看减轻了很多。[1]

1983～2005年实行土地承包制，取消统购统销制度，实行农业税征收，这个阶段相当于实行了"均分制＋定额租"，农民负担得到了极大减轻。

5. 第五个阶段：2006～2013 年

在这个阶段，国家自2006年开始取消各种农业税费，并开始提供各种形式的实质性补贴，自此农民在农业生产方面的成本成为纯粹的生产资料成本，在农业生产的范畴内基本实现了市场化的经营。在土地产权制度方面，农民的农村土地农业经营承包权开始趋于稳定。

五 五个阶段不同土地产权制度下劳动力生产效率的实证研究

本部分使用 C—D 生产函数作为对粮食产出进行估算的模型，形式如下：

---

[1] 本书之所以认为这段时间对农民剩余收益权的剥夺表面小了很多，是因为确实取消了统购统销政策，仅保留农业税。但1980年代中期以后，各项收费增加了很多，同时城市资本对农村小农资本的冲击严重，农产品价格被挤压，大量收益被控制农产品流通领域的城市资本占有，形成了类似于统购统销的作用，这部分观点笔者也将另外行文进行讨论。

$$GP = A \times LQ^{\alpha} \times FA^{\beta} \times LD^{\lambda} \tag{4.1}$$

其中，A 表示综合技术水平，这里为常数，LQ 表示劳动力投入，FA 表示化肥（资本）的投入，使用化肥折纯后的数据，LD 表示耕地面积，GP 表示粮食产出。

通过对等式（4.1）两边取对数，将模型线性化以方便虚拟变量的引入，取对数后方程为如下形式：

$$\text{Log}(GP) = C + \alpha \times \log(LQ) + \beta \times \log(FA) + \lambda \times \log(LD) \tag{4.2}$$

其中常数 C 为将 A 取对数的结果，仍然为常数。

本部分数据来自中国统计年鉴和国家统计局编制的中国农村入户调查数据，其中 1954~1957 年四年的化肥折纯后的使用量数据无法获得，我们根据该四年的化肥的使用量依据中国统计年鉴提供的方法进行折算得出，全部数据区间为 1953~2005 年。

1. 虚拟变量的设定

以前面分析的不同时期农村土地产权制度实际变化的情况作为虚拟变量。

1）第一阶段：1953~1958 年，将此阶段的虚拟变量定义为零；

2）第二阶段：1959~1962 年，将此阶段的虚拟变量定义为 $D1$，取值为 1；

3）第三阶段：1963~1983 年，将此阶段的虚拟变量定义为 $D2$，取值为 1；

4）第四阶段：1983~2005 年，将此阶段的虚拟变量定义为 $D3$，取值为 1；

5）第五阶段：2006~2013 年，将此阶段的虚拟变量定义为 $D4$，取值为 1。

笔者认为土地产权制度的变化主要影响到劳动力的产出弹性，即劳动者的劳动力供给程度，因此将计量模型设定为如下形式：

$$\begin{aligned}GP = C(1) + C(2) \times FA + C(3) \times LQ + C(4) \times LD + C(5) \times D1 \times \\ LQ + C(6) \times D2 \times LQ + C(7) \times D3 \times LQ + C(8) \times D4 \times LQ\end{aligned} \tag{4.3}$$

其中 $C(1)$ 为常数，$C(2)$、$C(3)$、$C(4)$、$C(5)$、$C(6)$、$C(7)$、$C(8)$ 为各变量的系数。

2. 计量结果

使用 eviews3.0 软件进行 OLS 回归，结果如表 4-2 所示：

表 4-2 OLS 回归结果

变量	系数	标准误	T 值	P 值
$C(1)$	0.093137	1.600105	0.058207	0.9538
$C(2)$	0.202603	0.014783	13.70542	0.0000
$C(3)$	0.411740	0.107958	3.813890	0.0004
$C(4)$	0.394430	0.149957	2.630284	0.0114
$C(5)$	-0.036103	0.003622	-9.967252	0.0000
$C(6)$	-0.043231	0.005227	-8.271336	0.0000
$C(7)$	-0.034671	0.006982	-4.965708	0.0000
$C(8)$	-0.028499	0.007794	-3.656324	0.0006

R 平方是 0.987486，调整后的 R 平方是 0.985854，该模型拟合程度很好。

作为规模报酬不变的农业产出模型，弹性系数之和应该为 1，模型回归的弹性系数之和为 0.95，基本吻合。此处也进行了参数检验，使用 Wald 检验，结果如表 4-3 所示：

表 4-3 Wald 检验结果

假设	\multicolumn{3}{c}{$C(2)+C(3)+C(4)=1$}		
F 值	0.002678	P 值	0.958937
卡方检验	0.002678	P 值	0.958727

通过 Wald 检验可以清晰看出，F 检验不能拒绝原假设，因此参数的约束成立。

3. 计量结果的简单分析

从以上的计量结果看，我们可以认为模型的估计是准确的。我们可以观察到，1953~1958年劳动力的效率相对来说是最高的，而1959~1962年的劳动力效率是最低的。下面对不同阶段的结果进行初步分析。

第一阶段：从计量结果上看，这个时期劳动力的产出弹性最大，即劳动力的效率最高，这可以归功于农民在合作社初期拥有大部分的剩余收益索取权，而在"大跃进"初期，由于"懵懵懂懂"他们仍然正常投入劳动力。除此之外，这种高效率还要归功于整个国家收入差距不大，无机会成本，大量农民留在乡下努力工作，这与印度现阶段大量劳动力以农业为主的情况相仿，同时战后百废待兴，边际产出较大。

第二阶段：在这个阶段，政府的集体化进程最彻底，全国的农地几乎都是在"国营"的控制下，政府成为唯一的地主，而佃农不具备谈判的权利，更不具备"退出权"，而此时的产权制度也是最清晰的。我们认为在这种产权制度下，农民完全不具备谈判的权利，政府作为土地的唯一拥有者占据垄断地位，以政府的利益最大化作为目标，而外派的干部也并不关心农民的收入情况，导致农民收入大幅降低；同时农民对"大跃进"造成的对自己剩余收益剥夺的认识的觉醒，最终使农民的劳动产出效率降低，从弹性系数上看减少了0.036。

第三阶段：这个阶段的劳动弹性系数下降最多，为0.043，下降幅度甚至高于1959~1962年，但从史料上看显然不符合当时的实际情况。我们认为三年自然灾害的创伤使大量农民可能有瞒产瞒报的现象，王朔柏的文章也能够证明这一点。

第四阶段：从计量结果可以看到这个阶段劳动力的弹性系数相比较1953~1958年还是降低了0.035。我们认为是由于这个阶段出现了农民大量进城，留在农村的都是资本存量低的劳动力，造成了劳动力弹性系数大幅下降。笔者认为，1992年票证制度取消后，农民自由流动的约束被极大降低，城市工业化对劳动力的需求为进城农民提供了就业机会，同时城乡收入的差距使农民务农的机会成本不再对应于农业收入而对应于城市打工收入，导致农民大量涌入城市寻找工作，即使暂时无法就业的农民由于自愿失业的影子价格高于农业生产收入也不会将劳动力在农业投入中发挥到以往的最优状态，因为机会成本升高，生产曲线上的最优点下降了。姚遂（2004）也认为流动性增加降低了农民对土地的依赖性。①

第五阶段：自2006年取消农业税之后，农民本应在农业上投入更多劳动力，但由于可选择的非农工作很多，因此从结果上看劳动力效率依旧与第一阶段相差很多。这也印证了笔者贯穿全书的对农户家庭劳动力配置的复杂性的分析。

4. 1953~1982年农业合作化的讨论

这个阶段农业生产水平的波动学术界普遍认为是由于土地产权问题导致的农民用脚投票降低了劳动生产率，然而笔者认为还需要结合当时历史发展进程中的其他因素来进行更加深入的分析。

在新中国取得政权后，当时苏联的发展方式无可置疑地成为中国经济发展的学习模式，而升级以自然村为单位的初级合作社成为以乡为基础的高级社也是以苏联的集体农场为样板的，并在短期效应的作用下产生了农业生产率的提高。由于中国当时整个经济发展体系基本都照搬苏联的工业化发展模式，而苏联的集体农庄制度是为苏联模式的工业化服务的，因此中国以乡为单位的高级合作社不可避免也是为中国的工业化提供积累服务的。这种农村集体化的生产方式已经不再是普通意义上的类似于现代企业制度中股份合作制的农村合作社，而是中国有史以来的第一次规模化农业生产，在农民内部也形成了以劳动力资本存量为基础的劳动分工。

我们观察到在1958年中苏关系转冷，苏联停止对华援助，资金及大量苏联工业专家撤离，这恰恰是1959年粮食产量下滑的前一年。而中国在1958年之前的工业化过程中，政府使用了大量来自苏联的资金，并从未偿付过，因此这个阶段的工业化是典型的输入型工业化。随着苏联资金和专家的撤离，中国的工业化进程陷入停滞，同时中国开始在1965年偿付工业化过程中苏联的资金支援，国家出现财政赤字。这时原苏联式的规模化农场由于缺少苏联支援，大量农业生产资料无法继续提供，劳动力和

---

① 姚遂，2004，《HRS的效率变化：一种不完全合约的观点》，会议论文，第四届中国经济学年会。在这一点上，姚遂将农民进城打工归因于家庭承包制的不完全合约导致农民不肯对土地进行人力资本的专用性投资。而笔者认为农民进城打工是城乡收入差距的问题，即使农民最大化地使用人力资本进行农业耕作，在现实的国情条件下，从事农业的收入普遍来讲还是不能与城市打工收入相比。

土地成为主要的农业生产要素,中国历史上第一次规模化现代农业生产也因此以失败告终。① 同时城市出现经济危机,大量城市工人无法就业,促成了1960年的知识青年上山下乡,以缓解城市就业压力,这是城市第一次向农村转嫁危机。

随着中央政府财政赤字扩大,无法继续工业化进程,地方承担起了工业化的任务,随后出现了"大跃进"时期的"大炼钢铁"。由于长期依赖的苏联专家和资金的突然撤离,依靠当时显然教育程度相对较低的有限的力量进行的工业化一定是成本较高的。王贵宸(1998)② 的研究认为"大炼钢铁"把农村的劳动力都抽走了,从事农业生产和收获的只剩下老、弱、病、残者,也造成农作物产量和收获量的下降。在工、农业关系中,1961年和1957年相比较,工业总产值上升了45%,但农业总产值下降了26%。在重、轻工业关系中,1961年和1957年相比较,重工业产值上升79%,而轻工业才上升26%。③ 这里我们可以清楚地看到,尽管农业产出降低,但工业化的进程尚未停止,这是一次失去援助后完全依靠剥削农业而继续发展的低层次的工业化进程。在这个过程中大量青壮年劳动力被抽走进行地方工业化建设,同时规模化现代农业失去燃料及其他重要生产要素的供应而造成了农业产出的降低,但是这个时期的统计数字中这些从事工业的农民仍然是户籍上的农业劳动者,这势必表现为农业劳动生产率的大幅降低。

另外,在Ashton等(1984)④ 的研究中提到,在自然灾害期间内部食物的再分配机制也是导致大饥荒的一个重要因素。⑤ 之所以出现再分配机

---

① 类似的情况在我们的邻国朝鲜仍然在持续。由于大规模城市化,农民仅占朝鲜人口的30%,农业在朝鲜已经进入了规模化现代生产阶段,然而由于长期的封锁禁运,朝鲜无法获得燃料、化肥等现代农业必需品,农业生产陷入停滞,对自然灾害的抵抗力也不断减弱。而城市化的农民经过了几十年已经丧失了农业生产的基本技能,这一切使朝鲜农业产出陷入了困境。
② 王贵宸,1998,《中国农村经济改革新论》,中国社会科学出版社,第126~127页。
③ 中央工作会议(1962年5月7~11日)报告。
④ Basil Ashton, Kenneth Hill, Alan Piazza, and Robin Zeitz, 1984, "Famine in China, 1958-61", *Population and Development Review*, Vol. 10, No. 4 (Dec., 1984), pp.613~645.
⑤ 该文认为1958~1961年出现了饥荒,而通行的说法是1959~1962年,从国家统计局的统计数据上看也是支持这一点的,因此可以认为该文在这个地方的处理上有些瑕疵。

制问题是由于需要以农作物偿付苏联过往的支援，同时1962年城镇虽然减少了1000多万人，但仍然比1957年多2000多万人；职工总数虽然减少了870万，但仍然比1957年多1720万。这种情况下，已经出现减产的农业产品分配到农村的数量持续减少。

5. 1983~2013年农业生产效率的讨论

通过对上面计量结果的研究我们发现从土地承包制推行以来，粮食的生产效率并没有得到显著的提高，并且低于1953~1958年，但这个阶段在本部分分析的61年中却是公认土地产权制度相对最好的阶段，因此笔者认为在土地产权制度以外还有其他重要的决定农民粮食生产效率的因素。按照政治经济学的理论，收益的分配制度可以作为一个重要因素来解释这种生产效率的改变，而产权制度在现实中也无法作为解释收益分配制度变化的单一变量。

在政府、农民长期的博弈中，由于悲剧的不断发生及工业化原始资本积累的初步完成，1978年底中国共产党十一届三中全会拉开了中国价格体制改革的序幕，从1979年开始，国家将农产品采购价格提升了22.1%，农民也因此提升了农业劳动积极性，获得了持续增长的收入。到了1984年城乡收入差距已经极大缩小，但随着1985年粮食产出的突然下降，农业产出增长出现了停滞。对于这个问题，McMillan等（1989）、[1] 林毅夫（1993）、[2] 姚洋（1998）[3] 等人认为家庭联产承包责任制的制度效应在1984年已经释放干净，也就是间接否认了20世纪80年代中期之后的农业产出波动与土地产权的承包制有关。而陈锡文（1987）[4] 则认为1985年以前的农业快速发展是一种超常规增长，1985年以后则步入了常规发展轨迹。这些都表明单纯使用土地产权制度来解释农业生产效率是不足够的。也有比较偏激的意见认为土改是不成功的，同时1980~1983年的农业产出快速增长是因为1980年以前有瞒产、瞒报现象，而实际并未

---

[1] McMillan, J., J. Whalley, and L. Zhu, 1989, "The Impact of China's Economic Reform on Agricultural Productivity Growth," *Journal of Political Economy* 97 (4): 781-807.
[2] 林毅夫，1993，《制度、技术和中国农业发展》，上海人民出版社、上海三联书店。
[3] 姚洋，1998，《农地制度与农业绩效的实证研究》，《中国农村观察》第6期。
[4] 陈锡文，1987，《中国农村经济：从超常规增长转向常规增长》，《经济研究》第12期。

发生很显著的增长（Bramall，2004）。①

本书则赞同 Yang and Cai（2003）② 提出的在城市利益集团的压力下产生的城市偏向政策是一个重要因素。这种城市偏向政策使城乡收益的分配方式再次发生转变，城乡收入差距再次扩大，而农民自由流动的束缚迅速减少，大量农民通过进城打工将自己的劳动力资本向高收益方面投资来对抗城乡收益分配的不平等。

城市利益集团主要通过两种途径来获取收益分配优势：一是继续通过工农业产品剪刀差来获取差额利润；另一个是通过影响政府城乡统筹的财政制度来获取收益。

6. 工农业产品价格剪刀差

我们认为改革开放后仍然存在实际的工农业产品剪刀差，工农业产品剪刀差并不一定是某种明确制度的产物，更不是某种特定意识形态的产物，它可能只是一种经济现象罢了。即使没有明确的制度规定，工农业产品由于不同的产业性质也会形成不平等的由市场决定的定价体系，这就决定了农产品低价、工业品高价的趋势会持续下去，农业被剥夺也因此会长期存在。

经过了 30 余年的改革开放，工农业价格差已经大幅下降，大量对价格指数的研究也表明剪刀差越来越小。然而这是否意味着剪刀差问题已经不是影响农民劳动力投入的重要因素还需要商榷。

黄达（1990）③ 的研究表明在一定的制度条件下工农业产品剪刀差是长期存在的，而且用单纯的价格指数对比方法来说明剪刀差问题远远不够。相对稀缺的土地产出的农作物是否应该有高于相对生产过剩的工业产品的价格？我们注意到，由于农业产品产量严格受限于土地的规

---

① Chris Bramall, 2004, "Chinese Land Reform in Long-Run Perspective and in the Wider East Asian Context", *Journal of Agrarian Change*, Vol. 4 Nos. 1 and 2, January and April 2004, pp. 107 – 141.

② Dennis T. Yang and Fang Cai (2003), "The Political Economy of China's Rural-Urban Divide", in Nick Hope, Dennis T. Yang and Mu Yang (eds) *How Far Across the River? Chinese Policy Reform at the Millennium*, Stanford: Stanford University Press, pp. 389 – 416.

③ 黄达，1990，《工农产品比价剪刀差》，载《黄达书集》（第三卷），Ⅲ - 1，ⅲ - 5，中国金融出版社（2005 年出版）。

模，可以预期未来很长时间农产品的产量不会如工业品一样大规模增长，在中国这个人口大国，个体农民的生产率是较低的，致使从产值上看一个农民和一个城市产业工人的产出差距是很大的，这也就是价格指数外实际工农业产品的价格剪刀差。由于国情不同，很多人少地多的超级大国的个体农民产出率相对极高，因此在全球化的时代，在一个没有保护的开放的市场环境下，我国农产品价格是无法大幅升高的，农业也就无法获得相对较高的产值。

六 一些延伸讨论

(一) 农村土地产权问题

在中国，农地的所有权一直是个备受争议的问题，由于土改后农民通过均分制取得的土地并非通过市场交易获得，因此土地产权是残缺的，也因此名义上农地属于集体所有。[①] 但实践过程中土地的集体所有往往与国家拥有的概念混淆，土地的国家终极所有权长期被视作土地国有化。同时，无可争议的是农民的主要以劳动力形式体现的人力资本属于农民，而农民对"国有的"耕地拥有绝对的控制权。因此从实践的层面上来讲，农民的耕作属于非在地化的农业经营，即经营者与产权拥有者分离。这样，长期以来农业收入的剩余收益索取权的分配问题实际上是土地资本与劳动力资本如何分割剩余收益的问题。这种情况一直延续到2006年1月1日国家全面取消农业税费，而在此之前，严格来说农民都是以佃农的形式进行农业耕作的，只是不同阶段收取的租不同，即剩余收益的分配方式不同。由于劳动力资本收益的不可测定性，土地集体产权的实际国有导致了农民成为佃农，政府在获取土地资本的收益剩余的同时，劳动力资本的剩余收益也被剥夺。

这种残缺的土地产权也使土地实行私有化有很大的难度，由于当初取得土地没有交易基础，通过按既成事实来确权会在社区内部造成混乱，同时仍然会发生精英俘获的问题。龚启圣、刘守英（1998）[②] 的研究表明，

[①] 土地承包法规定，土地属于村民小组（细化）。
[②] 龚启圣、刘守英，1998，《农民对土地产权的意愿及其对新政策的反应》，《中国农村观察》第2期。

发达地区农户认为收回从事非农工作的人的土地是不合理的，同时传统农区的农户认为对于家庭人口减少的农户的土地集体应把土地收回来重新分配。在我们的调研中也经常看到，当地方政府征地时，很多村庄会将征地补偿在村庄内部平均分配，而将剩余土地打乱重新按人头分配。因此相对于激进的土地私有化来说，将土地的支配权交由社区内部按本社区内部实际情况处理而政府不进行有倾向性的行政干预是比较温和的做法，并能够被大部分村民接受。

(二) 退出权的问题

笔者赞同林毅夫 (1990)[1] 提出的用农民没有退出集体化的"退出权"来解释农村合作社在1959年开始衰落的原因。在政府是整个国家唯一"地主"的情况下，农民选择退出的成本代价高昂，正如董晓媛等 (1993)[2] 的研究认为的，由于退出成本很高，农民几乎不太可能退出合作社。

(三) 集体化过程中的工业积累

对于1949~1983年国家通过统购统销来提取农业剩余的方式一直存在争议，争论的焦点是既然在这段时间农业产出是低效率的，又如何能够形成工业积累。崔晓黎 (1988)[3] 认为除了1959~1962年外中国的统购统销并没有实现为工业积累超额资金的目的，农业为工业的净积累量至多与正常的农业税持平。本书基本同意此观点，并认为通过统购统销实现的是节约交易成本的目的，即通过集体公社和统购统销将征农业税的交易成本降低。在面对分散小农的条件下，正常征收的10%左右的农业税可能基本都花费在征税的行政支出上了，因为面对分散小农交易次数太多，成本太高。集体公社和统购统销尽管失去了一定的效率，但节约的交易成本可能已经超过了效率损失部分，同时人为压低的农产品价格为城市工人的低工资生存标准提供了可能，这样工业发展过程中也可以剥夺一部分城市

---

[1] 林毅夫，1990，"Collectivization and China's Agricultural Crisis in 1959–1961", *The Journal of Political Economy*, Vol. 98, No. 6 (Dec., 1990), pp. 1228–1252, The University of Chicago Press.

[2] Xiaoyuan Dong, Gregory K. Dow, "Monitoring Costs in Chinese Agriculture Teams", *The Journal of Political Economy*, vol 101, no. 3 (jun, 1993), pp. 539–553.

[3] 崔晓黎，1998，《统购统销与工业积累》，《中国经济史研究》第4期。

工人的劳动力资本形成的剩余。这个猜想一部分能够得到经验证明，其他的尚需未来严格的论证。

（四）对农业补贴含义的讨论

在农户家庭人力资本投资的经济行为模式下，由于无风险资产的自给自足产出也获得了农业补贴，这意味着这部分无风险资产除了自我消费之外，还会额外得到一笔现金收入，因此农业补贴实际上提高了无风险资产的收益率。根据上面第3小节的分析，农户会因此增加无风险资产投资，直至产出与消费完全相同；如果农户的投资组合中包含了农业部分，那么农业补贴也相当于为非消费部分提供了一个相对稳定的收益率，特别是其中的粮食保护价机制实际是将农民的粮食产出全部变成了无风险资产，只是视农民对自我消费部分的效用降低或提高了无风险资产的收益率。相比较来说以产量来决定的粮食保护价机制对于农民人力资本农业投入的影响更加直观。一般而言，无风险资产收益率与预期风险资产收益率差距越小，家庭人力资本投入越高，相应的粮食产量越高。因此，如欲保证粮食安全，就需要认真对待粮食保护价格的作用机制，使其根据农民外部收益的大小和风险相配合产生粮食产量的最优解。此时农业产出除了自给自足以外还会产生自余。这对决策者来说意味着可以通过农业补贴的调整来调节农业产出的规模，直至达到决策者希望的最优规模，当然也可能存在由于耕地面积限制而只能达到角点解的情况。

七　结论

综合以上的分析，我们认为中国农村的土地产权制度是在不同社会背景下的制度安排。由于中国农村现有的土地产权是在新中国成立后经过政府分配获得，而并非通过市场交易形成的产权，因此必然会出现政府可以随时介入的产权残缺，政府也因此可以根据不同时期的收益分配需求进行不同形式的土地产权制度安排。

在不同的约束条件下，很难肯定哪一种土地产权的制度安排是有效率的，本部分的计量结果表明即使在公认的比较合理的土地承包制（接近于私有产权的制度安排）下，由于外部经济环境的变化和约束条件的变化，产权制度安排也不一定会带来卓越的效率。而从政治经济学的角度考虑，收益的分配方式也是影响劳动者产出的主要因素之一，任何形式的土地产权制度都不能使劳动者因之获得平等的分配，在很多情况下收益的分配是由国家的各种政策、制度决定的，并非单一的依据产权来占有收益就可以保障平等获得收益的权利。

通过加快城市化建设、促进农民进城，可以缓解个体农民的生产率问题，也便于资本下乡保持粮食产量。但我们仍然需要面对很多两难的处境，如城市工业是否能够提供足够的就业机会，资本下乡带来的化学农业的负外部性会否影响到农业的可持续性等问题。大量的市场经济学理论指出的高于均衡水平的工资导致失业也证明了这个观点。在中国这样的一个人口大国，依靠资本去解决大量农民的就业问题，短期看来似乎很难做得到，而环境污染问题已经愈演愈烈，食品安全事故此起彼伏，现代农业的不可持续性已经越发明显。

当然，面对有倾向性的收益分配制度，各利益方可以通过博弈来寻求平衡，但数量众多的小农由居住分散导致的集体行动成本高和农业产出份额逐渐减小而政治影响力微弱（Olson，1985）使博弈的平衡不稳定，经常会被打破，所以未来的粮食产量仍然会随着博弈平衡的打破和均衡的重新建立而出现周期性的波动。作为理性经济人的农民并没有任何义务去保证国家粮食安全，当不平衡出现后，他们自然会向收益高的产业流动，因此长期来看，如果政府无法保障收益分配的稳定均衡，压制城市利益集团的欲望，那么粮食安全始终会处于不稳定的状态中。

第五章　农户家庭人力资本配置与劳动力市场[*]

上一章讨论了中国农户的家庭分工问题，并认为农户的家庭分工是农户家庭内部在几乎不存在金融资本及风险管理市场的条件下，基于单一模型的资本投资组合的特例——人力资本投资组合，同时认为土地作为无风险资产可以使农户的投资行为出现更优的组合。依靠这种基于家庭成员间集体行动形成的风险规避的投资形式，农户可以使预期收入效用最大化，并区别于利润最大化的尽管贫穷但有效率的简单企业生产与再生产行为及以"生产—消费均衡"为基础的尽管均衡但无积累的效用导向的生产行为。本章将讨论城乡二元结构劳动力市场对家庭的经济行为和单一成员的就业选择的影响，以及在这样的背景下中国土地制度与农户家庭的经济行为之间的一些相互作用。

在目前农村温饱问题基本解决的特殊历史时期，在城市中国的市场化与乡土中国的小农经济并存的国情条件下，农民对农业劳动力的投入愈益表现出两面性：一方面有理性小农的特性，开始了解闲暇和收入的效用，使收益最大化；另一方面又要维持基本的小农经济"过密化"或"内卷化"特性以保障基本生活。这种两面性导致了既无法实现耕地规模经营、

---

[*] 本章关于自愿失业的内容已经在《中国人民大学学报》2008年第6期发表，原文题目为《"被动闲暇"中的劳动力机会成本及其对粮食生产的影响》，并为《新华文摘》2009年第4期转载，这里仅将原文理论讨论部分加以修订整理提出。感谢中国人民大学温铁军教授对观点的修订，及安徽省安庆市发改委副主任李晨婕博士的资料整理工作。另外本章此处不再使用被动闲暇一词，因尽管中国农村劳动力选择闲暇的消费方式与传统劳动力理论存在一定差异，但在行为表现上与本书的情况相同，因此本章使用本书统一用词以便于读者理解和阅读。

也无法提高农业劳动生产率的困境；而同时，外出务工主要流出地的农民已经开始享受闲暇以使收入和闲暇的总体效用最大化。即，农民在满足基本需要的生活保障之后，理性地对待成本、收益和效用，在边际收益出现递减时如尚未满足生存需要则仍会继续生产，而满足生存需要之后又开始根据收益情况理性地选择继续生产或享受闲暇。这样的两面性，可能导致农民在满足自给自足的生产后，不再对外产生剩余而最终引起粮食安全问题。在中国城市和沿海工业化地区的劳动力价格已经市场化的环境下，农业投入收益相对于城市打工收益过低而形成的短期内大幅度上升的机会成本，迫使农民自愿失业而造成弃耕撂荒，这仍然是由于中国国情造成的土地的多重功用（生产要素、生活保障及社会稳定作用）使之无法具备作为单纯生产要素的条件。

之所以与全球化条件下的粮食安全形势严峻有关，在于这种现象普遍存在于人口众多的发展中国家。印度经济学家 Ajay Tankha（2008）[1] 在对印度贫困农民家庭的研究中也发现了类似的情况。他的研究认为在初始的生存阶段农民的劳动是没有将劳动成本计算在内的，这样就无法去考虑边际利润问题。而当农民满足了基本生活需求后，他就要考虑后面的收入是否能够抵偿因为劳动而增加的一顿饭的花费；再然后，这位"非贫困"的农民开始考虑更多的农业劳动收入的效用是否能够抵偿闲暇的效用了，如果他认为不能抵偿就会停止劳动享受闲暇。

在不均衡的城乡劳动市场中，完成了维持基本生计的劳动后，小农开始理性地考虑自己劳动的成本和收入，而很容易发现自己农业劳动的收入与自己在城市可获得的劳动机会的收入的差距。因此本书认为，中国小农经济近年来的最重要变化是农民在农业上投入的机会成本[2]主要与农民在城市打工的预期收入相关，而与农民在农业耕种上的收入弱相关。对于农民这样自己拥有劳动力投入决策权的主体而言，这也是城乡收入差距扩

---

[1] Ajay, Tankha., 2008, "Aspects of the Decision-making of the Poor Peasant Household", IFMR, Chennai, June 12, 2008.
[2] 机会成本是指，任何决策必须做出一定的选择，被舍弃掉的选项中的最高价值者即是这次决策的机会成本。基于这个定义，我们认为通常情况下农民都有能力去获得在城市出卖劳动力的普通就业机会，那么他们在种植业上的劳动力投入的机会成本所对应的就是这个高于种植业收入的城市就业收益。

大、城市生活成本过高及城市最低收入上升等因素导致的城乡劳动力市场无法实现完美均衡的结果。有鉴于此，本书把这种农民收入相对低下时虽然有增加收入的强烈愿望，却只能选择闲暇的经济现象，称为自愿失业。

一 农业劳动力机会成本对农民闲暇选择和粮食生产率影响的机制分析

（一）劳动力投入农业的机会成本[①]快速升高导致农民自愿失业

传统的劳动供给理论认为闲暇与工资的价值相同，即以劳动力边际产出（MPL）与边际时间价值（MRS）的均衡作为基础观点。即使是后期以 Gronau（1997）[②] 为首发展的家庭劳动供给理论区分了 3 段时间配给方式：闲暇、家庭生产和工作，但工资的价值还是等同于闲暇的价值，即闲暇的机会成本也是闲暇的购买价格。但这是在完全竞争市场均衡条件下的分析。

然而，现实情况是，作为农民人口大国的发展中国家一般都是农村劳动力过剩，同时存在较大的城乡收入差距。相对于农村，城市生活成本过高，使很多农村劳动者无法进入市场，因此无法形成一个完美的劳动力供需均衡的市场。在托达罗模型中，城乡预期收入与农村劳动收入的差距引发流动，最终达到均衡，人口停止流动。尽管模型中引入了城市第三部门来吸收农村剩余劳动力，不过学术界大都认为这个模型忽略了城市生活成本过高的现实；特别是在城乡收入差距极大的发展中国家，过高的城市生活成本导致城市期望工资高于完美竞争市场条件下的均衡工资。国外的研究还发现，即使是在发达的资本主义国家，劳动力供需通常也并不是均衡的。在美国，Mulligan（2001）[③] 认为传统的劳动供给曲线在 1889～1996

[①] 考虑到劳动力质量的差异，本书的城市预期收入，即劳动力在农业上投入的机会成本，是指剔除人力资本因素后的实际价格，所以参考的收入是农村在城市从事一般体力劳动的打工者的收入。

[②] Gronau, Reuben. 1997. "The Theory of Home Production: The Past Ten Years". *Journal of Labor Economics* 15 (2). University of Chicago Press, Society of Labor Economists, NORC at the University of Chicago: 197 – 205.

[③] Casey B. Mulligan, 2001, " A Century of Labor-Leisure Distortions", NBER Working Paper No. W8774.

年这107年期间是被扭曲的，主要是因为边际税率、垄断工会、劳动法等因素共同作用打破了竞争市场的均衡。他还就非市场均衡条件下的劳动供给曲线的合理性提出质疑，并通过数据分析进行论证；认为上述这些因素是使边际生产率降低，而在边际时间价值不变的条件下，劳动力供需无法实现均衡的原因。

上述研究的基本假说都建立在市场条件下闲暇的价值与工资相同或近似的前提下，几乎都是针对城市劳动力供给进行研究的，这与发达国家的经济环境有关。温铁军（2005）[1]在对发达国家与发展中国家的农业情况做考察和比较之后认为，发达国家的农业收入已经几乎与城市预期收入接近，加上高额农业补贴甚至会超过国民平均收入。发达国家的农业已经可以进行与工业部门相同的资源配置和要素使用；因此农业已不再是传统意义上的农业部门，农场主（farmer）也不再是传统意义上的农民（peasant）。因为，在追求资本收益最大化的大农场经营条件下，机械动力大量替代劳动力，如果没有特殊的气象因素和灾难，农场主的工资率基本是恒定的。而中国小农经济下农民的工资率直接与边际产出挂钩，是会产生递减效应的。

王德文等（2005）[2]认为，当农业相对劳动生产率上升时，城乡相对收入差距会缩小，而农业相对劳动生产率下降时，城乡相对收入差距会扩大。我们认为反过来推导也是成立的。

本书试图论证的观点是：在发展中国家，非均衡的劳动力市场产生的收入差距可能会导致农民在城乡购买闲暇这种商品的价格不同，却对应相同的闲暇的影子价格，也就是劳动力农业投入的机会成本。闲暇的影子价格对农村居民和在城市打工的农民工是基本相同的或近似的，等于或近似于城市预期收入，但由于城乡收入的差距，农村居民与城市打工者购买闲暇的价格不同。这样当城市收入增高相应地带动城市预期收入增高时，农民可能会倾向于用便宜的价格购买价值升高的商品——闲暇。城乡收入差距越大对闲暇的购买价格扭曲越大。在城市劳动力价格信号对农村的传导

---

[1] 温铁军，2005，《三农问题与世纪反思》，生活·读书·新知三联书店。
[2] 王德文、蔡昉等，2005，《全球化与中国国内劳动力流动：新趋势与政策含义》，《开放导报》第8期。

日益通畅的情况下，即使农民收入低下，也会在满足自己基本生活需要时，更倾向于选择闲暇；因为闲暇参照的机会成本，即城市预期收入，必然超过耕作劳动的价值。这样，农民将更多地选择享受闲暇，势必会影响农业产出。

在经济学著作中，以时间为基础来衡量的闲暇的价值与劳动工资相同或近似，在均衡的劳动市场前提下，工作能力、初始禀赋相同的人基本对应相同的闲暇的影子价格。对城市居民来说，工资既是闲暇的购买价格，也是闲暇的机会成本（即影子价格）。但对中国农民来说，闲暇的机会成本却是劳动力在农业上投入的机会成本——城市打工的预期工资，[1] 而闲暇的购买价格则是在农村劳动的收入。在中国，一方面由于农村居民与农村进城打工者、城市普通劳动者的初始禀赋几乎相同，因此三者闲暇的影子价格是相同的；另一方面，由于农业的弱质性以及城乡二元结构下市场经济并无义务保障收入的公平分配，农民的农业收入被极大程度地压低，同时扩大了城乡收入差距。其结果就是，农民的闲暇购买价格远远低于闲暇的影子价格，等同于农村居民被迫地被赋予了一个对闲暇的"低价购买权"。当闲暇的影子价格远高于农村劳动收入时，农村劳动力可以用相当于农村劳动收入的价格购买一个接近于城市居民收入的商品——"闲暇"。那么相对而言闲暇这种商品在农村的低价格，就使农民倾向于支付更多劳动时间来购买闲暇，以使自己的总体效用最大化。由此产生的一个客观后果就是农民对农业的劳动力投入减少。

同理，当城市生活成本过高，而农民工——特别是年轻农民工——对过上与城市居民相同生活的期望非常强烈时，尽管存在远高于农业投入的城市工业就业工资，但只要这个工资无法使其得到与城市居民基本相同的生活水准，他仍然可能选择低价购买一个接近城市居民收入的商品——"闲暇"，而不去选择在城市以低工资就业。

基于以上的分析，本章提出以下三个假说。

---

[1] 这里我们注意到不同地区农民的城市预期收入是不同的，会有一些差别。由于地理位置及各方面综合因素，农民会根据自己的偏好来选择迁移的目标城市，通常一个村的迁移农民由于社会关系的原因偏好迁移至相同的城市，那么对应的城市预期收入就应该只是在该城市的收入和消费水平的约束下。

1. "闲暇对应价格"——在乡村小农经济和城市劳动力市场并存的情况下，城市生活成本过高、城市最低工资等因素导致了人口流动的阻滞，而使城市预期收入远高于完全竞争市场的均衡点，而且是相对恒定的；同时农业收入占比是递减的；这时的"闲暇对应价格"是城市预期收入，而不同于传统意义上劳动供给曲线向后弯曲的农民所对应的在农业上的收入。

2. 在劳动力市场化条件下城市劳动力市场价格短期显著上涨，会导致农村劳动力在农业上投入的机会成本短期显著升高，这时农民即使相对收入仍然低下也不愿在土地上多进行投入，这种近年来凸显的农村经济现象也是本书要分析的一种形式。

3. 在加入城市生活成本因素后，农民工在面对城市打工的高收入预期的同时，却无法承受更高的城市生活成本，因此，年轻农民工在拥有了工业化社会中高于老年农民的人力资本后却面临着两难的选择，本书姑且称之为"效用困境"。此时，低工资就业需求旺盛和本书分析的失业现象并存就成为一种合乎逻辑的现象，这也是区别于托达罗模型中城市就业机会越多导致失业越多的另一种失业现象。

（二）劳动力机会成本上涨导致的农业劳动力投入不足影响了粮食生产率

林毅夫（1994）[1] 分析了农村改革对农业增长的影响，核心观点是认同承包制改革中土地产权制度的作用。姚洋（2004）[2] 也认为，稳定的地权可增强劳动力投入和土地投资。而有的研究者则更为看重其他复杂的宏观影响因素，认为除了1956~1961年中国实行高度集体化制度，通过高度组织化来提取农业剩余用于国家工业化原始资本积累的阶段外，大部分时期中国农村的土地产权都是相对稳定地以自然村（生产队）为基础的。而1978年开始家庭承包制以后我国也经历了几次较大幅度的粮食波动，相关的宏观经济周期的重大影响已经有过很多分析。其中，值得注意的改革是1992年主要由于粮食库存占压资金增加影响宏观调控效果而在全国范围内取消了粮票，客观上大大降低了农村劳动力向城市转移的制度成

---

[1] 林毅夫，1994，《中国的农村改革与农业增长的影响》，《中国社会科学》第3期。
[2] 姚洋，2004，《土地、制度和农业发展》，北京大学出版社。

本。就是这一年，中国正式宣布进入市场经济体制。此后，非产权制度因素越来越对粮食波动起主要的规律性制约作用——经济过热、通货膨胀导致城市的收入和消费增加，而在农村则农作物涨价幅度较小或农民并没有得到涨价收益使农民的相对收益降低，较大的城乡差距造成的劳动力农业投入机会成本快速升高，导致了农民种粮积极性的下降，影响了粮食生产。郑有贵（2007）[①]的研究指出，农业劳动力的机会成本升高导致劳动力投入降低，引发粮食产量下滑；这时农民的对策：一是疏于田间管理；二是选择用工量少的粮食作物；三是选择用工量少的耕作制度。

（三）农业内部结构调整与"级差地租"[②]

因为种粮的比较收益低，各地不断调整农业内部结构，在收益较高的经济作物形成了相对于粮食作物的级差地租的情况下，农民也愿意发展经济作物种植，减少对粮食作物的劳动投入或直接减少粮食作物耕种面积来使农业利润最大化。这就在农业生产内部形成了闲暇的不同的影子价格——如果粮食价格上涨与劳动力投入农业内部的机会成本上涨不同步，则会进一步增加不同作物之间的级差地租；这时政府的粮食补贴或为保护粮食生产而提高的粮食价格如果不足以弥平这种级差地租，农民对粮食生产的劳动力投入会下降，则粮食生产率会相对下降。

与城市预期打工收入对农业收入的巨大落差导致农民被动闲暇的道理相似，在不适合种植经济作物或由于市场问题无法大规模发展经济作物种植的地区，经济作物对粮食作物的级差地租也会赋予闲暇一个较高的影子价格和较低的购买价格，这种扭曲也会导致农民自愿失业。

据此可形成假说4：在自愿失业存在的情况下，政府即使按照粮食产量提供粮食补贴，但如果该补贴无法使农民收入与城市预期收入持平或接近，甚至不足以弥平粮食与其他经济作物的级差地租，那么农民的自愿失业仍然会持续下去。不过，限于目前调研及数据资料的限制，本书暂不对

[①] 郑有贵，2007，《劳动力机会成本提高对粮食生产的影响分析》，《农业展望》第3卷第10期。

[②] 李嘉图（Ricardo）在其著作《政治经济学和赋税原理》中将级差地租定义为："使用两份等量资本和劳动而获得的产品之间的差额。"马克思在其著作《资本论》中也认为这样的定义是"完全正确的"。那么我们可以将与粮食作物投入资本和劳动力相同或近似的经济作物与粮食作物之间形成的差额看作一种级差地租。

此进行论证。

二 模型建构

(一) 非竞争市场均衡的城市预期收入

托达罗模型的核心观点是只要城市预期收入超过农村收入就会产生农村人口向城市的流动。正如同学者们批评的：托达罗模型的均衡忽略了城市生活成本，在考虑这一因素的情况下，即使存在较大的城乡收入差距，事实上仍无法真正实现其模型的均衡状态，会形成隐蔽失业。在这种条件下，城市预期收入是高于均衡工资的。在城乡收入差距较大的地区，如中国内地，城市预期收入可能远高于均衡工资。

据此，托达罗均衡条件下的城市预期收入是：

$$WL_F/(L_F+L_I) + W_I L_I/(L_F+L_I) = W_A$$

W 是城市正式部门平均收入，W_I 是城市非正式部门平均收入，L_F 是城市正式部门劳动力数量，L_I 是城市非正式部门劳动力数量，W_A 是均衡工资。

我们对城市预期收入，即闲暇的影子价格的计算做了如下两个猜想。

猜想一：$W_t = C_L = P_L = C_i + C_C + I_F + I_C$

其中 W_t 为城市预期收入，C_L 为劳动力农业投入的机会成本，P_L 为闲暇的影子价格，C_i 为城市生活成本，C_C 为农民进城的成本，I_F 为农村劳动力纯收入，I_C 为农民期望的进入城市的额外利益。

从托达罗模型看到，城市预期收入是城市正式部门收入和非正式部门收入的加权平均值。但是在引入城市生活成本的条件下，权重系数可能会在托达罗模型的基础上做出一定的调整。这种假设情况[①]下的公式

[①] 城市预期收入可以暂时使用广东省的制造业平均收入，因为大量的农村劳动力集中在这个行业，数据有一定的代表性，其他数据均可选用广东省的相应平均数据。1992年后全国由于农产品卖难导致农业金融困境和粮食部门在财政占压资金，而全面放开了农产品特别是粮食的市场交易，全国除少数县之外全部取消了票证供应制度，从而在制度上消除了农村居民自由流动的一个主要壁垒。不过由于1992~2006年仅有15年的间隔，这样的年度数据量不足以进行较精确的回归分析以确定该方程的合理性和权重系数，所以这里仅做出方程形式的估计，暂时无法进行计量分析。

应为如下形式。

猜想二：$W_t = \beta W_c + (1-\beta) W_f$

其中 W_t 为城市预期收入，W_c 为城市平均工资，W_f 为农业收入，β 为权重，可以通过多元线性回归进行建模确定权重系数。

以上两种设想均可通过抽样调查进行回归分析获得较准确的估计。

(二) 被扭曲的闲暇与工资效用曲线

O'Connor (1962)[①] 认为劳动力完全竞争市场的均衡需要三个条件，其中一项是工作能力相同，在初始禀赋完全相同的情况下，所有行业的工资均等。在完全竞争市场情况下，当城镇居民的平均收入接近农村收入时，劳动力市场基本可以出清。通常经济学家认为一些法律和劳工组织机构的存在，如工会和大型跨国公司，人为地抬高了普通劳动者的收入而破坏了劳动市场均衡时的出清价格，打破了完美竞争市场的均衡。而在本书中，我们认为像中国这样的发展中国家，由于劳动力过剩和城市生活成本与农村生活成本的巨大差距导致的城乡收入差距，客观上产生了与城市最低工资标准相同的作用，所以也无法形成完美竞争市场的均衡。

从国家统计局的数据直观看来，并没有出现托达罗模型假说所谓的收敛，进而达到均衡的趋势。王德文、蔡昉 (2003)[②] 也认为，从20世纪80年代中期开始，城乡收入差距并没有伴随中国经济快速增长而缩小，反而出现了持续扩大的变化。因此，通常的闲暇和劳动供求曲线不足以解释中国农村的闲暇和劳动投入问题。

如图 5-1 所示，在完全竞争市场条件下，传统劳动供给需求曲线在 A 点形成均衡，并有均衡工资 W'。不过由于中国城乡收入差距引致的最低城市预期收入 W_t 高于均衡工资 W'，均衡被打破了，劳动力市场无法出清，即 DC 数量的劳动力被动失业滞留在农村或部分流入非正式部门形成隐蔽失业人口，同时城市劳动市场出现就业短缺。

[①] O'Connor, James., 1961, Anticipated Employment Instability and Labor Market Equilibrium, *The Quarterly Journal of Economics*, MIT Press, Feb 1961.

[②] 王德文、蔡昉，2003，《如何避免城乡收入差距进一步扩大》，《农业经济问题》第2期。

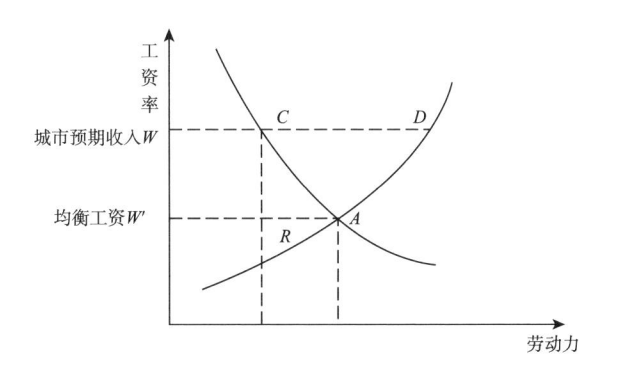

图 5-1 劳动力市场供需

(三) 替代效应和收入效应下闲暇和工资效用曲线的失真

正常情况下,劳动供给与闲暇的需求存在反方向变化关系。可以把工资视为闲暇的机会成本或是闲暇的价格。图 5-2 为传统的工资价格升高时闲暇和劳动的效用曲线:工资升高引发闲暇的机会成本升高,人们趋向于去工作。当工资升高到一定程度后,由于收入效应占优,人们又开始选择购买闲暇,这时依照微观经济学理论劳动供给曲线会出现向后弯的情况。

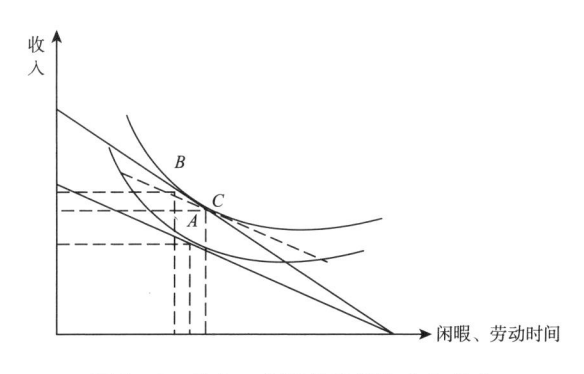

图 5-2 收入、闲暇的替代和收入效应

事实上闲暇的影子价格就是工资。但在中国城市高度市场化的情况下,城市非普通体力劳动者劳动力市场的实际工资水平一般都超过城市生活成本较多,所以这部分劳动力市场是基本均衡的,闲暇的影子价格和购买价格都是工资。但在普通体力劳动者的劳动力市场,由于农村劳动力过剩及城乡收入差距过大，均衡价格低于城市生活成本，普通劳动力市场出现失衡。这种均衡与失衡并存，导致农村闲暇的影子价格对应的是城市期望收入，而农村闲暇的购买价格对应的是农村劳动收入；二者的差距使从事农业生产的农民的闲暇的机会成本与农业劳动收入是不对等的，闲暇遂成为一种与农业劳动收入不等值的独立商品。

闲暇的影子价格上升，即城市期望收入上升，也是劳动力在农业上投入的机会成本的上升，而农业劳动力收入的升幅远远慢于城市的工资升幅，有时甚至低于通货膨胀率。对于中国农民来说这是闲暇的商品价格变便宜了，较低的价格得到了相同的效用，无差异曲线向右平移，农民购买了更多的闲暇。在这种条件下替代效应和收入效应曲线就发生了如图5-3的变化。

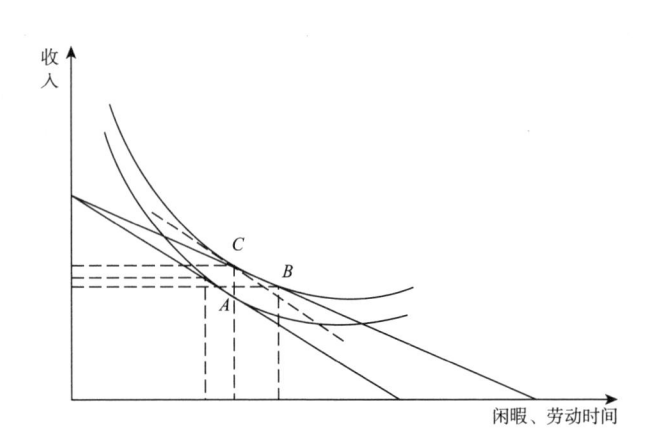

图5-3 修正的收入、闲暇的替代和收入效应

（四）劳动投入边际产出递减条件下闲暇与农民工资率的关系

在中国农民已经基本解决了温饱问题，完成了基本生活需要的生产后，他们表现出经济理性的特征。此时，依照经济学理论，在技术、资本等方面投入固定不变的情况下，劳动投入的边际产出是递减的。在小农经济条件下闲暇的购买价格，就是农村劳动的工资率，而工资率也是随边际产出递减的。此时，劳动力供给的后弯曲线就不适用了，农民从事农业的收入由产出决定，那么工资率就是边际产出利润率，根据劳动边际产出递减的规律，当农民生产到边际产出利润率最大时，边际产出利润开始递

减,而闲暇的边际机会成本由于对应进城农民劳动的边际工资而基本保持不变。农民的实际利润①可以表示为:

$$I = W - T \times C_L - C_F \times K \tag{5.1}$$

其中,I 为农民实际利润,$W = f(x) \times P$ 为粮食销售收入,$f(x)$ 为生产函数,T 为单位个人劳动时间,C_L 为单位时间闲暇的机会成本,C_F 为化肥价格,K 为化肥投入量,P 为粮食价格。

$$f(x) = \mu \times T^\alpha \times K^\beta \tag{5.2}$$

其中,K 为化肥投入量,T 为单位个人劳动时间。在该生产函数中我们利用本书后半部分的证明结果确定出粮食产量主要与劳动力投入和化肥的投入相关。这里我们用劳动时间来体现劳动投入的测度。

农民为使利润最大化,即收入最大化,联立方程(5.1)和(5.2),需:

$$\text{Max}(P \times \mu \times T^\alpha \times K^\beta - T \times C_L - C_F \times K) \tag{5.3}$$

即对(5.1)进行一阶求导等于零:

$$P \times \mu \times K^\beta \times (T^\alpha)' - C_L \times T' = 0 \tag{5.4}$$

农民的生产函数应满足上式的条件。

我们可以如图 5-4 用生产函数曲线来说明闲暇和农业生产的关系,由于闲暇的边际机会成本相对稳定,在成本线 X_1 情况下,利润是 ac,产出是 a;当闲暇的机会成本升高,即城市预期收入升高,成本线调整为 X_2 时,利润是 $bd < ac$,产出是 $Y_b < Y_a$。

为了更直观,我们假定一个农村劳动力有 A,B,C 三种生产方式,在这里假定产值就是该劳动力的收入。他有每天工作 8 小时、6 小时、4 小时三种生产方式可以选择。在劳动投入的边际产出递减的条件下,假定他有表 5-1 的收入情况。

---

① 在这里我们仅用了化肥作为资本投入成本,当然还有其他的成本投入,不过大部分是固定费用,经过求导后已经成为零,我们这里为了简化方程而暂时忽略。

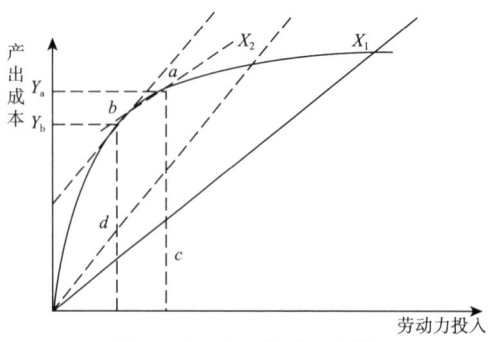

图 5-4　小农的生产函数

表 5-1　不同生产方式下劳动力的收入状况

耕作方式	日工作时间（小时）	日收入	每小时工资（工资率）	闲暇的购买价格（每小时）	总收入
A	8	100	12.5	0	100
B	6	90	15	5	100
C	4	65	16.25	8.75	100

我们假定在上表中耕作方式 B 使边际收入①为零，此时收益最大化，这样他享受闲暇的机会成本是每小时 5 元，即他以每小时 5 元的价格买到了 2 小时的闲暇；在 C 状态他以每小时 8.75 元的价格买到 4 个小时的闲暇；在耕作方式 A 中，他没有享受闲暇。假定当时的城市预期收入是每小时 20 元，每天工作 8 小时日收入 160 元，由于城市打工收入不存在边际递减情况，所以每小时购买闲暇的价格都是 20 元。那么该农村劳动者有可能采用耕作方式 B 来用较低的价格买到两小时的闲暇，而同时他的单位时间工资率也较接近城市预期收入。这是他以每小时 5 元的价格买到了进城务工的农村居民相同价值的闲暇，而进城务工的农民为此要付出 20 元。

在上面的假定中，农村居民如果采用耕作方式 B 已经能够满足生存

---

① 这里提到的边际收益为零是假定了闲暇的机会成本以现金形式存在，超过这个点继续生产虽然产出增大，但也付出闲暇，实际现金收入在超过这个点后仍然有提高。

需要，那么选择 B 就可以牺牲较少的农业收入而得到更多的闲暇，实现了个人收入和闲暇的效用最大化；但相应的产出总量却降低了。田翠琴等（2007）[1] 关于北方农民闲暇消费的研究中，[2] 按年龄分别进行的调查显示，闲暇的价值在新一代农民眼里得到认同，这也是摆脱了基本生活需要的束缚而趋于理性选择的年轻一代农民懂得对自己闲暇和收入的效用进行组合达到心目中的偏好的结果。在极端情况下，当闲暇的机会成本超出农业生产水平时，农民只能流向城市。不过，在城市生活成本和对风险的厌恶程度的约束下，部分农民可能选择不进入城市；这部分农民一方面通过自给自足的种植方式满足生活需要，另一方面农业劳动的收益低下又促使其尽量享受闲暇而不再对外产出剩余，遂致粮食的产量和供应愈益趋紧。

（五）小结

通过上述分析可知，假说 1 和 2 在逻辑上成立，即在城乡二元结构和城乡收入差距持续扩大的情况下，城市生活成本过高导致了人口流动的阻滞，而使城市预期收入高于市场的均衡点，这样农村劳动力在农业上投入的机会成本远高于农村居民收入，闲暇作为一个独立于农业劳动收入的商品，影子价格随城市预期收入而变化，而与农业劳动收入无关。同时由于农村居民购买闲暇的价格远低于闲暇的影子价格即城市期望收入，而并不是传统的完全竞争市场均衡条件下的闲暇的影子价格等于农民劳动收入，农民被动地被赋予了购买闲暇的"低价购买权"。于是根据正常商品的收入和替代效应，农村居民被动地选择了消费闲暇，亦即本书提出的自愿失业。农村居民通过这种自愿失业方式来自行调整自己的单位时间工资率以期接近城市预期单位时间工资率来使效用最大化。

本书的核心观点认为农户家庭的经济行为是基于单一模型，通过家庭

---

[1] 田翠琴、齐心，2007，《中国北方农民闲暇生活方式差异研究》，中国社会科学网，http://www.sociology.cass.cn/。
[2] 他们认为北方农民对工作之外有没有闲暇并不太关心，就是想多挣钱。但，这可能要归因于他们这部分调查问卷中假设的工作时间和收入的关系是递增的，即工作时间越长单位时间收入越高，在每天工作 12 小时时，小时工资达到最高，而纯粹的农业收入在其他要素不变的情况下，最终会随着时间增加趋向于递减的。而且文章中没有对打工农民和耕种农民进行区分，这样在进行问卷调查时是很难得到准确的结果的。

成员人力资本组合投资获取收益实现家庭预期收入的效用最大化,这样单一个体家庭成员选择自愿失业在得到了家庭整体财力支撑的情况下成为现实。这种依靠家庭整体财力支撑产生的自愿失业是家庭整体预期效用的表现,根据本书的理论假说,家庭的效用一致,个体成员的自愿失业实际上表现的是家庭内部劳动力资本配置对市场变化做出的反应。

三 "用工荒"、本书与城乡劳动力市场

我们通常观察到的经验现象是享受闲暇的家庭成员往往是教育程度相对较高的青壮年劳动力,在我们走访过的村庄中几乎全部35岁以下仍然留在乡村尚未在工业部门就业的农民都没有从事农业生产,而是选择学习开车、教育进修甚至"泡网吧"或游荡等,正在从事农业生产的往往是家庭中年纪较大的成员,如父母、年长的兄长或姐姐等。以我们在安徽省安庆市怀宁县做的调查为例,186户有效问卷中有27户农民家庭中有低于35岁、大于20岁的青壮年劳动力滞留在家共32人,其中无所事事者有6个,学习开车的有11个,在本地城市参加培训的有8个,还有7人选择在本地制造业工厂就业。

本书《序言》中提到,中国农民在长期的农业劳动中积累的经验性的人力资本存量是很高的,而农民往往具有相对于城市居民来说更加强壮的身体,因此青壮年农民应该具有更多的人力资本,如果滞留在农村,理论上来说应该负担起家庭更多的农业劳动份额,但事实却往往是相反的。这种问题的产生笔者认为一方面是由于农业与城市打工比较收益过低,基于简单的投资逻辑,任何投资者都只会对低收益资产投入有限的资本,农户家庭也不例外,当土地的产出成为无风险资产回报时,农户如果对其投入过多会挤压他们对其他方面(如城市打工、乡村小生意等)的投入而不会形成最优的投资组合方式,获得了教育方面人力资本投资的青壮年农民的心理预期回报率也在上升,低收益的农业生产自然不太可能成为理性的就业选择,因此可以通过非农就业获得较高收益的青壮年农民通常会被投资于风险资产,这样其预期收入才可能与其机会成本相对应;另一方面是由于农业的比较收益过低,农户的农业人力资本在工业化和资本化加速的时代被视为"过时"的产业资本,因此青壮年农民也不会主动去通过

劳动取得经验获得农业的人力资本，因为过时的产业资本是低收益的，意味着在这方面投资不会获得高额回报。在这样的背景下，农户家庭往往会倾全家之力供新一代农民尽可能地去读书，对青壮年的人力资本进行大量投资，以使他们获取与城市工作相匹配的人力资本形式，因此这些青壮年农民已经不具备进行农业生产的人力资本优势，而那些"老农"仍然具有从事农业生产的比较优势，这样的人力资本组合配置方式也是最大化预期收入效用的一种选择。

如果上面的分析成立，可能会出现这样一个矛盾，就是当今社会特别是沿海发达地区出现的"用工荒"与自愿失业可能并存，当然不可否认这其中有信息交换不完全的问题，但也确实存在一方面沿海地区的企业需要务工人员，而另一方面年轻的农民工不愿意从事这些工作的现象，尽管收入相对于农业劳动所得来说还是较高的。首先正如第二章所分析的，现阶段的用工荒并不是由农业收入提高且出现城乡一体化劳动力市场的原因所导致的。笔者认为产生这种现象的原因在于沿海发达地区的制造业收入尽管相对于农业收入较高，但仍然不足以使年轻农民工获得与普通城市居民相同的预期收入，因此也无法使他们能够支付与城市居民相同水准的生活成本（见表5-2）。

表5-2 城乡居民收入支出结构　　　　　　　　单位：元，%

项目	1990年	2000年	2006年	2007年
城镇居民人均消费支出	1279	4998	8697	9997
农村居民人均工资性收入	138.8	702.3	1374.8	1596.22
农村家庭经营性人均纯收入	518.55	1427.27	1930.96	2193.67
农村居民人均工资性收入/城镇居民人均消费支出	10.8	14.05	15.8	16
农村居民人均工资性收入/农村家庭经营性人均纯收入	26.7	49	71.2	72.7

数据来源：国家统计局年度数据。

从表5-2中可以看到，农村居民以外出打工收入为主的人均工资性收入与城镇居民人均消费支出的比例从2000年至2007年并未发生显著的变化,①而打工带来的工资性收入逐渐增加,至 2007 年已经是家庭包括农业在内的经营性纯收入的 72.7%,这也说明了农业相对于工业的比较收益是持续下降的。这样从表中可以清晰地看到,农民工在城市打工的收入并不能支撑其在城市生活的成本,但相对于其农业收入来说确是重要的现金收入来源。这样对于年轻农民工来说,一方面是城市打工的高收入预期;另一方面是更高的城市生活成本。年轻农民工在拥有了工业化社会中高于老年农民的人力资本后却面临着两难选择,本书姑且称之为"效用困境"。这样,当前中国发生的"用工荒"和自愿失业导致的失业现象并存就成为一种合理现象,这也是托达罗模型中未加入城市生活成本因素导致的新问题,也是区别于托达罗模型中城市就业机会越多导致失业越多的另一种失业现象。

值得我们注意的是,对于 21 世纪初开始出现的"用工荒"问题,很多学者认为这是刘易斯拐点到来的标志,说明中国的经济已经到了转型期,将出现城乡劳动力市场一体化和均衡工资,呈现向完全竞争劳动力市场发展的趋势,这样舒尔茨假说开始趋向成立。那么依据刘易斯拐点的理论假说应该得出以下的基本结论。

• 传统农业部门收入与现代工业部门收入的差距收敛,城乡劳动力市场出现一体化的趋势;

• 大量农民迁徙进城,② 农村几乎不再有剩余劳动力;

• 大量劳动人口此时需要提高人力资本以适应工业化社会的发展。

当代中国自进入 21 世纪以来产生的"民工荒"问题使用刘易斯迁移理论中的城市生活成本推动观点来解释是有一定说服力的,农民工的收入低是比照城市的生活成本,而非比照农村的农业劳动收入。这里需要特别指出的是,城市生活成本不是普遍意义的中国全国范围的城市生活成本,而是沿海发达地区城市的生活成本,当代的"民工荒"更可能是由地区间的工资水平趋同,但生活成本相差较大造成的,并不会真实地反映刘易斯拐点理论假说中占主要理论地位的传统农业部门和现代工业部门工资差

---

① 1990 年比值较低的原因在于尚未形成农民工流动打工的劳动力市场。

② 本书此处提到的迁徙进城,并不是简单意义的进城打工,而是指在城市里有稳定的、基本的住所和生活条件。

异收敛的特征。因此在这个时期到来的"刘易斯拐点"是否能够实现纯粹理论意义的现代工业部门和传统农业部门的收入均衡尚需持续观察。

伴随着农民工就近就业趋势的产生,中国农村开始出现了与日本农村相似的"二兼滞留"[①]现象。这种现象产生的原因主要在于,中国农户在配置生产要素时,依据资本组合投资原理将土地视为无风险资产,因此不会轻易出售既有的无风险资产,除非存在更容易取得的无风险资产,如价值相当的社会保障福利、轻易可获得的低利率贷款、足够高的土地价格等。

四 一个延伸讨论——通过提高农产品价格来提升农民收入的一个困境

在面对现在依旧存在的传统农业部门与现代工业部门收入差距扩大的条件下,我们是否可以通过相关产业政策的调整以提高农产品价格的方式提升农民收益来尽快抹平城乡收入差距,使经济呈现更具有发展意义的刘易斯拐点特征,最终实现城乡劳动力市场一体化呢?中国城市居民乃至农村居民是否能够承受较高的农产品价格是一个决定因素。

笔者认为当代中国的工业化和资本化进程迅猛,但由于地区差异巨大,居民收入水平差异巨大,整体经济实力尚无法支撑较高的农产品价格。根据国家统计局公布的城乡居民家庭恩格尔系数,中国的城镇居民家庭恩格尔系数从1978年的57.5%下降到了2007年的36.3%,而农村居民家庭的恩格尔系数也从同期的67.7%下降到43.1%。尽管发生了如此巨大的转变,但距离世界发达国家普遍的20%的水准尚有很大差距。这说明国民经济尚未形成对农产品价格足够的适应性,更遑论很多学者认为的,中国价格高昂的教育、医疗及住房等对食物消费空间的挤压造成恩格尔系数不能真实反映居民对食品价格上涨的承受能力。而如果农产品价格缺乏足够的上涨空间,土地的稀缺性又极大地限制了农产品的生产率,通过提高农民收入形成城乡一体化的均衡工资,从而实现均衡劳动力市场配置的愿望是很难实现的,这是一个两难的困境。

[①] "二兼滞留"现象是速水佑次郎和神门善久在2002年定版、2003年在中国发行的《农业经济论》(中译本)里提到的大多数农户从事非农业工作但不离开农业的所谓"二兼滞留"现象。

五 "刘易斯拐点"假象及其对"人口红利"释放的冲击

在讨论中国经济增长的话题中,劳动力的贡献(人口红利)长期以来都被认为是最重要的增长源泉之一。中国通过较低的抚养比获得了高储蓄、高投资,进而产生了高速的经济增长。当2003年开始的"民工荒"①来临时,学术界乃至企业界都将此现象归因于工资问题,并认为这是刘易斯拐点到来的标志,"人口红利"将趋于减少,中国的经济增长将可能因此遇到瓶颈,甚至陷入增长陷阱。

但是,我们一直能够观察到城乡收入差距持续扩大、贫困人口不减反增、②农村土地也未出现规模流转的趋势、"二兼滞留"现象尤为严重,这些现象从一年一度的春运大军中可以得到充分的反映。"民工荒"的问题也并未打消中西部地区通过发展劳动密集型产业加速实现工业化的冲动,在"民工荒"的同时大学毕业生就业难的问题日益突出,现代农业面源污染③造成的食品安全问题日益变得比制造加工环节的食品污染更为严重。种种矛盾和负面现象使我们不得不思考以下一些问题。

"民工荒"及无法普遍观察到的所谓"加薪潮"是否就意味着刘易斯拐点的到来?判断刘易斯拐点的指标,如抚养比、资本回报率、城乡一体化的劳动力市场等问题的实际情况如何?比刘易斯拐点是否到来更为重要的是,中国当代农民乃至农户家庭的经济行为准则是什么?在当代中国的宏观经济背景中,农民及农户是如何对经济刺激进行反应的?这是理清刘易斯拐点是否到来的重要指标,也是理解"民工荒"产生原因的基本条

---

① 本书对民工荒的研究基本是从经济原因进行讨论的,然而处在巨大社会变革中的当代中国,单纯从经济利益的角度分析问题是不够的,这些方方面面的问题反映的是当代人对自身价值取向和对生活的态度等多方面的非单纯经济形式的社会问题,此处仅就其经济原因进行分析。

② 据《21世纪经济》报道,在2011年中国进入第十二个五年规划的第一年,国家的贫困标准由之前的人均1196元提升至人均1500元人民币的时候,贫困人口可能因此超过1亿人。事实上这个指标相对于国民生产总值仅为中国1/3不到的印度来说仍然较低,更无法与世界银行制定的人均一天1.25美元的统计标准相比较。

③ 农业面源污染是指在农业生产活动中,农田中的泥沙、营养盐、农药及其他污染物,在降水或灌溉过程中,通过农田地表径流、壤中流、农田排水和地下渗漏,进入水体而形成的面源污染。这些污染物主要来源于农田施肥、农药、畜禽及水产养殖和农村居民

件。而这些又必须与当代中国所处发展阶段的宏观经济背景相结合。以城市化、工业化为导向的"人口红利"释放是否就是发展的唯一路径,并使迅速膨胀的城市人口要面对比加工流通领域食品污染更严重的现代农业面源污染造成的根本性的食品安全问题?在拥有所谓高级人力资本的大学生就业难的情况下,我们是否应该重新审视我们正在日益抛弃的五千年农业文明积累下来的淳朴"老农"[①]的人力资本?这样丰富的人力资本为什么无法获得可观的收入而被视为落后的人力资本?

关于刘易斯拐点及其相关的宏观经济现象,大量学者进行了实证研究及激烈的讨论。本书通过对现有研究的讨论、对事实的描述及基本理论的逻辑推理来分析刘易斯拐点是否到来,解释这种现象更多体现在宏观经济发展的不均衡对农户经济行为选择造成的冲击,为当前加工制造业的"民工荒"和以资本替代劳动力[②]带来的现代农业面源污染并存产生的负外部性提出基本理论解释,并提出相应的政策建议。

(一) 刘易斯拐点假象

在刘易斯二元模型中,刘易斯拐点理论对拐点到来的区分标志一般有两个:第一是以农村剩余劳动力数量为标准,当拐点到来时农村所有劳动力的边际产出将大于零,并逐渐提高,农业收入将增加,由于现代工业部门和传统农业部门的收入差距减小将出现城乡收入差距收敛的现象;第二是以现代工业部门的工资为标准,城市部门实际工资持续上升也意味着拐点的到来。围绕这些标准,很多学者进行了大量的实证研究,但由于统计数据的缺失及在此情况下采用的替代研究方式的不同,不同的研究在很多方面无法取得一致性。

蔡昉(2005,2007a,2007b)[③]等人通过估算 2005 年农村劳动力剩

[①] 此处使用老农一词并无任何褒贬含义,仅是对其农业经验积累的描述,事实上这也是老农一词的本源含义。

[②] 劳动力是人力资本的一种,但此处为表述方便使用的资本一词仅代表非人力资本之外的其他资本形式,后文相同。

[③] 蔡昉,2005,《劳动力短缺:我们是否应该未雨绸缪》,《中国人口科学》第 6 期。
蔡昉,2007a,《中国经济发展的刘易斯转折点》,载于蔡昉主编《中国人口与劳动问题报告》(第 8 期):刘易斯转折点及其政策挑战(第 6 章:147~170),社会科学文献出版社。
蔡昉,2007b,《中国劳动力市场发育与就业变化》,《经济研究》第 7 期。

余人口大约为 5000 万人及近年来人口抚养比的变化结合统计局的工资上涨统计认定了刘易斯拐点的到来,并进一步提出制造业的人口红利将逐渐消逝,只有通过人力资本的提高和产业结构的调整实现第二次人口红利。同时另外一些学者对此结论持怀疑态度,韩俊等(2007)[①] 运用一手调查数据估算的结果是中国农村剩余劳动力仍然有 1 亿~1.2 亿人,因此刘易斯拐点尚未到来;Yao Yang 等(2010)[②] 通过对 1998~2007 年的省级面板数据估计了剩余劳动力的供给和需求曲线,结果表明劳动力的需求在不断上升,同时,劳动力供给曲线因为制度工资的上升而向右移动,供需的交点在不断右移,但都没有到达刘易斯拐点,表明中国还存在丰富的剩余劳动力,刘易斯拐点并没有到来。

笔者认为第一个标准与第二个标准两者之间是相互关联的,原因在于现代工业部门和传统农业部门的实际收入提升最终都会体现在人力资本以外的资本回报率降低的表象上,而资本回报率的升降直接意味着实际工资的升降,二者基本呈现反向变动关系。[③] 由于这些问题已经有了大量研究结论,本书这部分无意再通过重复的相差无几的实证性研究来进行分析,而仅通过一些基本事实和以往学者的研究来理清对刘易斯拐点是否到来问题的看法。

1. 抚养比问题

首先,需要考虑衡量农村剩余劳动力变化趋势的抚养比问题,通过对全国数据的估计进行研究可能会忽视区域特点。中金公司 2010 年的研究报告中指出,"由于当初计划生育执行力度的差异,……过去 20 多年东部沿海地区出生率明显低于内陆地区,……但 20 年过去了,内陆地区当初的高出生率却由劣势转变成优势,青壮年劳动力占当地人口比明显上

[①] 韩俊、崔传义、范皑皑,2007,《农村剩余劳动力微观调查》,载于蔡昉主编《中国人口与劳动问题报告》(第 8 期):刘易斯转折点及其政策挑战(第 4 章:113~128),社会科学文献出版社。

[②] Yao Yang and Zhang Ke. 2010, "Has China Passed the Lewis Turning Point? A Structural Estimation Based on Provincial Data", *China Economic Journal*, Volume 3, Issue 2: 155~162.

[③] 当然由人力资本提高、技术进步等原因导致的生产率提高也可能会导致资本回报率和劳动者收入同时升高的情况,但根据对已跨过刘易斯拐点的发达国家实际经验的对比,这种现象尚未被显著地观察到。

升,人口红利仍处于释放期……"众所周知,当代中国沿海地区的劳动力密集型产业工人多为内陆省份的农民工,因此已经完成城市化和工业化的东部地区尽管总抚养比提升,但其份额对人口红利的影响并不显著,而抚养比较低的内陆地区才是人口红利的主要源泉。

在内陆地区的抚养比依旧较低的情况下,我国的经济增长并未带来显著的就业优势。从就业弹性的角度上来说,由于分析的对象不同,得出的结论也不尽相同,不过基本结论还是普遍的总体就业弹性系数较低,工业企业领域非体制内资本的就业弹性较高(方明月等,2010)。[1] 蔡昉等(2004)[2] 则认为,出现了快速的经济增长没有带来显著就业的原因在于,宏观经济政策由于国情的原因只能刺激体制内正规部门的增长(而这些部门的工资在任何时候都是持续增长的),并出现资本代替劳动力的普遍趋势,最终结果是无就业的增长,这也符合 Mazumdar(2003)[3] 关于"孤岛式"发展模式(即"没有就业的增长")的假说。

2. 区域工资差距与城乡收入差距

当代中国自进入 21 世纪以来产生的"民工荒"现象使用刘易斯迁移理论中的城市生活成本推动观点来解释是有一定说服力的,农民工的收入低是比照城市生活成本,而非比照农村农业劳动收入。这里需要特别指出的是,城市生活成本不是普遍意义的全国范围的城市生活成本,而是沿海发达地区城市的生活成本,当代的"民工荒"更多的是由地区间的工资水平趋同,但生活成本相差较大造成的,并不会真实地反映刘易斯拐点理论假说中占主要理论地位的传统农业部门和现代工业部门工资差异收敛的特征。这与韩俊(2010)[4] 经过调查认为的农民工返回本地从事制造业就业,尽管薪酬稍微降低,但幸福感增强的结论是一致的。这种现象说明产

---

[1] 方明月、聂辉华、江艇、谭松涛,2010,《中国工业企业就业弹性估计》,《世界经济》第 8 期。

[2] 蔡昉、都阳、高文书,2004,《就业弹性、自然失业和宏观经济政策——为什么经济增长没有带来显性就业?》,《经济研究》第 9 期。

[3] Mazumdar, Dipak. 2003. Trends in Employment and Employment Elasticity in Manufacturing, 1971 - 1992: An International Comparison. *Cambridge Journal of Economics* 27: 563 - 582.

[4] 韩俊,2010,《韩俊细说"三农"热点》,《中国经济时报》2 月 24 日,http://www.jjxww.com/html/show.aspx?id=162829&cid=24。

业转移到中西部是可能的，也因此"人口红利"带来的发展和资本积累依旧显著存在。从另外一个角度来看，与其说是工业工作与小农经营的收入趋于均衡，不如说是不同地区的工业工作收入趋于均衡，而并未形成显著的工业和农业两部门收入均衡的趋势。从统计局的数据①（如图 5-5 所示）上也完全看不到城乡收入差距出现收敛的趋势。

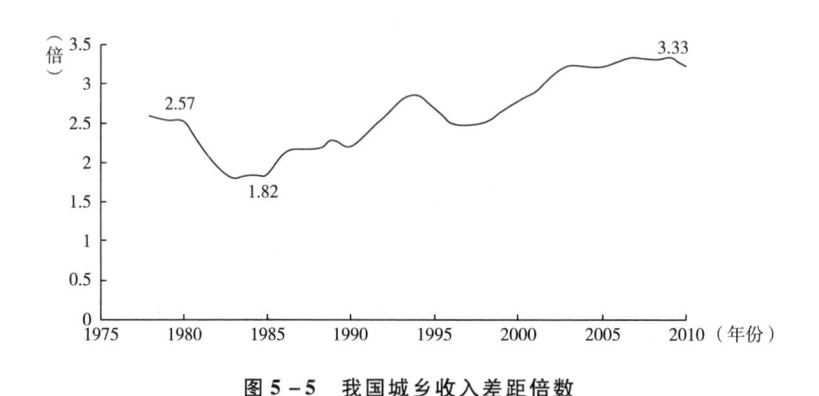

图 5-5 我国城乡收入差距倍数

资料来源：中国国家统计局，1978~2010 年年度统计数据，来自 www.stats.gov.cn

与此相对应的是内陆城市更可能利用区域间的收入差距来完成本地区的工业化发展，这样做自然会更加抑制农业收入的增加，客观上扩大了城乡收入差距。林毅夫等（1998）② 分解了反映地区差距的泰尔指数发现，东部与中西部地区之间的差距对中国改革以来出现的地区差距扩大做出了主要的贡献。蔡昉（2005）③ 认为虽然 Kanbur 和 Zhang（2004）④ 分解 GE 的意图在于说明沿海和内地之间的差距在总体地区差距中发挥越来越重要的作用，但是他们的分解实际上也显示出城乡收入差距始终保持着总体地区差距主要贡献者的地位。茅于轼（2007）⑤ 认为收入差距扩大是中

---

① 根据中国国家统计局 1978~2010 年的年度统计数据，该倍数取值为城市居民个人年平均可支配收入与农村居民人均年纯收入的比值。
② 林毅夫、蔡昉、李周，1998，《中国经济转型期的地区差异分析》，《经济研究》第 6 期。
③ 蔡昉，2005，《劳动力短缺：我们是否应该未雨绸缪》，《中国人口科学》第 6 期。
④ Kanbur, Ravi and Xiaobo Zhang, 2004, "Fifty Years of Regional Inequality in China: A Journey through Central Planning, Reform, and Openness", United Nations University, WIDER Discussion Paper No. 50.
⑤ 茅于轼，2007，《我国收入差距扩大为一历史进程》，《经济观察报》1 月 8 日第 A14 版。

国经济发展的必由之路,这暗示着经济发展必然是通过对农业或明或暗的征税来为工业化提供必要的财政支持。蔡昉和王德文(1999)①进一步分解了全要素生产率发现,改革期间劳动力流动对国内生产总值的增长率具有显著贡献。如果这些结论是正确的,那么可以预知在尚未完全实现工业化的中西部地区,为了发展,这些内陆省份在政府公司主义的背景下也不会寻求提高农业收入的路径,反而会持续打压农业收入以实现区域内的人口流动获取税和人口红利,这客观上会阻碍工业与农业两部门收入差距缩小趋势的产生。与之相对应的是农村家庭并未由于出现刘易斯拐点而意识到农业有利可图并因而加大对农业的投入。例如,根据河南省统计局的统计数据,2000~2009年,这个农业大省的农户家庭每百户拥有的主要生产性固定资产除了汽车、拖拉机这两项的数量上升之外,其余与农业直接相关的脱粒机、收割机、农用动力机械、水泵、牲畜等均呈减少趋势。因此在这个时期到来的"刘易斯拐点"是否能够实现纯粹理论意义的现代工业部门和传统农业部门的收入均衡尚需持续观察。

3. 资本回报率问题

蔡昉(2010)②认为人口红利与刘易斯拐点表达的是同一个问题,因此根据刘易斯拐点理论,目前的资本回报率依然较高的现实而不是刘易斯拐点到来时应该出现的报酬递减现象,从另一个角度证实了人口红利尚未消失。CCER(2007)③、Bai Chongen 等(2006)④、孙文凯等(2010)⑤均对中国的资本回报率进行过测量,尽管算法不同,他们得出的数据除1992~1996年由于数据处理的分歧存在差异之外,其余结果基本相同。得出来的结论是中国的资本回报率相比较日本、美国等发达国家依然很高,并未出现降低的情况。而孙文凯等的研究又进一步证明,中国资本回

---

① 蔡昉、王德文,1999,《中国经济增长可持续性与劳动贡献》,《经济研究》第10期。
② 蔡昉,2010,《人口转变、人口红利与刘易斯转折点》,《经济研究》第4期。
③ CCER 中国经济观察研究组,2007,《我国资本回报率估测(1978~2006)新一轮投资增长和经济景气微观基础》,《经济学》(季刊)第3期。
④ Bai Chongen, Hsieh Changtai, and Qian Yingyi, 2006, "The Return to Capital in China", *Brookings Papers on Economic Activity* 2: 1-28.
⑤ 孙文凯、肖耿、杨秀科,2010,《资本回报率对投资率的影响:中美日对比研究》,《世界经济》第6期。

报率较高的主要原因之一在于，中国劳动者份额从 1978 年的 49.57% 降低到了 2006 年的 40.61%。因此，在这样的背景下很难得出刘易斯拐点到来的结论。

（二）刘易斯拐点假象及产生的冲击

对于刘易斯拐点假象的产生，笔者认为在当代中国复杂的经济及体制背景下需要从宏观经济背景到微观个体经济行为及经济情况一揽子考虑其成因。这包括依旧依赖外需拉动的产业发展模式、人民币汇率机制、资本的回报率，乃至国民收入分配不平等等问题。而这些问题之间是紧密联系、相互作用的。此处讨论的刘易斯拐点假象仅是这些问题中的一个方面。

1. 刘易斯拐点假象的产生

中国靠外需拉动的经济发展模式已经形成了路径依赖，这也是长期内需不振的条件下经济发展需要的无奈之举。在这样的前提下，制造业的产品价格、利润乃至包括工资在内的各项成本均受到人民币汇率、国内外通货膨胀程度差异和全球化生产竞争的冲击。容纳大量就业的中国制造业生产厂商并不具备产品的定价权，却要承受大部分汇率、通胀、税收乃至原材料价格变化产生的成本，这意味着产品的销售价格是给定的，但成本是浮动的、是难以控制的。最近几年中国人民币汇率相对于主要结算货币美元大幅上涨，根据中国人民银行公布的人民币兑美元汇率平均价计算，2003～2010 年人民币兑美元升值幅度达到 18%，这意味着如果无法逼迫进口方涨价产品价格最高需降低 18%；国家的财政税收也是以 GDP 增速的 2～3 倍持续递增的（财政部，2010），[①] 唯一可以部分控制的是农民工的工资；代表企业生产成本的 PPI 增幅长期以来都比 CPI 要大，这意味着企业原材料的成本价格增速超过了通货膨胀速度；与这些情况相对应的更加严重的现象是如上一节所述的资本回报率长期居高不下。在这些现实约束下，农民工的工资是无法实际升高的，而这部分成本恰恰是企业唯一可以控制的。

---

① 国家财政部，2010，《2010 年税收收入增长的结构性分析》，http：//szs.mof.gov.cn/zhengwuxinxi/gongzuodongtai/201102/t20110201_436195.html。

1990~2008年，中国职工平均劳动工资的增速总是比GDP增长速度低。根据陈志武（2010）[①]的计算，这段时间内，工资总额每年的增长速度比GDP的增长速度平均要低3.8%。尽管如此，从工资的分配上看一般劳动者的工资所占份额更低，直观上看基本都在平均值以下。根据王小鲁（2010）[②]的推算，"占职工总数8%的国企高管和垄断行业职工收入占全国职工工资总额的55%，其余92%的职工收入仅占45%，……如果考虑隐性收入部分，全国居民收入分配的基尼系数，会显著高于近年来国内外有关专家计算的0.47~0.50的水平"。如蔡昉等（2004）[③]所说，国有企业的工资是制度性的，即使就业低迷，传统体制内的工资水平依然快速上升。在这样的背景下，包括农民工在内的一般劳动者的实际收入并未升高，而是下降的。

从图5-6可以看到，农村居民以外出打工收入为主的人均工资性收入与城镇居民人均消费支出的比例2000~2007年并未发生显著的变化，而打工带来的工资性收入逐渐增加，至2007年已经是家庭包括农业在内的经营性纯收入的72.7%，这也说明了农业相对于工业的比较收益是持续下降的。同时从图5-6中也可以清晰地看到，农民工在城市打工的收入并不能支撑其在城市生活的成本，但相对于其农业收入来说却是重要的现金收入来源。这样对于年轻农民工来说，一方面是城市打工的高收入预期；另一方面是更高的城市生活成本，年轻农民工在拥有了工业化社会中高于老年农民的人力资本后却面临着两难的选择。这样，当前中国发生的"用工荒"和自愿失业导致的失业现象并存就成为一种合理现象。

从消费来看，1999年城镇居民人均消费支出占人均GDP的64.5%，农村居民人均消费支出占人均GDP的26.8%。自2000年开始，这两个指标开始持续下降，前者在2008年下降至49.5%，后者下降至16.1%。从图5-7世界银行的统计数据来看，中国相比较世界主要发达国家和发展

[①] 陈志武，2010，《收入增长与经济增长为何不同步》，《经济观察报》12月10日第41~42版。

[②] 王小鲁，2010，《灰色收入与国民收入分配》，《比较》第48期。

[③] 蔡昉、都阳、高文书，2004，《就业弹性、自然失业和宏观经济政策——为什么经济增长没有带来显性就业？》，《经济研究》第9期。

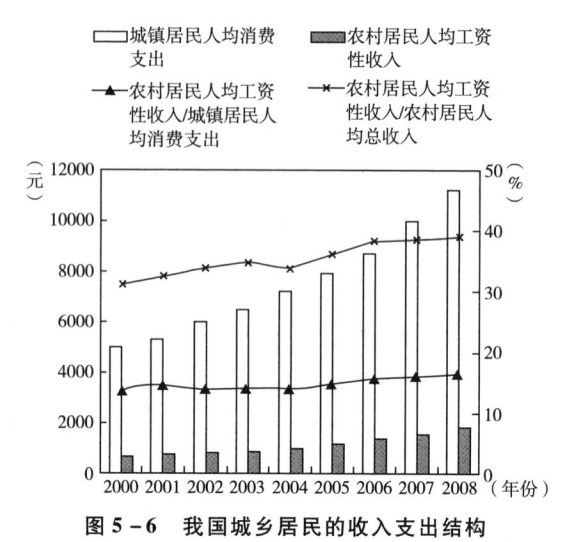

图 5-6 我国城乡居民的收入支出结构

资料来源：中国国家统计局，2000~2008年年度统计数据，来自 www.stats.gov.cn。

中国家国民消费占 GDP 的水平都是低的，这要归因于长期以来靠外需拉动增长的经济战略压抑了收入分配，使普通劳动者无法分享 GDP 增长带来的收入增长的可能性，最终普通劳动者的实际工资不是升高了，而是降低了。"用工荒"的产生也并不是所谓的刘易斯拐点到来的标志，而是长期产业结构失衡造成的劳动力实际工资降低导致的劳动者"用脚投票"的结果。

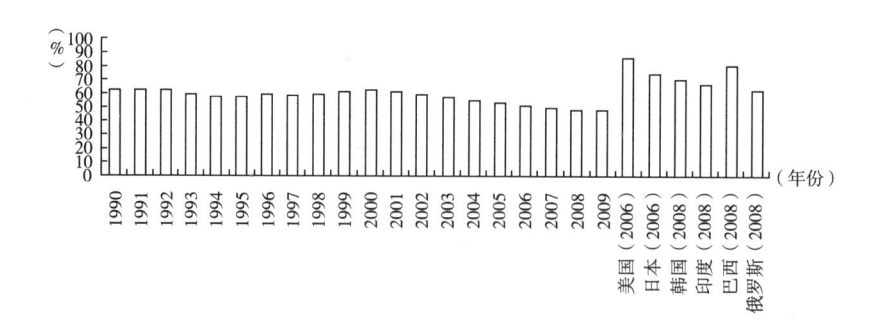

图 5-7 中国及部分国家最终消费率占 GDP 比重

数据来源：世界发展指数数据库（World Bank World Development Database），http://data.worldbank.org/data-catalog/world-development-indicators；转引自田国强《中国经济改革与 CES 的历史使命》，2010 年 12 月 10 日 CES 年会的演讲稿件。

上述现实导致的结果是推动了城市消费水平，而非传统体制内劳动者的工资水平相对变低，越来越不适应城市的消费水平，他们的城市梦也越来越远。此时农民工的工资水平也出现了刚性，如无法实现城市梦，在理性的支配下，他们有很大可能选择在低水平的消费下享受闲暇，而低水平的消费得以维持乃是农村家庭资源和要素内部配置的结果。

2. 刘易斯拐点假象下的农民经济行为分析

根据贝克尔（Becker）新家庭经济学理论中农户家庭内部收入共享、风险共担的单一模型行为机制理论，农户的整体家庭存在一个单一的预期效用函数。户被视为一个集体行动的家庭成员集合，在取得一致的预期效用选择后，通过家庭内部不同成员在家庭生产和消费上的时间安排产生最大化的预期效用，其本质是提供了一个将由不同生产能力成员构成的家庭视为一个单一个体（或"一个人"）来进行分析的框架。在这个框架下，家庭成员可以有不同的收入及劳动力定价，但收入分配、土地和劳动力等资源供给是共同分享、共同决策的。在这样的农户经济行为决策机制下，个体农民对于收入及劳动供给的选择并不依赖于其个人的收入及闲暇情况，而是依赖于整体家庭的全部收入情况及对收入波动风险的控制。同时在土地均分制的中国农村，大部分自给自足农户的农业产出几乎是无风险资产收益，此时农户家庭个体成员从事农业耕种或在城市打工将不再以其个人的效用作为劳动供给的依据，其结果是由于对部分家庭成员城市收入的预期，从事农业生产的家庭成员只要满足部分生产率即可实现收入和闲暇的效用最大化；同样由于对农业产出的分享，在城市务工的家庭成员表现出更大范围的工作及闲暇选择，当城市打工收入无法满足其在城市的基本生活时，他们将选择更多的闲暇以达到效用最大化的目标。尽管这样的行为在微观家庭层面上看是效用最大化的，但从国家宏观经济层面上来说是效率损失的。

这种逻辑意味着城市打工收入（或城市打工收入预期）越高，整个家庭投入家庭农业生产的时间越少，而尽量选择抗生素、化肥及农药等来替代劳动力这种时间密集型要素的投入。在关于粮食产量的实证研究中发现，1978~2005年劳动力的边际产出一直是递增的，而化肥的投入产出却一直是边际递减的，尽管如此农民还是不断加大化肥的投入量，而减少劳动力的投入。据此可以认为：农民对边际产出并没有一个清晰的觉察，而对自己劳动力资本投入的机会成本却有很清楚的了解。换言之，农民对自己的劳动力资本在外打工和务农的收益差别有很强的认识，其实，这也是尽人皆知的一般的经验归纳。这将直接影响农村的环境状况。众所周知，目前农村的污染业已成为中国的主要污染源，已经发展成了面源污染，从根本上使食品安全问题难以缓解，难以遏制，相比较加工环节中非法的化学食品添加剂的使用来说更加恶劣。后者可以通过法律、法规建设，加强监管来控制，而前者是普遍性的、面源的。

另外，对外出打工的家庭成员来说，由于城市生活成本的迅速升高，他们的保留工资被迫提高，但是以外需为主的制造业工资在全球化的背景下受到了压制。此时需要提出的是，农民工时间的影子价格不再等于市场工资，而是转向保留工资，因此时间密集型产品——闲暇——对应的价格高于市场工资，整体农户的最大效用集也随之发生变化。为满足效用最大化的终极目标，外出务工的农民工可能会选择非正规部门的工作以使工作时间是内生给定的，家庭可以自由决定市场和家庭工作时间，家庭收入也变成了内生的。与外生性的市场工作时间的预算和时间两个约束条件不同，此时时间成为唯一的约束条件，在时间密集型产品——闲暇——价值越来越贵时，工作时间必然减少。当然前提是农业生产已经足以使整个家庭保持温饱，这也是当代中国农村最普遍的基本情况。

通过上面的分析可以看出，理论上对"理性"[①]的农户来说，在农业收入低下，制造业收入同样低下的情况下，农户会想方设法追求价值高的日用品，闲暇就是这种产品的一个选项。此时，农户在农业生产方面会用资本品（化肥、农药，及含激素、抗生素的饲料等）来替代时间密集但价值较低的体力劳动；而在外出务工方面，则会选择长时间的工作搜寻以获得更高的收入，并试图通过从事时间可控的非正规部门工作来获得效用最大化，最终的结果是"人口红利"在工业和农业都得不到合理的释放，在宏观层面出现效率的损失。

---

① 对于理性这个词，有人往往会将其与传统农业经济学中生存小农和理性小农的概念相混淆，但事实上并不存在理性或非理性的问题，所有经济人都是理性的，只是由于效用集不同，由于每个人（或每个家庭）的经济情况及偏好等不同而呈现出区别而已。

（三）评价与小结

通过以上的分析可以看出，在当代中国的市场环境下，以外需为约束条件的出口拉动和以固定资产投资为依托的增长模式引起的人民币汇率外升内贬、城乡收入差距拉大、城市生活成本高昂的宏观经济背景导致中国农民工实际工资低于保留工资而不得不采取"用脚投票"的策略，最终形成了刘易斯拐点假象。农户经济行为的这种选择是以新家庭经济学单一模型下中国农民家庭共享资源、共担风险的劳动力配置方式形成的宏观层面低效率、微观层面效用最大化为基础的。在这样的背景下，中国农村家庭部分劳动成员可以选择等待就业直至出现高于其保留工资的工作，但并不意味着对农业生产的更多投入，也就是说在这样特殊的背景下"人口红利"既不能在工业领域得以释放，也不能在农业领域中加大环境友好和有利于食品安全的传统农业耕作方式的劳动力投入，最终结果是极大拉动就业的劳动密集型工业发展出现瓶颈，同时农药和化肥这些比食品加工过程中的食品污染更严重的源头污染物的滥用对农村环境破坏严重，而食品安全问题也随之愈发严重，短期内难以治理或缓解。

面对中国经济发展的这样一个阶段，及其不同于西方发达国家较完善的市场环境下的发展模式，片面追求西方式的城市化发展战略是不适合中国人多地少、资源紧张、内需长期不振的基本国情的。相反，通过新农村建设，加大农村投入，重视农民的人力资本并在收入分配方面给予"老农"的人力资本合理的回报，逐渐恢复传统农业生产的精华部分既可以解决就业问题，也可以解决城乡收入差距问题，从而使刘易斯拐点真正到来以使资源得到最优化配置。更重要的是在这个过程中，可以使长期被忽略的，无法真正确定产权归属的污染日趋严重的全民公共品——农村环境——得到逐渐恢复，缓解持续蔓延的食品安全问题。

六　结论

综上所述，在中国现有的国情条件下，劳动力在农业上投入的机会成本升高使农民倾向于选择自愿失业，而减少劳动力在农业中的投入。近几年替代重体力劳动的农村机械化程度迅速提高，却并没有导致粮食产量提高；除政府大量增加农机购置补贴使部分投资人与富裕农户经营农机有利可图之外，客观上仍然有这种闲暇导向的潜在作用——农民势必寻求以机械替代显著低于闲暇价值的粮食生产的劳动力投入。

需要注意的是在这样的条件下产生的自愿失业并不必然是城乡二元结构向城乡一体化发展的结果，如果农业投入的比较收益大大低于工业收入，这两种现象并存的结果很可能是城乡二元结构持续恶化的结果，这也是区别于未加入城市生活成本的托达罗假说体系中的城市就业机会越多失业率越高的另一种失业现象。

农民近年来加大农机和化肥投入的实质是试图进一步节约劳动力，同时增加的闲暇时间表达的也是试图将农业的工资率提高到接近城市预期收入的水平。不过，这些趋向于增加工业产品对农业投入的、现代化取向的、因而也常常被看作积极的重要变化，都会导致农业的"负外部性"增加。典型者如劳动力投入不足，有限的耕地资源被迫抛荒；而大部分地方政府和部分农民为了缩小农业收入和城镇居民平均收入的差距虽然往往选择种植级差地租高的经济作物，但经济作物种植增多也已经导致农副产品市场低价恶性竞争和假冒伪劣、污染和地下水超采严重等现象。同时计量分析结果表明加大农机和化肥投入在中国并不一定能够带来预期的产量效果。

总之，这些间接促使在小农经济仍然占主导地位的情况下农户放弃了几千年来保证粮食自给有余的传统习惯，渐变式地形成中国粮食生产不足、粮食安全不保的演化趋势。

这个新时期的农民劳动力机会成本所内含的加权平均值，即城市预期收入，是相对于城市劳动力收入而形成的，当然会大于种植业收入，特别是比较收益较低和级差地租收入比较低的粮食作物种植及大量使用劳动力的体力工作的收入。于是，政府的粮食补贴如果不能抵补闲暇的影子价格，或至少弥平级差地租，则往往作用有限或者难以起到预期作用。同时采用什么样的补贴方式也需要认真考虑，要切实促进农民种粮的积极性，而不是只成为一种生活补贴，反而对农民种粮产生消极影响。

第六章　农户家庭要素配置与村社、政府的相互作用

"人是社会性动物，必须在彼此合作中获利。"

——Kenneth J. Arrow

如笔者在《序言》中提到并在之后的章节中陆续讨论和验证的，土地是使中国农户家庭可以降低成本的因素，在中国工业化进程中农民可以承受低工资以适应工业化发展初期低成本的需要。同时，中国农户土地的产权并非通过交易取得的，而是通过"革命"获得的"均分"的产权，中国的土地管理法律规定集体是土地的产权所有者，换言之土地的所有权属于村民小组，[①] 而普通农户只是承包人，拥有稳定的使用权。那么这样的共有土地产权对村民小组又意味着什么？家庭内部存在家庭伦理法则，在共有土地产权和部分财产集体所有制的条件下，传统村社内部也存在部分收入集中和部分风险共担问题，传统村社如果也存在姚洋（2004）[②] 提到的集体伦理法则，那么集体伦理法则是否会超出经济理性，村社集体与村民是什么关系，村社集体又是如何与土地的终极产权所有者——政府——进行博弈及交易的？这些都是需要厘清的问题，尽管这些问题已经超越了农户家庭的经济行为，但在这种土地产权形式下，农户家庭势必要受到村社集体行为的影响，而农户家庭也需要通过村社集体与政府进行交易来实现自己的经济目的。更何况在传统村社内部，户与户之间有着千丝

---

① 2004年8月28日颁布的最新制定的《中华人民共和国土地管理法》第二章第十条。
② 姚洋，2004，《土地、制度和农业发展》，北京大学出版社。

万缕的血缘关系，构成了更大范围的"家庭"经济行为。本章将对这些问题进行讨论和解释。

一 背景

(一) 农地产权问题的两种讨论

中国农村实行家庭承包制以来土地的产权制度长期存在多种争议。如果把讨论局限在农地领域，则可大致归纳为两种异质性很强的讨论内容。

其一是两个虽然外表对立但"神似"的意识形态背景的观点。要么认为这种"模糊产权"是长期生产效率低下和农民权益被掠夺的根源；要么认为这是"社会主义公有制的一种实现形式"。前者要求产权落实到个人的"清晰化"；后者则认为坚持以社会主义公有制为主体的经济制度就要保持产权的公有制，由此要求产权归集体，甚或国家。这两个外表对立的观点之所以"神似"，乃在于都把产权清晰化作为立论依据：按照经典的产权理论，界定清晰的产权才能有效率；界定模糊的产权必定损害经济效率，模糊产权会导致相对的效率低下，并最终被市场抛弃（Demsetz, 1967）。[1]

其二，长期从事乡土调研的很多学者不同于上述两个对立派别的论战，他们提出的主要经验归纳认为，这种村社背景下的所谓"模糊产权"其实是乡土社会长期存在的血缘地缘关系约束下的产权边界较为清晰的"成员权集合"条件下的村社（一般以自然村为基础）共有产权制度；[2]这种村社外部产权边界清晰的制度，既不同于西方传统政治经济学理论中被中国人意识形态化处理的公有制产权，也由于村社内部成员间边界模糊而区别于西方当代在发展中国家推进，因而也具有意识形态意义的制度经济学所主张的个人化的私有产权理论。他们倾向于认为，这只是国情背景下的制度约束条件导致的中国特点（Chinese Style）的农地产权形式；来自西方的两种对立意识形态及其经典的与产权相关的理论进入中国农村，

---

[1] Demsetz, H., 1967, *Toward a Theory of Property Rights*, *Ownership*, *Control*, *and the Firm*, The Organization of Economic Activity, Oxford, pp. 104 – 116.

[2] 国研中心农村部刘守英、农业部农研中心朱守银、香港科技大学龚启圣等约在1996年，中国农业大学俞家宝、深圳万丰村潘强恩等约在1998年，都曾经讨论过。

也需要根据不同情况来重新界定其概念和内涵。

（二）村社集体理性与中国工业化原始积累

在这种个人产权"边界模糊"、集体产权边界清晰的村社集体理性内在机制发生作用的基础上，中国的产业资本在其必需的资本原始积累过程中获得了巨大的制度收益，却并未承担相对应的制度成本；这就内在地构成了成本收益不对称的后续制度变迁的路径依赖，其外在表现则是改革期间的收益与成本不对称的制度安排。

其一，国家在1978年改革开放以前以"社会主义过渡时期"的名义和国家资本主义的实质来集中使用了中国最丰富的劳动力资源，成功地替代了稀缺程度趋零的金融资本要素，大规模投入政府作为所有者的国家工业化所必需的大型基本建设。本书据此提出这些发展的动力源泉在于村社集体理性。因为这些"免费工"的成本是被"单一模型"的家庭理性情况下的内部收入分担机制所化解的。这种打破村社产权边界的政府介入提取了大量"三农"剩余，其交易成本表现为农民在没有剩余的大田生产中消极怠工，而在剩余基本归自己家庭的自留地生产中积极投入。

在这个过程中，国家工业化也曾发生过停滞，民众也曾经陷入过饥荒；这些应该是制度成本长期向"三农"转嫁最终累积爆发的表现。最后，政府在完成了城市工业的原始积累之后，随1980年爆发财政危机而从因长期提取积累过多而愈益不经济的，甚至高负债的农业领域中退出。同期，无法退出社区的农民和县以下涉农部门（信用、供销、粮食、农技、畜牧等俗称的"七所八站"）继续承接了随工业化原始积累完成所发生的国家转制成本的转嫁。此后，则是这些因"去组织化"改革与分散农户交易成本上升的涉农部门随其对于资本权力中心造成影响的大小而渐次地"被退出"，顺序依次为：金融、流通、粮食……

其二，在1980~1990年代以乡镇企业为名的地方政府工业化原始资本积累过程中，中国农村的村社集体理性和家庭理性这两种机制也同样实现了高效率的资源配置。其间也同样有过经济周期性波动和社会动荡，以及成千上万地方经济主体更多地向没有话语权的生态和环境转嫁制度成本、导致环境破坏和生态灾难的做法。

综上所述，这种基于土地集体共有制形成的村社集体理性的机制能够内部化处理市场经济的外部风险问题，并通过单户家庭模式下的家庭内部收入分担机制以"不计代价"的人力资本替代金融资本投入来缓解突然出现的资本极度稀缺问题。这种从宏观政治经济体制到微观经济主体内在机制的所谓中国特色，形成了中国完成工业化并且维持经济长期增长的"比较制度优势"。而过程中产生的失败教训主要是，在机会主义的驱动下，为了应付来自国外的压力或政府内部财政开支的需要，政府利用这种村社产权的先天"残缺性"介入其中，强制提高了村社组织化以索取由村社集体理性形成的合作收益；这其中以西方传入的意识形态为名的体制变化，其实质性内涵只是收益分配方式发生变化而导致的财产关系变化。

二 相关概念内涵及理论假说

（一）概念内涵

在中国人多地少的基本国情约束下，新中国成立初期以国家权力推进的"土改"形成了以自然村为单位的社区"土地残缺产权"（文件语言为"队为基础"的村社集体土地制度），60 年间历次国家介入土地产权配置无论理念和理论如何，实际操作的结果都最终以血缘地缘关系约束的社区土地产权为边界，这就客观上构成了社区内部成员间合作的基础。由于这种合作是基于理性经济视角的合作，本书称之为村社集体理性。

就中国国情来说，前述章节讨论的单一模型对中国农村家庭的劳动力配置及风险管理机制具有很强的解释力。在这种模式下，适用于单一个人的预期效用及投资理论也适用于对农村家庭经济行为的分析，农村家庭内部的人力资本配置可以看作家庭整体的人力资本组合。在此模式下，农户家庭内部不能解雇劳动力，也因此单一个人的风险由家庭内部所有成员共担，大大地弱化了家庭个体成员所遭受的风险冲击。在土地均分制的条件下，单一模型下的家庭形成了对抗外部危机的基础，对于国家化解多次经济波动时将危机转嫁给农村形成了正的外部性，因此国家能够一次次地在经济波动中不用付出很高的社会成本便安然度过危机，本书将此情况称为家庭理性。

（二）村社集体理性和家庭理性与农村经济增长

中国在 1950 年代初的土改本身承认了按照社区血缘关系形成的对外

排他的"村社土地产权",又在国家权力侵入的条件下形成了农地产权残缺(周其仁,1994)。① 这样形成的产权形式并不是市场自由交易的结果,从个人产权形式的角度来看确实是模糊的,然而以村社整体来看产权边界是清晰的,这是在外部市场环境恶劣、人多地少的自然禀赋条件下经过多次博弈形成的制度安排,体现的是成员的集体产权,关于这一点在学术界已经有一定的共识(折晓叶等,2000;张晓山等,2003)。②

这种体现成员权、不同于私有制产权和公有制产权的第三种选择(Third Alternative)的集体产权形式由于处在集体控制之下,自然产生了所有权和使用权的"两权分离"。这种自然村形成的集体规模较小,成员间关系密切,内部监督、合作等交易成本较低,全部收益在内部分配,极大地杜绝了搭便车、逆向选择和道德风险等问题。对此,奥尔森(Olson,1971)③ 认为当一个团体集合起来提供公共产品时,个体成员会存在"搭便车"的行为;而当集体行为仅对参与者提供好处时个体成员就不会去"搭便车"。

依据公共品理论(Ostrom,1990),④ 假如建立推广私有产权产生的交易成本与预期收益相比较过高,共有财产可以表现出有效的解决组织问题的能力(Krug,2000)。⑤ 村社边界清晰的集体产权形式大大减少了组织成本,因为退出集体的成本过高,在一定程度上大量节约了成员组织起来的成本。

下一小节将讨论的纳什讨价还价博弈模型指出,威胁点是衡量合作的主要因子,而村社土地集体产权的关键作用在于大幅度降低了退出合作的

---

① 周其仁,1994,《中国农村改革:国家和所有权关系的变化》,刊于《中外学者论农村》,华夏出版社。
② 折晓叶、陈婴婴,2000,《社区的时间——超级村庄的发展历程》,浙江人民出版社。张晓山等,2003,《中国乡镇企业产权改革备忘录》,社会科学文献出版社。
③ Olson, Mancur, 1971, *The Logic of Collective Action*: *Public Goods and the Theory of Groups* (Revised edition ed.), Harvard University Press.
④ Ostrom, E., 1990, *Governing the Commons. The Evolution of Institutions for Collective Action*, Cambridge.
⑤ Krug, B., 2000, "Comment on 'The Process of China's Market Transition (1978 – 1998): The Evolutionary, Historical, and Comparative Perspective' by Qian Yingyi", in: *Journal of Institutional and Theoretical Economics*, Vol. 156 (2000), pp. 175 – 178.

威胁点，使退出产生高昂的成本，而合作容易产生高于个体独立经营的效用。事实上在这种产权形式下，农民几乎无法退出社区，只有政府才可能退出。

在中国农村村社内部的这种所有权和使用权"两权分离"的产权形式历史上就存在，也都有国家权力介入的经验过程，产权形式的任何变化都意味着收益的分配形式的变化，但并不意味着谁可以不支付成本就打破村社产权边界。在以农业为主的经济中，村社内部的土地使用权在新中国成立前主要向中农富农集中，而在新中国成立后，只要恢复了家庭经营，农地使用权也会逐渐向劳动力资本存量最多的农户集中。土地相对集中，历来是一种客观事实，非个人化产权条件下的农地规模经营也是客观存在的，在外部主体不介入的时候村社内部的农地交易历来也是平滑的、顺畅的。

笔者认为，正是这种村社边界清晰的体现成员权的集体产权形式为中国农村社区内部合作乃至规模经营提供了基础。在这个基础上劳动力无须通过市场交易就可以在社区内部充分集中，而短期内就可形成产出的迅速增长。

这里我们简单地回顾一下没有加入技术进步[①]的索罗模型（1956；转引自 Ray, 1998）。[②] 在索罗模型中，经济增长均衡状态的公式如式（6.1）所示：

$$\frac{k^*}{y^*} = \frac{s}{n+\delta} \quad (6.1)$$

其中 k^* 是均衡状态下的资本量，y^* 是均衡状态下的产出，s 代表储蓄率，n 代表人口增长率，δ 代表折旧率。

根据式（6.1）知道，人口增长率升高会相应产生产出增长，因此村社集体理性条件下的合作可以快速聚集劳动力实现产出的增加。人口增长

[①] 中国农村劳动力进行的无论是农业生产也好，还是工业生产也好，都是以劳动密集型为主要方向的，不存在复杂的技术进步问题。

[②] Ray, Debraj., 1998, *Development Economics*, Princeton University Press, pp. 57-63，北京大学出版社 2002 年出版中文译本。

具有两面性，劳动者既是生产的投入者，又是最终产品的消费者，前者的效果是提高产出，后者的效果是降低储蓄（资本积累）和投资，而如何提高资本积累的比率恰恰是发展的最大挑战。① 在村社集体理性的条件下，村社的经营机构可以支付低成本的工资，② 而单一模型的家庭理性又使家庭收入在内部集中分配，因此部分劳动力可以接受较低的收入。同时在人多地少的资源约束下，农村存在大量季节性剩余劳动力需要就业的问题，因此在大量劳动力进行集体工作时，既可以提高产出，也可以形成资本和储蓄的积累。需要特别注意的是，这部分积累属于社区集体，属于全部参与的成员，而并不属于社区之外的任何个体，乃至政府机构。

因此，我们可以说村社集体理性配合家庭理性使社区能够充分内部化外界风险，使社区产生了获得收益的极大可能，同时也满足了社区内部成员充分就业的需要。这种积累形式在新中国成立初期农业合作化和国家工业积累及乡镇企业发展时期都发挥了巨大作用，客观上也使国家能够在农村极大程度地保持稳定，这对农村人口仍然占全体国民一半的中国而言具有重大的意义。

依据上述的分析，本书提出如下的理论假说。

（1）家庭理性与村社集体理性是构成农村社区通过自村到户的层层消化机制而内部化缓解外部风险的基础，也降低了农民组织化的交易费用；在这两种机制下，村社有条件在技术水平较低的劳动密集型产业中形成剩余。

（2）国家权力推进"土改"形成的以集体所有制为名社区成员共有为实的、以村社血缘地缘关系为约束的土地"产权残缺"的中国特色农村制度形态，在降低社区内成员间合作的组织成本的同时，提高了社区成员的"退出"成本，使农民事实上无法完整地行使退出权。

---

① 需要注意的是，提高资本积累的比率并不代表在可持续的基础上提高生活水平，在国家资本主义的条件下，资本积累比率的提高往往是国家快速进入工业化，但人民生活水平在这个过程中往往是下降的。
② 通常情况下劳动者接受的工资至少是可以维持其基本生存的工资，这包括住房、食物、衣服及应急的积蓄，而村社提供的低工资建立在劳动者住在原有的住房中、享受农业家庭自给自足的粮食产出、共用家庭积蓄的基础上，因此这时维持基本生存的工资可以被压得很低。

（3）政府利用这种可以介入的产权残缺的制度，以国家的名义通过村社组织获取剩余得以积累工业化发展极度稀缺的资本且不承担制度成本，并在从"三农"提取剩余的国家工业化原始积累完成之后实行了"政府退出"，农民和县以下涉农部门既承担了这种转轨的制度成本，也得到保证成员合作的市场化运转和收益在村社内部分配的村社集体理性发挥作用的外部条件。

（4）在土地均分制度的基础上形成的初始财产平等及原始资本积累极低的情况下，村社内部成员的合作是可以基于传统合作博弈理论产生整体行动的，而既是村社成员及普通社员代理人、也是政府代理人的具有双重代理身份的村社干部，是集体行动的社员与土地所有权的终极所有者政府之间合作成败的重要决定因子。

基于以上假说，本书认为：中国在经济高速增长的同时，城市部门仍然可以利用这种村社集体理性机制在经济产生波动时将危机转嫁到农村而不至于显著反弹，因此村社产权这种得以与村社集体理性相结合的第三制度安排，[1] 是中国得以迅速发展和缓解危机的重要的比较制度优势之一。

三 村社与农户间的作用机制——基于贝克尔模型的理论框架

本书将贝克尔（1993）[2] 的个人运行机制转化为以家庭为单位的在村社内部运行的机制来说明体现出"家庭"特征的中国传统村社的运行机制。

中国当前实行的是社区内部平均分配土地的农地产权制度，即在基本可以体现村社内部农户之间初始产权平等的情况下，村社集体拥有土地的法律意义上的实际所有权。同时，由于众所周知的历史原因，在中国每个村社都有或多或少的属于村社集体的非土地形式的共有财产，农户的经济行为必然与村社包括土地在内的所有共有财产发生互动，以实现个体农户在集体共有财产约束下的预期收入效用最大化，农户的收益会受到所处村社环境的影响，其经济行为也会受到相应的制约。

---

[1] 本书此处之所以提出所谓第三制度安排是为了区别于在意识形态上对立的两种制度：国有制度和私有产权制度，第三制度指代的是体现成员权的社区产权边界清晰的产权制度。

[2] 参考贝克尔1993年所著《人类经济行为的经济分析》中相关内容，第303~312页。

在村社内千丝万缕的血缘关系、邻里关系的背景下，农户的任何经济行为都会影响到村社环境，同样村社环境也会对农户产生反作用。农户在进行基本农田耕作时，是离不开以村社为单位的公共品支持的，如农田水利设施等，特别是中国的小农经济更是无法脱离公共品而独立进行。农户之间的互相协作也是必不可少的，难以想象在中国传统农村，单一农户可以完全不顾其他农户的感受而特立独行，这样只会使其难以在村社中立足，会影响其收益的增加。农户也可以通过参与村社的农田水利设施建设、与邻里农户交好来获取村社环境对其正的外部效应，因此中国的传统村社表现出了与贝克尔的家庭经济模型相似的特征。

我们假定这个村社环境为 R，为了简化分析，假定市场上只有一种商品 x，同时 R 和 x 都是正常商品。个体农户 i 可以用单一产品（此处对时间投入的影响暂且忽略不计）及其他农户的单一特征来生产。效用的最大化基本与这种商品产出达到最大相同，于是有：

$$U_i = Z(x, R) \tag{6.2}$$

假定其他变量对该特征的影响不取决于 i 的自身努力，因此 R 可以写成加法函数：

$$R = D_i + h \tag{6.3}$$

这里 h 衡量 i 的努力的影响，D 表示当 i 不付出努力时 R 的水平，D_i 衡量 i 的"村社环境"。

i 的货币收入的预算约束为：

$$p_x x + p_R h = I_i \tag{6.4}$$

这里，I_i 表示 i 的货币收入，$p_R h$ 表示 i 对 R 的支出数量，p_R 表示一单位 R 对 i 的价格，将式（6.3）代入式（6.4）得到：

$$p_x x + p_R R = I_i + p_R D_i = S_i \tag{6.5}$$

式（6.5）右边表示 i 的货币收入及村社环境对他的价值之和，称作 i 的社会收入；左边表示 i 的社会收入如何"支出"：一部分用于他的"自身"产品 x，一部分用于村社环境 R。

如果 i 使式（6.2）给定的效用—产出函数极大化，约束条件为式（6.5）给定的对社会收入的限制，那么，均衡条件为：

$$\frac{\partial U_i}{\partial x} \Big/ \frac{\partial U_i}{\partial R} = \frac{p_x}{p_R} \qquad (6.6)$$

如果不想花费在 R 的任何方面，那么 p_R 便是"影子"价格，当 $R = D_i$（或当 $h = 0$）时，p_R 可以用 R 对 i 的边际效用（等于边际产品）的货币等价物来衡量。

i 的自身收入增加，则 x 与 R 都将增加，i 的自身收入的每 1% 的变化引起的 x 与 R 的相应的平均百分比变化并不等于1，而是比1小 α，这里 α 表示 i 的社会收入中村社环境的份额，将式（6.5）对 I_i 微分得：

$$\frac{p_x x}{S_i} \frac{dx}{dI_i} \frac{I_i}{x} + \frac{p_R R}{S_i} \frac{dR}{dI_i} \frac{I_i}{R} = 1 - \alpha \qquad (6.7)$$

如通常的分析，相对于 S_i 变化的收入弹性的加权平均数必定等于1。

因此，村社环境愈重要，i 的自身收入变化对其效用的影响就愈小。换句话说，i 的村社环境对其收入的影响愈大，该个体农户的福利就愈取决于村社的环境而非其自身收入。

对村社环境需求的自身收入弹性与特征的需求弹性有关，用下式表示：

$$\frac{dh}{dI_i} \frac{I_i}{h} = \frac{dR}{dI_i} \frac{I_i}{R} \frac{1}{(1-\alpha)} \left[1 + \alpha \left(\frac{1}{\beta} - 1 \right) \right] \qquad (6.8)$$

这里，$0 \leqslant \beta \leqslant 1$ 表示自身收入用于 R 的部分。如果 $\alpha > 0$，如果村社环境可以增加 i 的社会收入，那么，显然，$\frac{dh}{dI_i} \frac{I_i}{h} > \frac{dR}{dI_i} \frac{I_i}{R}$；而且如果 $1 - \alpha \leqslant \frac{dR}{dI_i} \frac{I_i}{R} < 1$，那么，即使 $\frac{dR}{dI_i} \frac{I_i}{R} < 1$ 也必然有 $\frac{dh}{dI_i} \frac{I_i}{h} > 1$，就是说，即使这些特征本身的弹性"较低"，对村社贡献的收入弹性也可能"较高"。当然，如果 $\frac{dh}{dI_i} \frac{I_i}{h} > 1$，则自身消费需求的自身收入弹性将小于1，这就是说，

即使没有引入收入的转移变化、变量误差等诸如此类的因素，社会相互作用也意味着自身消费的相对较低的收入弹性。从式（6.8）也可以看出，在相对于平衡弹性的特征需求的自身收入弹性不存在变化的情况下，村社环境重要性的增加即 α 的增加将提高施予需求的自身收入弹性，换言之，i 的社会收入愈取决于其村社环境，那么随着 i 的自身收入的变化 i 对村社特征的贡献的比率变化就愈大。

另一方面，如果 $\alpha < 0$——从 i 的社会收入中减去村社环境的作用，那么，式（6.8）表明，当 $\frac{dR}{dI_i}\frac{I_i}{R} > 0$ 时，$\frac{dh}{dI_i}\frac{I_i}{h} < \frac{dR}{dI_i}\frac{I_i}{R}$，当 $\frac{dR}{dI_i}\frac{I_i}{R} < 0$ 时，$\frac{dh}{dI_i}\frac{I_i}{h} > \frac{dR}{dI_i}\frac{I_i}{R}$。如果这些特征对 i 的边际效用为负，那么，i 对特征的需求可能因 i 的自身收入的增加而减小（即 $\frac{dR}{dI_i}\frac{I_i}{R} < 0$），而且，在 $\frac{dR}{dI_i}\frac{I_i}{R}\frac{1}{(1-\alpha)}$ 保持不变的情况下，α 的提高将增加 $\frac{dh}{dI_i}\frac{I_i}{h}$。

如果有关商品需求的收入弹性为正，那么，提高 i 的社会收入的村社环境的变化将提高 i 对自身产品的需求。如果 i 的自身收入不变，对自身产品增加的支出只能通过减少对村社特征的贡献来弥补；同样，从 i 的社会收入中减除的村社环境作用的增大将增加 i 对村社的支出并减少对自身产品的支出。因此不管环境是否增加或减少 i 的社会收入，环境变化的影响总是在一定程度上被 i 的贡献方面引起的相反方向的变化所均衡。

如果假定 p_R 为常数，就等于假定了在村社特征的生产中支出与环境存在完全的替代关系。然而，如果支出与环境的彼此替代优于与自身消费的替代——如果 p_R 随 h 的提高而增加但并不"十分"迅速，那么也可以得出这种假定的性质方面的含义。例如，环境作用的增大会使贡献减少。如果环境与这些特征方面的支出只是相对接近直接替代的话，那么，自身收入的提高会使贡献比率增加的幅度相对较大。

需要与前面讨论的农户家庭经济行为理性做出区别的是，社区理性里面的利他主义成分较不明显，同时在家庭内部成员间的收入分配转移并不损害家庭整体及个体的效用水平，但个体家庭对村社的贡献使村社环境作用增大，同时也有利于个体家庭提高收入水平，但村社整体的效用水平并不是个体农户家庭的效用水平加总，不同农户之间的相互作用、农户对村社环境贡献产生的收入增长乃至村社环境对农户的影响等因素产生的效用是不同的、各自区别的。换言之，家庭理性产生的是一体化效应，可能存在一些合作因素，但并不能完全归结为合作，而村社内部农户家庭之间表现出来更多的是基于经济理性的合作，是成员与成员间、成员与村集体之间的交易行为。

通过上面的理论模型分析，与其说村社集体理性是基于村社整体效用的最大化，不如说村社集体福利水平是家庭效用最大化的约束条件。由于村社中每个家庭的偏好不同，仅适用于单一个体的预期效用最大化是不适合用于解释这种村社伦理的。本书认为，这种"村社伦理"是村社成员的理性经济选择，在这种社会环境的约束下，只有提高村社集体福利水平，才可能使家庭预期效用最大化出现内点解的可能。需要注意的是，这种村社集体理性在放松了家庭预期效用最大化的约束条件的同时，也降低了家庭要素配置的系统风险，当村社的个体家庭成员间需要进行风险管理时，个体农户家庭的消费将直接受制于社区的平均消费。在这样的情况下，个体农户家庭的消费波动被整体村社集体福利平滑，任何对个体家庭收入的冲击，无论是暂时性的，还是持久性的，都不会影响个体家庭的消费水平，除非这种冲击在村社内部是普遍性的，那么这意味着这种冲击是整体社区的系统风险。因此，村社内部成员间是部分收入共享、部分风险共担的。共享的收入是个体家庭为社区免费提供服务的部分及村社带有福利性质的向个体成员的转移支付部分，共担的风险是社区集体公共风险，家庭内部的非公共风险仅部分得到了承担。

四　村社集体理性对中国工业原始资本积累的作用

（一）国家工业化之中村社集体理性机制的作用

在新中国成立初期中央政府大力发展工业化源自苏联提供的重工业优先的工业化模式。而苏联的重工业发展模式是与其人少地多的国情背景相适应的，在农业方面是需要以农业集体化为基础的，发展机械化生产，形成农业的规模经济。同时重工业部门所生产的供农业使用的机械、化肥、能源等，只有在农业形成了更高级的合作化的大规模经营的基础上才可能使用，依赖苏联支援的中国也只能按此方式实现工业化。而"依靠市场机制来配置资源，是不可能把投入导向重工业部门的；相反倒可能诱致轻工业为主导的工业化，从而无法实现重工业优先增长的目标。为了解决战略目标与资源稀缺的矛盾，换言之，要保证有限的资金和物资的使用符合重工业优先发展的目标，就需要用计划配置的方式代替市场调节的职能，对稀缺资源实行统制"（林毅夫等，1994）。① 同时，"'一五'后期国家的大型工业品已经形成规模供给能力，如果农村经济不能完全进入计划控制，很难让规模较小的500多万个农业合作社有购买拖拉机和其他大型配套机械的能力"（温铁军，2009）。② 这时中央政府的政策调整为合并初级社，建立高级社。

1958年中苏交恶，苏联作为投资国停止了对中国工业化的后续投资，中国政府财政投入建设造成赤字大规模增加，1958年"大跃进"以后国家财政连续3年亏损总额超过200亿元（当时的财政收支每年才不过500亿元），政府在累积赤字占财政年收入30%以上的困境中，已经不可能继续维持城市工业的扩大再生产。在这种情况下，中央政府只得以调动地方积极性为名启动了地方政府为主导的"二次工业化"。③ 因此当时大量青壮年劳动力被发动离开农业生产进行"大炼钢铁"的工业化劳动。曾任国家计划委员会副主任兼国家统计局局长的薛暮桥在他的回忆录中记载："1958年年底全国用于钢铁行业的劳动力达到了9000万人，加上直接间接支援的人，全国投入大炼钢铁的劳动力超过一亿。"

离开了苏联专家的技术支援，地方政府的干部短期不可能学懂如何发展工业，这段时间进行的遍地开花的地方工业化只能是"高成本、高浪费"的（摘自：剑桥中国史）。这不只造成了资源的浪费，农业劳动力的减少客观上也造成了后来的农业（尤其是粮食）减产。此时，偿还苏联外债、工业化需要粮食、政府因无法继续扩大再生产而产生城市就业问题等投资国中辍资本输入之后暴露出来的进口替代经济产生的大量制度成

---

① 林毅夫、蔡昉、李周，1994，《中国的奇迹：发展战略与经济改革》，上海三联书店、上海人民出版社，第28~49页。
② 温铁军，2009，《三农问题与制度变迁》，中国经济出版社。
③ 苏联支援的工业化过程为"第一次工业化"。

本，只能由仍然占据国家收益绝对份额的农业来支付。因此在"三年自然灾害时期"中国的粮食再分配也是极为失衡的，大量粮食被集中在了城市，造成了农村的大面积饥荒。为了缓解城市就业紧张，大量"知识青年"被要求下乡来再次分享农村本已紧张的粮食，这意味着中央1950年开始和地方1958年发动的这两次工业化的成本，最终几乎均被转嫁给了"三农"——农业、农村和农民，农民的剩余被最大限度地剥夺。

恰恰是在这个时期，依据崔晓黎（1988）① 的研究，1961年中央政府从农业获得的积累达到了新中国成立以来的顶峰。同时，集体化时期的劳动力免费工的积累也是前所未有的。在这段时期，农村村社不只是要负担国家工业化需要提取的剩余，还要依靠家庭来分担地方工业化所提供的免费工的工资，这时没有出现大规模的不稳定事件的根源在于在村社集体理性和家庭理性下，中国农村具有较强的抗击外部风险的能力。

（二）政府的退出

制度成本累积造成了集体化体制下"三农"的衰败，并导致了农村制度改革，在土地集体产权的情况下，单一社员退出的成本极高，因此只能通过博弈将获取收益过高的成员——政府——"退出"。中国农村从1978年开始实行家庭联产承包责任制，到1982年开始正式实行延续到现在的大包干制度，从制度理论看，实质是政府从不经济的农业中退出。大包干在制度变迁上的积极意义，在于政府把过去以人民公社的名义控制，但实际由国家资本控制农村土地并占有收益的这种中国特色的工业化原始积累时期最为基础的财产制度，短期内变成了近两亿农户依据社区内部的"成员权"平均占有本村土地和资产的制度。这种所谓的"政府退出"实际在人民公社时期已经发生，在1958年取消的自留地制度在1959年迅即恢复，并从1959年的不超过集体土地的5%迅速增加到1960年代的平均15%左右，可称之为部分恢复合作生产，社区公共品仍然由所有成员共同使用。

在国家源自农村的财政收入大幅减少的情况下，政府在让农民家庭承包土地的同时也相应地转嫁了政府的"制度变迁成本"——实际上把农

---

① 崔晓黎，1988，《统购统销与工业积累》，《中国经济史研究》第4期。

村的公共开支，连同教育医疗和福利保障等政府职能一并压在土地上了。于是，乡镇和村社组织不得不替政府向农民征收"三提五统"，这些税负成为进入20世纪90年代之后农民负担不断加重的一个根源。

(三) 村社集体理性是1980年代农村高速发展的条件

1978年改革开放后，农村经济得到了极大解放，长期束缚在土地上进行农业生产的农民面对人多地少、农业收入极低的恶劣环境，只能通过发展与城市工业相对等的乡镇工业才可能获得与城市相近的收入。在农村原始资本积累近乎零的情况下，只有通过土地和劳动力这两项资本替代稀缺的金融资本。这时候，还是村社集体理性机制发挥了作用，大量劳动力无须市场安排直接进入村社内部的乡镇企业。据农业部乡镇企业司统计，在全国推行家庭承包制的1984年当年，乡镇企业吸纳的农村就业人口就达到5200万人。

如前面第二小节所述，大量农村青壮年劳动力的加入使农村工副业产出迅速增长。在这个过程中乡镇企业无须支付宿舍、劳动福利、医保、社保等开支，在订单不足的情况下出现歇业也无须支付任何待业工资，甚至在亏损的时候也可以不必支付工人的工资。即使在支付工资的时候，工资水平也是很低的。这样，就形成了农村工业化原始积累时期"高就业、低工资"的用工情况。

究其原因无外乎是人多地少的国情背景导致的农业劳动力人口过剩，及家庭理性的机制下家庭内部收入的集中分配，同时土地仍然为乡镇企业就业成员提供基础保障。因此乡镇企业的积累中是应该包含社区成员薪酬与城市薪酬差距产生的积累部分的，社区成员的低成本劳动力资本变现是乡镇企业资本和收益的主要来源之一。作为村社对社区成员的"回报"，乡镇企业承担了大量农户家庭应缴的税费，并提供了非农就业，缓解了"过密化"的问题，并为农户家庭的人力资本组合提供了更多的选择机会。

(四) 地方政府公司化

1984年前后，在1979~1980年的经济危机压力下采取的财政分级承包在全国施行，客观上推动当时追求地方财政收益的地方政府启动了地方工业化。但地方因为没有资本，遂以乡镇企业直接地大规模占有土地作为原始积累的主要来源，并且几乎所有乡村组织控制的乡镇企业都是高负债的。事实上，土地没有办理任何手续就从农业用地的资源形态转变为工业用地的资产形态，其中形成的增值收益抵补了高负债的乡镇企业对资金成本的支付。所以，土地变现是乡镇企业资本和收益的主要来源之二。

（五）评价与小结

20 世纪 80 年代农民收入大幅增加是几个方面综合作用的结果。第一是以"统分结合、双层经营的家庭联产承包责任制"为名的农村恢复小农经济解放了以往被国家资本无偿集中使用的农村劳动力；亦即，大包干以后农民占有了自己劳动力的收益。第二就是体现传统的休养生息治国思想的农产品价格提高政策，结合其他一些特殊政策，比如换购优惠等，为农民提供了部分收入。第三是之前 20 年左右的大规模农田水利建设开始见效。

因此，农业在 20 世纪 80 年代的高增长是吃了"三碗饭"，而不是"一碗饭"。只要村社整体行动收益属于社区，村社集体理性和家庭理性就可以使村社内部成员间产生高效率的合作。

1984 年以后普遍出现的"以地兴企"，即用土地级差收益作为原始积累来兴办乡镇企业，虽然导致了大规模的土地征占，但既没有导致大规模冲突，也没有发生"三农"问题，反而使农民收入大幅度提高、内需迅速扩张，进而中国经济在 20 世纪 80 年代出现了"黄金增长"。经验告诉我们，征地是伴随工业化、城市化必然发生的问题。其中的关键是，征地的收益归谁。1984 年开始的这一轮征地收益主要归农民和社区，才使 20 世纪 80 年代的农村呈现出内需拉动的科学发展与社会和谐的景象。

五 村社与政府的交易：村社精英是农民与政府合作成败的重要因子——基于纳什议价博弈模型

对于中国农村内部模糊产权条件下的合作机制，大量文献在微观上都提供了一定的解释。典型如，Dong 和 Dow（1993）[1] 利用 Macleod（1988）[2] 模型证明了一个合作社的成功恰恰需要对社员的退社行为施加

---

[1] Xiaoyuan Dong, Gregory K. Dow, "Monitoring Costs in Chinese Agriculture Teams", *The Journal of Political Economy*, vol 101, no. 3（jun, 1993）, pp. 539 – 553.

[2] B Macleod, 1988, "Equity, Efficiency and Incentives in Cooperative Teams", *Core Discussion Papers Rp*, 1988, 3.

约束，否则社员的行为策略将趋于偷懒然后离开。这种解释是与前面提到的林毅夫关于集体公社中成员缺乏"退出权"而导致效率低下的观点相对立的。Nee（1992）[①]、Weitzman 等（1994）[②] 认为传统的"合作文化"使我国模糊产权条件下乡镇企业获得成功，但也有大量的质疑，为什么"合作文化"并没有使人民公社的农业摆脱失败的命运。

然而基于本书第三小节关于中国这种社区内部平均分配体现成员权的土地产权制度的分析，在村社内部成员初始产权平等的情况下，在很长历史时期中形成的村社内千丝万缕的血缘关系、邻里关系的背景下，只要是自然村社内部的合作，社区成员间的合作只要收益分配适当，成员之间相互了解几乎不存在显著的信息成本，是否偷懒、是否额外多占很容易被大家知道，这样村社内部是可以形成集体行动的基础的。笔者认为真正能够与社区成员产生博弈的是政府，因为政府是制度供给者，产权关系的决定者，也是最终收益分配方式的决定者，是合作的一个个体成员，也是与村社社区进行交易的一方，而社区干部作为具体执行者有着超越普通社区成员的权力，因此真正的合作博弈体现在村社成员与社区干部之间，表现的是村社成员的产出与社区干部进行的分配之间的均衡问题，具体就是产出的多少被留给了社区，多少被社区干部占有，及多少被国家提取的问题。政府与社区干部之间体现的更多的是"委托—代理"关系，这里之所以突出了政府与其代理人——社区干部——之间的关系是因为社区干部个人特征的变化对政府与社区成员的博弈也起着关键的作用。

对于个体社区成员与政府的代理人——社区干部之间的博弈行动，在具体分析时可以依据纳什讨价还价博弈理论构建一个体和干部之间的二人合作的特殊议价博弈模型（A Special Case of Nash Bargaining Game），来阐明影响中国村社内部合作的相关因子，为讨论村社集体理性提供理论解释，其中每一个个体与村干部的博弈方式是相同的。

[①] Nee, V., 1992, "Organizational Dynamics of Market Transition: Hybrid Forms, Property Rights, and Mixed Economy in China", *Administrate Science Quarterly*, Vol. 37, pp. 1–27.
[②] Weitzman, M. L. and Xu, Chenggang., "1994, Chinese Township-Village Enterprises as Vaguely Defined Cooperatives", *Journal of Comparative Economics*, Vol. 18, pp. 121–145.

(一) 理论模型

现在假定两个人 a、b，a 为村民，b 为村干部。土地实行共有制，需要公共品进行土地耕作、农田水利灌溉等，两个人各自有农业收入和非农收入。因此二人的需求选择为 $q = (q_0, q_1, q_2, q_3, q_4)'$，相应的市场价格为 $p = (p_0, p_1, p_2, p_3, p_4)'$。$a$ 消费了 q_1 的商品，价格为 p_1，b 消费了 q_2，价格为 p_2；a 消费了 q_3 的闲暇，价格为 p_3，b 消费了 q_4 的闲暇，价格为 p_4。q_0 是二人共同消费的公共品，价格为 p_0，① 并且作为纯粹的公共品，一个人的消费并不会带来另一个人消费数量的减少。闲暇包括工作之外的所有时间。

因此对于 a 有下列的直接消费品和价格集合：

$$q_a = (q_0, q_1, q_3)' \text{ 及 } p_a = (p_0, p_1, p_3)'$$

对于 b 有下列的直接消费品和价格集合：

$$q_b = (q_0, q_2, q_4)' \text{ 及 } p_b = (p_0, p_2, p_4)'$$

假定当二人无共有土地、无集体资产时，每人将在各自的预算约束下拥有各自的拟凹的效用函数：

a 为： $\qquad I_a + p_3(T - q_3) = p_0 q_{0_a} + p_1 q_1 \qquad$ (6.9)

b 为： $\qquad I_b + p_4(T - q_4) = p_0 q_{0_b} + p_2 q_2 \qquad$ (6.10)

I 是二人的非集体劳动收入，为个人其他财产性收入，对于社区成员来说包括馈赠、银行利息、各自家庭成员的打工收入等，对于干部来说还存在来自政府支付部分的收入。T 是个人的全部时间，包括劳动和闲暇。个人依据自己相应的非集体劳动收入和消费品价格拥有非直接的拟凸的效用水平：

a 为： $\qquad V^a = V^a(p_a, I_a) \qquad$ (6.11)

b 为： $\qquad V^b = V^b(p_b, I_b) \qquad$ (6.12)

---

① 这里公共品的价格不只包括村集体共有财产的价格，如农田水利建设等，也包括国家各项农业税费。按照常规，国家提取税费是为了提供政府服务、收入再分配及资金转移支付等各项公共品。

对于进行社区合作的成员与干部来说，各自的效用不只基于自我消费、闲暇和公共品，往往还要比照对方的消费和闲暇。成员需要知道干部提取了多少收益，干部需要满足使成员继续合作的基本消费需求和闲暇，这是可以想象和理解的情况，特别是中国农村相当长的一段时间内国家并不支付村干部工资。因而他们的效用函数为：

$$U^m = U^m(q) \tag{6.13}$$

合作给每个人带来的效用收益为：[①]

$$U^m(q) - V^m(p'_m, I_m) \tag{6.14}$$

在合作的资源集中共同配置的情况下，消费品和闲暇的约束条件为：

$$p_0 q_0 + p_1 q_1 + p_2 q_2 + p_3 q_3 + p_4 q_4 = I_a + I_b + (p_3 + p_4)T \tag{6.15}$$

假定经过博弈后两人对 q 的配置实现了纳什平衡，因此二人选择 q 以实现最大化，我们得到以式（6.15）为约束条件的纳什平衡下合作的效用函数：

$$N = [U^a(q) - V^a(p'_a, I_a; \mu_a)][U^b(q) - V^b(p'_b, I_b; \mu_b)] \tag{6.16}$$

此时 V^m（$m=a, b$）成为威胁点（*Threat Point*），这一点上每个人的效用即为其退出合作产生的效用。需要注意的是，这一点的效用在合作和退出合作时是不同的，因为当退出合作时，外部的机会和资源均可能发生变化，如可能无法使用村集体资源等，这里我们定义 μ_m 为这种情况的影响因子。此时最大化 N，根据式（6.15）和（6.16），应用拉格朗日函数得出：

$$\frac{\partial N}{\partial q_i} = \frac{\partial U^a_i}{\partial q_i}(U^b - V^b) + \frac{\partial U^b_i}{\partial q_i}(U^a - V^a) = \lambda p_i \tag{6.17}$$

$$-\frac{\partial N}{\partial \lambda} = p_0 q_0 + p_1 q_1 + p_2 q_2 + p_3 q_3 + p_4 q_4 - I_a - I_b - (p_3 + p_4)T = 0 \tag{6.18}$$

对式（6.17）和（6.18）进行求解即可算出 q 的最优解。

[①] 假定为正，否则合作的前提就没有了。

对于集合 q，N 的变化是由威胁点的一些相应元素决定的，即 p、I_a、I_b、μ_a、μ_b，这里我们使用 ω 指代这些元素，考察 ω 的变化引起的 N 的价值变化，因此：

$$\frac{\partial N}{\partial \omega} = -\frac{\partial V^b}{\partial \omega}(U^a - V^a) - \frac{\partial V^a}{\partial \omega}(U^b - V_0^b) \tag{6.19}$$

各变量引起的边际变化如表 6-1 所示。

表 6-1 各变量引起的边际变化

	$\dfrac{\partial V^m}{\partial p_0}$	$\dfrac{\partial V^m}{\partial p_1}$	$\dfrac{\partial V^m}{\partial p_2}$	$\dfrac{\partial V^m}{\partial p_3}$	$\dfrac{\partial V^m}{\partial p_4}$	$\dfrac{\partial V^m}{\partial I_a}$	$\dfrac{\partial V^m}{\partial I_b}$
$m = a$	负	负	0	正	0	正	0
$m = b$	负	0	负	0	正	0	正

因此，我们可以根据上面的表 6-1 及式 (6.18) 推导出表 6-2。

表 6-2 推导结果

$\dfrac{\partial N}{\partial p_0}$	$\dfrac{\partial N}{\partial p_1}$	$\dfrac{\partial N}{\partial p_2}$	$\dfrac{\partial N}{\partial p_3}$	$\dfrac{\partial N}{\partial p_4}$	$\dfrac{\partial N}{\partial I_a}$	$\dfrac{\partial N}{\partial I_b}$
正	正	正	负	负	负	负

对于 $\dfrac{\partial N}{\partial \mu_m}$，我们可以根据如下假设做出判断（见表 6-3）。

表 6-3 根据假设做出的判断结果

$\dfrac{\partial V^a}{\partial \mu_a}>0, \dfrac{\partial V^b}{\partial \mu_a}>0$	$\dfrac{\partial V^a}{\partial \mu_a}>0, \dfrac{\partial V^b}{\partial \mu_a}<0$	$\dfrac{\partial V^a}{\partial \mu_a}<0, \dfrac{\partial V^b}{\partial \mu_a}<0$	$\dfrac{\partial V^a}{\partial \mu_a}<0, \dfrac{\partial V^b}{\partial \mu_a}>0$
负	不确定	正	不确定

（1）当消费品的价格升高时，合作产出效率①相对较高；

---

① 合作产出效率的高低反映的是合作的紧密程度，产出效率越低合作的紧密程度越低，越趋向于合作解体，反之亦然。

(2) 非合作性收入升高时，合作产出效率相对较低；

(3) 公共品价格升高时，合作产出效率相对较高；

表6-2的结果意味着双方退出合作后个人效用损失越少，合作的产出效率就越低；相反，合作的产出效率则越高。当合作的两个人这方面的表现符号相反时，那么合作对谁最有利谁才能决定合作的产出效率。

（二）对中国农村村社运行机制的意义

根据上面的理论逻辑推导我们知道，威胁点与公共品价格的变化方向相反，纳什积与公共品价格的变化方向相同，这时就要考虑公共品的价格变化是由什么原因引起的，如果确实是由于农田水利建设等公共品价格昂贵，农户是可以通过提供劳动力的方式来进行支付的。此时由于农民自身劳动力的边际收益递减会导致额外的集体农田水利建设的机会成本降低，因此，农户可以内部化这部分公共品价格升高带来的损失而愿意从事这部分公共建设活动。但是，当公共品的价格升高是由税收或外部商业力量介入带来的刚性支出时，农民无法内部化这部分成本，这样升高会对有限的农业剩余造成冲击而直接影响农户家庭的生活质量，农户很可能会采取消极抵抗的行为，如弃耕撂荒等，甚至会选择毁坏农业生产用具等看似非理性的理性行为，这些都被历史经验证明过。

当外部市场风险较大，离开合作可能会使个人效用损失更多时，合作基础会比较稳定。但威胁点是可变的，任何制度变化都可能改变威胁点的位置，从而迫使个体考虑合作是否能带来收益，及退出会产生多少成本，因此，利用制度来调整威胁点的位置是促成合作的重要措施，也是提高退出成本的重要方式。这也验证了假说（2）的基本观点。在人民公社时期，社区内部收益为国家以集体所有制为名大量提取，导致了合作收益的降低，但退出就意味着土地、农田水利等集体资产无法使用，个体成员的威胁点效用也会大幅降低，因此农民在自留地上的加倍付出是为了自觉提高个体成员的威胁点效用，同时不"退社"也还可以继续使用村社内部的共有资产，因此自留地不能被简单地视为"退出"，应该被视为类似于山东平度的"两田制"的合作形式。

当政府可以从其他领域获得高额的税收收入时，政府会慢慢放弃面对分散小农提取税收的高成本形式，并逐渐退出合作。然而如其他合作成员的退出一样，政府在选择退出的时候也将由其负担的一定比例的社会保障、农村公共品提供等一并退出了，这些负担转而完全成为农民自己的负担。

（三）合作失败在于博弈对象的变化

在合作社和人民公社以村落为基础的集体化政策下，传统的集体性宗族因与新制度发生组织性同构而得以延续，并在农民面对灾难而向自身寻求保护资源时得到了增强（王朔柏、陈意新，2004），[①] 这时政府的代理人村干部也往往是宗族领袖或社区精英，这些人实际上成为制度供给的决定者。村干部是本社区成员时，他们需要考虑自己在村社内部的长期生活关系，村社利益往往也代表本人利益，因此此时政府的代理人与社区成员间的博弈是多次重复博弈，这样纳什讨价还价博弈均衡是可以实现的，也可以得到合作的最优产出效率，这时政府也无法过度提取剩余。上面的理论模型是可以实现的，在经历了1959~1961年的"三年自然灾害"后，以人民公社的集体为名、以国营农场为实的所谓"合作制"退回到了"三级所有"体制，同时来自本社区的社区精英重新掌权，政府和社区农民间的博弈再次恢复了均衡，尽管在此期间农民也提供了大量的免费工等用于国家工业化积累，却仍然没有发生大规模的社会治安问题及饥荒。

"大跃进"时期农村实行军事化管理，村社治理结构被打乱，很多村社干部是从外地调派过来的。这时村干部只代表政府利益，索取的剩余越多对个人的升迁越有好处，村干部（或政府）与社区成员间的多次博弈变成了一次性博弈，这时博弈均衡的前提丧失，导致了产出的低效率，直至发生大面积饥荒及饿死人的情况。而侥幸仍然是本社区精英治理的村社，尽管也实行军事化管理，但在三年自然灾害期间饿死人的现象却相对少得多。

乡镇企业的改制，实际是从制度上强迫作为总经理的村社精英与村民进行最后一次博弈，通过私有化，将社区企业据为己有，这时村干部的个人效用高于合作效用，也因此合作再次破裂，这也是与现代企业制度相反

[①] 王朔柏、陈意新，2004，《从血缘群到公民化：共和国时代安徽农村宗族变迁研究》，《中国社会科学》第1期。

的行为，现代企业制度是给职工股权以达到激励的目的，而改制的实质是剥夺职工股权。

综上所述，合作的失败源于政府为了短期收益强行介入村社治理，破坏了博弈的均衡，将多次重复博弈变成了一次博弈，导致村社机制失灵，尽管短期产生了较大收益，长期却是不可持续的，是以工业化停滞、农村工业衰败、人民陷入饥荒为代价的。

六 农村家庭劳动力配置方式与村社集体理性——对乡镇企业衰败的一个讨论

乡镇企业的发展历程一直是研究者关注的热点。西方发达国家基本是以私有产权为核心的市场经济模式，而中国的乡镇企业是以非私有产权为基础的，这种特殊的产权模式伴随并实现了集体经济的迅猛发展，并被众多中外学者作为"中国经验"的主要证据之一进行研究和讨论。对于"中国经验"的解释主要集中在产权方面，正如诺顿（Naughton，1994）[1]所言"乡镇企业的神奇之处并非它们在缺乏明确产权界定的条件下运作，而是地方政府所有权居然成为了一种相当稳定强劲的所有权形式"。不可否认的是，这种内部模糊、边际清晰的体现集体成员权的产权形式（折晓叶等，2000，2005）[2] 由于村民缺乏"退出权"或退出成本过高在一定时期形成了较为稳定的集体理性的自治。这种现象符合新制度经济学中交易成本理论的基本判断。[3]

乡镇企业在中国经济转型时期承担了经济增长的重要角色，在吸纳大量农村剩余劳动力的同时还提供了村社集体福利。乡镇企业依赖的这种地方政府、村社集体及村民都拥有产权的混合产权形式（Nee，1992）[4] 在

---

[1] Naughton, Barry 1994, "Chinese Institutional Innovation and Privatization from Below", *American Economic Review* 84.

[2] 折晓叶、陈婴婴，2000，《社区的时间——超级村庄的发展历程》，浙江人民出版社。折晓叶、陈婴婴，2005，《产权怎样界定——一份集体产权私化的社会文本》，《社会学研究》第4期。

[3] 假如建立推广私有产权产生的交易成本与预期收益相比过高，共有财产可以表现出有效的解决组织问题的能力（Krug，2000）。

[4] Nee, V., 1992, "Organizational Dynamics of Market Transition: Hybrid Forms, Property Rights, and Mixed Economy in China", *Administrate Science Quarterly*, Vol. 37, pp. 1 – 27.

一定时期内表现出比国营企业更加旺盛的生命力和更高的经济效率。时至今日，仍有些学者尝试借鉴这种"中国经验"或"中国特色"的组织形式来解决当前的某些经济问题。然而这方面的研究大多集中在给定制度和组织形式对经济的影响方面，尚缺乏关于经济活动对制度和组织形式影响的研究，因此究竟能否用这些经验解决当前的经济问题还有待商榷。周雪光、赵伟（2009）[①]提出的"为什么整个乡镇企业会从1980年代的'异军突起'跌落到1990年代中后期短短几年内的'全军覆没'"[②]这个问题，在一定程度上反映了这种质疑。

在经济发展的过程中，经济环境与制度环境是相互作用、循环发展的。在给定的制度条件下，单个经济主体可通过适应制度环境达到在经济活动中最大程度地获取利益的目的。[③] 与此同时，该经济主体所采取的积极主动的经济活动也会作用于制度存在的经济环境，进而推动制度的演进。现有的研究大多是从产权制度和组织形式的角度对乡镇企业的发展进行探讨的，尚缺少对乡镇企业从辉煌走向迅速消亡原因的分析。笔者认为分析乡镇企业的成功与失败，需要从参与乡镇企业生产和经营的主体——农民以及农户家庭——的相关经济行为来讨论。因为农民是乡镇企业生产和经营的直接参与者，他们的经济决策直接影响了乡镇企业的劳动力构成与组织治理结构。本部分将基于村社农户在不同经济发展进程中选择加入或退出乡镇企业的行为决策过程的演变来探讨在宏观经济因素变化的条件下决定乡镇企业兴衰的宏观经济因素和微观农户家庭行为因素。通过多主体建模（Agent Based Model）模拟这种行为模式决策及在不同经济发展时期家庭劳动力在不同行业中配置的选择过程。本部分在贝克尔的新家庭经济学单一模型的基础上，根据不同工作类型的风险与效用差

[①] 周雪光、赵伟，2009，《英文文献中的中国组织现象研究》，《社会学研究》第6期。
[②] 两位学者指出：尽管这一领域中的众多研究思路清晰，分析缜密，并且对其解释范围多附有谨慎的限制条件，但没有一项研究令人满意地预见或解释了乡镇企业作为一个组织现象颇富戏剧性的结局：成千上万的乡镇企业在很短时间里或者转变为私营公司或者破产关门，而且这些变化是同步进行的，不同地区、不同行业、各式各样的乡镇企业经历了同样的命运。
[③] 这种利益并不一定是绝对的金钱收益，很多情况下是针对不同的社会经济环境在考虑风险因素的情况下寻求收益的效用最大化。

异引入了收入风险调整因子，逐步动态地考察每一期农户家庭内部各劳动力成员的择业决定对其下一期效用的影响，同时使用主体模型的分析模式进行计算机仿真模拟，考察了缺乏外部市场介入、政策制度变化及风险等不同的宏观经济变量对农户家庭成员在农业、乡镇企业及外出打工方面的劳动供给与劳动力决策行为的影响。通过分析仿真结果，我们得到如下结论。

所谓集体理性只有在特定的经济发展时期和制度背景下才有可能促进乡镇企业的迅猛发展，它不过是农户家庭除选择农业生产外没有任何用于避险及平滑收入的工具选择时基于"家庭理性"[①]的无奈之举。当外部经济环境发生变化、劳动力市场日渐成熟、存在可替代的选择工具时，农民会理性地将劳动力市场上新的选择与原来的乡镇企业工作成本、收益和效用进行比较，并通过劳动力在不同行业间的合理配置寻求更高的人力资本回报。农民这种逐利和避险的行为导致大量农村劳动力从乡镇企业转移出来，瓦解了乡镇企业的组织基础，导致了乡镇企业的集体衰败。

（一）相关背景

1. 一个争论

国内外学者对于中国经济发展"奇迹"的源泉问题一直存在分歧。乡镇企业因其在20世纪80年代的辉煌成为"奇迹"的元素之一。Woo（1999）[②]将学者们对中国20个世纪80～90年代的经济快速增长的研究归纳为两个派别：一个是以 Jefferson 与 Rawski（1994）、[③] Naughton（1995）[④] 和 Nolan（1993）[⑤] 为代表的经验主义学派（experimentalist

---

[①] 此处使用这个词的含义将在后面的背景材料中进行定义和解释。

[②] Woo, Wing Thye. 1999. "The Real Reasons for China's Growth". *The China Journal*, no. 41. [University of Chicago Press, College of Asia and the Pacific, The Australian National University]: 115 – 37. doi: 10.2307/2667589.

[③] Gary Jefferson and Thomas Rawski, "Enterprise Reform in Chinese Industry", *Journal of Economic Perspectives*, vol. 8, no. 2 (Spring 1994), pp. 47 – 70.

[④] Barry Naughton, 1995, *Growing Out of the Plan: Chinese Economic Reform, 1978 – 1993*, Cambridge: Cambridge University Press, 1995.

[⑤] Peter Nolan, 1993, *State and Market in the Chinese Economy: Essays on a Controversial Issue*, London: Macmillan, 1993.

school); 另一个是以 Bruno (1994)、① 樊纲 (1994)、② 肖耿 (1997)、③ Sachs 和 Woo (1997)④ 为代表的趋同学派 (Convergence School)。经验主义学派基于对农业、乡镇企业和国营企业的实证研究提出"中国经验"(China Experiment) 是促进中国经济快速增长的。不难看出中国独特的产权制度和组织形式是这三者共同的特点，同时也是争论的焦点，也因此造就了"中国式"集体理性。而趋同学派提出了完全相反的观点，认为这三者的变化恰恰说明了"中国经验"的不成功，因此中国仍需要继续深化市场体制改革，并与西方发达国家的发展路径渐趋一致。

趋同学派认为"中国经验"不成功是有失偏颇的，毕竟中国经济的快速发展是事实。在当时原始资本积累较低的情况下，无论这种混合产权制度是过渡性安排，还是第三种制度，其结果都是避免了直接进入私有产权而可能产生高额交易成本从而制约经济发展速度，这种混合产权制度是当时情况下的较优选择。相对而言，经验主义学派得出"中国经验"成功的结论还是能够比较真实地反映客观事实的。然而，这个结论只是对某个特定历史时段的静态分析与判断，并未融合经济发展变化的过程进行动态分析。因此，经验主义学派的结论无法解释为什么后期乡镇企业在全国范围内普遍性地突然崩溃或私有化，更无法证实这类"中国经验"在处理当前问题的适用性。相反，在这方面"趋同学派"的研究更具说服力，其得出的需要深化市场体制改革的结论也与本书的主要结论一致。

2. 乡镇企业的兴衰背景简述

1978 年改革开放后，中国的乡镇企业依托原有"集体农业"时代的农村手工业和社队企业迅速发展起来。乡镇企业在较短的时间内迅猛发展并成为当时农村经济的主体力量与国民经济的重要组成部分。大量的劳动

---

① Michael Bruno, 1994, "Our Assistance Includes Ideas As Well As Money", *Transition*, World Bank, vol. 5, no. 1 (January 1994), pp. 1 - 4.
② 樊纲 (Fan, Gang), "Incremental Changes and Dual Track Transition: Understanding the Case of China", *Economic Policy*, vol. 19 supplement (December 1994), pp. 99 - 122.
③ 肖耿，1997，《产权与中国经济改革》(Property Rights and Economic Reform in China)，中国社会科学出版社。
④ Jeffrey Sachs and Wing Thye Woo, 1997, "Understanding China's Economic Performance", National Bureau of Economic Research Working Paper No. 5935, Cambridge, Massachusetts, 1997.

力无须市场安排直接进入村社内部的乡镇企业。据农业部乡镇企业司统计，在全国推行家庭承包制的1984年当年，乡镇企业吸纳的农村就业人口就达到5200万人，这也是新中国建立以来的第一次"民工潮"，主要特点是"离土不离乡，进厂不进城"。乡镇企业的存在对吸纳农村剩余劳动力和增加农民收入，对支持农村社会事业发展、壮大农村集体经济实力和促进国民经济增长都发挥了不可替代的重要作用。1978年乡镇企业产值占农村社会总产值的比重尚不到1/4，但到1987年，乡镇企业经过10年的快速发展后其产值首次超过了农业总产值，占农村社会总产值的52.4%，占据农村经济的半壁江山（国家统计局，1999）。大量农村青壮年劳动力的加入使农村工副业产出迅速增长。在这个过程中乡镇企业无须支付宿舍、劳动福利、医保、社保等开支，在订单不足的情况下出现歇业也无须支付任何待业工资，甚至在亏损的时候也可以不必支付工人的工资。即使在支付工资的时候，工资水平也是很低的。这样，就形成了农村工业化原始积累时期"高就业、低工资"的用工情况。

然而，进入20世纪90年代后，情况发生了逆转，中国经济跨过了短缺经济时代进入买方市场时代，乡镇企业也随之陷入困境，走向衰败。其衰败的一个重要特征是吸纳劳动力就业的能力持续下降。国家统计局报告（1999）显示"1995年以来，乡镇企业吸收劳动力就业的数量明显下降，平均每年仅增加94万人。到1998年，乡镇企业从业人数仅12537万人，在1997减少458万人的基础上又减少了513万人"。与之相对应的是，1992年突然出现了4000万农民工进城务工，第二次"民工潮"出现，其特征是"离乡离土"，自此开始进城民工的数量持续稳定增长。1992年在城市的外来民工为4600万人，1994年增加到6000万人。此后，流动农民工的数量每年以800万人至1000万人的速度增加（国家统计局报告，1999）[1]。"一夜间"衰败的乡镇企业或倒闭或改制为实质上的私营企业参与市场竞争。社区政府，即乡镇企业改制的幕后推手，主要采用完全基于市场化的改制方法，以"卖"为基调实现了产权形式的清晰化。正如姚洋（2000）[2]指出

---

[1] 国家统计局，1999，《新中国50年系列分析报告》（六）。
[2] 姚洋，2000，《向前看，还是向后看》，《读书》第5期。

的,"这场革命的一个中心思想是一个'卖'字"。社区政府对改制原因的解释,一般都是强调企业的经济效益不好、经营困难,企业已经变成了政府沉重的财政包袱。社区政府在企业改制中的作用几乎为学者们众口一词(邹宜民等,1999)。① 对于社区政府支持改制并起到主导作用的原因,众多学者将其归结为社区政府对包括劳动力在内的关键生产要素控制能力下降,其在乡镇企业中的地位也相应下降。普遍的观点认为,在乡镇企业的快速发展过程中,由于农村存在大量剩余劳动力,劳动力是过度供给的,劳动力要素相比较资金和其他资源来说并不重要。在市场化程度不高的时候,社区政府融资的能力,以及在获得各种生产原材料许可证、进出口许可证、土地使用许可等方面的优势显得尤为重要(李稻葵,1995;Putterman,1997)。② 而随着市场化程度的提高,乡镇企业在这方面的优势逐渐弱化。因此选择退出进行改制是理性行为(支兆华,2001;Che,2002;Chang et al,2003)。③ 而笔者认为劳动力的退出也是社区政府丧失生产要素控制力的主要表现。

当我们将注意力集中在以上这些与乡镇企业直接相关的微观事实的同时,也不能忽略当时与之相关的社会宏观经济背景,其重要特征是乡镇企业衰败的时候也是中国经济进入社会主义市场经济的时候。20世纪90年代初外资企业开始涌入中国,从1993年开始外资在中国市场的份额年增长率达12.25%,初期劳动密集型的外资制造业占较大比重。1993年全国人大常委会通过"宪法修正案",正式确立中国的经济体制为社会主义市场经济,《公司法》也随之颁布。同年,自1955年就伴随着中国人的粮票制度彻底取消,这意味着农民"离土离乡"外出务工成为可能。1994

---

① 邹宜民、戴澜、孙建设,1999,《苏南乡镇企业改制的思考》,《经济研究》第3期。
② 李稻葵,1995,《转型经济中的模糊产权论》,《经济研究》第4期。
Putterman, Louis, 1997, "On the Past and Future of China's Township and Village-owned Enterprises", World Development, 25 (10): 1639 – 1655.
③ 支兆华,2001,《乡镇企业改制的另一种解释》,《经济研究》第3期。
Che, Jiahua, 2002, "Rent Seeking and Government Ownership of Firms: An Application to China's Township Village Enterprise", Journal of Comparative Economics, 30 (4): 787 – 811.
Chang, Chun, McCall, Brian P. and Wang, Yijiang, 2003, "Incentive Contracting versus Ownership Reforms: Evidence from China's Township Village Enterprise", Journal of Comparative Economics, 31 (3): 414 – 428.

年中国更进一步实行了"分税制",地方政府的财权被进一步收缩,预算约束程度越来越高,无序盲目的扩张和重复建设在一定时期内得到控制。

(二) 相关理论基础

笔者(Liu et al, 2012)[①]以 Gary Becker(1965[②],1973[③],1974[④],1981a[⑤],1981b[⑥])新家庭经济学的单一模型为基础建立了分析中国农户家庭劳动力配置策略的模型——中国农户家庭经济行为模型(CHDMM)。[⑦]模型中家庭内部收入共享、风险共担,并按既定的规则在家庭内部分配,农户具有统一的效用函数。农户家庭在就业决策中,以风险收益的效用最大化为原则对家庭劳动力从事农业或非农就业进行策略性选择。这种农户非契约性的集体行动形成的风险规避和家庭资本积累机制所体现的经济理性,可因农户家庭人力资本配置的内部化方式而被称为家庭理性。正是这种理性的农户行为产生了区别于恰亚诺夫假说的家庭资本的积累,使农户整体得到了"发展"。本部分将以此为基础,不再将已有研究中的村集体组织形式作为乡镇企业成败的研究重点,而将农户如何选择参与"离土不离乡"的乡镇企业就业或如何选择"离乡离土"的外出打工就业作为研究重点,分析农户的"家庭理性"行为对集体理性的影响。

此处假定劳动力根据效用最大化进行择业决策,而不是工资最大化。通常用效用函数二阶导数的符号来表示人们对待风险的态度,二阶导数大于 0 为风险偏好,二阶导数小于 0 为风险厌恶。根据边际效用递减原理,一个人希望拥有财富的数量越多越好,即效用函数一阶导数大于零,当财富不断增加时,效用的单位增加速度会逐渐下降,即效用函数二阶导数小于

---

① Liu, Huqi Yu., Cao, Shinan, and Deng, Jing, 2012, "Coexistence of Surplus Labor and the Lewis Turning Point in China: A Unitary Household Decision-Making Model Study", *Journal of Economics Interaction and Coordination*.
② Becker, Gary S., 1965, "A Theory of the Allocation of Time", *The Economic Journal*, Vol 75, No, 299 pp. 493 – 517.
③ Becker Gary S., 1973, "A Theory of Marrige: Part J. *J. P. E* 81: 813 – 46."
④ Becker Gary S., 1974, "A Theory of Social in Interactions, *J. P. E.* 82: 1063 – 93."
⑤ Becker Gary S., 1981, *A Treatise on the Family*, Cambridge, Mas: Harvard University Press.
⑥ Becker Gary S., 1981, "Altruism in the Family and Selfishness in the Market Place", *Economica* 48 (February 1981). 1 – 15.
⑦ 具体的建模依据和相应的理论基础请参看该已发表文章的具体内容。

零。当前,理论界最流行的效用函数一般有三种类型,即二次效用函数、对数效用函数和指数效用函数。Pratt证明,在二次效用函数下绝对风险规避系数随着财富的增加而增加。对数效用函数具有递减的绝对风险规避系数和恒定的相对风险规避系数。著名的数学家Bernoulli为解决圣彼得堡悖论提出了货币边际效用递减理论,将货币的效用测度函数用对数函数表示,此处也采用对数函数来表示农村劳动力的风险厌恶倾向。[①]

同时此处假定村社内各农户家庭风险的总承受能力恒定。风险的承受能力是指个体为实现某些特定目标而愿意承受的风险总量。一般来说当市场条件发生变化时风险的承受能力(risk tolerance)保持不变,变化的是对风险的觉察力(risk perception)。

(三) 模型的选择和设计

1. 多主体模型的选择

多主体建模方法(Agent-Based Modeling, ABM)是采用多个具有适应性的决策个体(即"主体")的集合来描述一个复杂适应系统。ABM自20世纪90年代以来被广泛应用于社会经济系统的研究中,该新兴领域被称为"基于主体的计算经济学"(Agent-based Computational Economics, ACE)。系统中的个体被称为主体(Agent),主体是不同质的,主体之间也可存在一致性,每个主体都有一定的策略集,且具备目的性、主动性及适应性特征。主体之间存在丰富的组织关系,采取高层次的交互模式,主体通过与外界因素以及其他主体的持续交互反馈进行"学习"和"适应",评估自己所处的情况,并根据一定的规则做出采用何种策略的决定,不断地获取经验提高自身对环境的适应性与策略选择的合理性。这种基于计算机的多主体建模方法,不同于传统的基于宏观变量属性的数学方程组建模方法,可以较好地模拟系统的动力学过程,可通过对微观层次上主体及其相互之间行为的刻画推导出宏观效应。不同于传统的新古典经济理论,这种建模方式对复杂经济系统的研究其结果不再落脚于系统的均衡与稳定,而是试图理解参与主体间的复杂的相互作用,关注这种交互作用表现出的单个主体不具有的系统性特征——涌现行为,不再认为系统性特

---

① 前面章节已标注说明,此处省略引文出处。

征是单个个体简单的相加。一个最简单的多主体模型只需要包含构成整个系统的所有主体以及主体之间的相互关系即可。多主体模型可以给出多种复杂的系统演化结果，为它所模拟的真实系统提供一些有价值的参考信息。

本部分将运用多主体建模的方法，通过对农村劳动力主体的风险偏好、收入效用及其与经济环境之间的相互作用进行描述，构建农村家庭劳动力分配决策的动力学机制，来描述中国农户基于人力资本配置的经济行为。

2. 模型设计

（1）家庭结构

家庭结构是指以农户家庭为单位的劳动力构成。本部分将根据既有的中国农户家庭经济行为模型（CHDMM，Liu et al, 2012）[1]构建农户在外界劳动力市场与经济环境发生变化时如何调整家庭劳动力配置来实现家庭整体效用最大化的经济行为决策机制。这里只对假定的依据进行简要陈述。根据国际劳工组织的劳动力市场主要指标数据库及中国国家统计局 2005 年 1% 抽样数据，在剔除集体户后，我国家庭平均每户人口数为 3.13，农村家庭户平均每户人口数为 3.27，其中剔除少数民族聚集省份如海南省、青海省、新疆维吾尔自治区、宁夏回族自治区、贵州省与西藏自治区，农村家庭平均每户人口数为 3.18。基于上述数据，本部分在构建家庭结构时对数据取整，假定每户家庭有 3 名家庭成员，其中每户有两名劳动力人口。

本部分的模型假定在系统中有 N 户家庭，每户家庭两个劳动力，N 的取值不变，可为任意自然数，一共有 2N 个主体，用 A_i，B_i 分别表示第 i 户家庭中的两个劳动力。

（2）家庭劳动力的策略

农户劳动力在整个演化过程中要根据外界环境与自己的效用做出动态的选择，每个个体在每一期都要选择一种工作。根据中国的经济发展历史，本部分将乡镇企业出现以后的劳动力市场分为两个不同阶段。在第一阶段，乡镇企业诞生初期，外界的劳动力市场不成熟，几乎没有外资企业进驻，缺乏可替代的工作选择，农村劳动力大多在务农或者进入乡镇企业

---

[1] Liu, Huai Yu, Cao, Shinan, and Deng, Jing, 2012, "Coexistence of Surplus Labor and the Lewis Turning Point in China: A Unitary Household Decision-making Model Study", *Journal of Economic Interaction and Coordination*, June 12, 2012.

务工中进行选择；在第二阶段，随着中国改革开放进一步深化，外资企业逐渐进入，劳动力市场逐渐完善，农村剩余劳动力开始进入外资企业或其他股份制企业、私营企业，此时农村剩余劳动力将在乡镇企业和外资企业之间进行分配。因此，本部分在建模中设计了两个阶段，对农户经济行为决策模拟了100期。在前50期，每个主体有两种策略：务农（$s_i=1$）和乡镇企业打工（$s_i=2$），策略集为$S=\{1, 2\}$；在第51期以后（即$50<t\leqslant 100$），每个主体有三种策略：务农（$s_i=1$）、乡镇企业打工（$s_i=2$）与外资企业打工（$s_i=3$），策略集为$S=\{1, 2, 3\}$。用s_i^A和s_i^B分别代表A_i，B_i在第i期时选择的策略。

3. 决策的演化机制

劳动力在整个演化过程中是在第t期时根据其对下一期期望收入带来的效用选择第$t+1$期的策略（即下一期的工作性质）。假定每一种策略在第t期时获得的预期工资为W_t^1，W_t^2，W_t^3，分别代表务农、乡镇企业打工与外资企业打工的工资。考虑到宏观经济环境与市场环境的变化，企业的工资收入也是随环境变化而变化的。因此，假设每一期乡镇企业工资的变化率为Δ_2，令$\Delta_2=\dfrac{w_{t-1}^2}{w_t^2}=\alpha_t\times g_t$，其中$g_t$为企业下一期的预期收益增长率，为外生变量。假设每一期外资企业工资的变化率为Δ_3，由于历史上外资企业工资是不断增长的，因此令$\Delta_3=\dfrac{w_{t-1}^3}{w_t^3}=\beta_t$，$\beta_t\geqslant 1$。

三种不同策略对劳动力主体的个人风险效用与对整个家庭的效用的影响是不一样的。考虑到风险与收益对效用的影响，本部分假定每个农户家庭的总的风险承受能力是不变的，其风险在不同的劳动力中分配。一般而言，务农的风险是最低的，在乡镇企业打工的风险相对较高，而刚刚进入中国市场的外资制造业由于是新鲜事物，农户对它们的风险觉察程度更高。各项工作的预期收入的效用也不同，因此通过加入风险调整因子将不同工作预期收入的效用量化，风险调整因子越低说明预期收入的效用越低，主体的风险觉察程度越高。风险是社会客观存在的，不受单个主体的主观因素影响且是随经济与劳动力市场环境的变化而变化的，三种策略对应的风险调整因子分别用μ_t^1，μ_t^2，μ_t^3表示，其中$\mu_t^1+\mu_t^2+\mu_t^3=1$（表示每户家庭的风险总承受能力不变),且 $\mu_t^1 \leq 1$ $\mu_t^2 \leq 1$ $\mu_t^3 \leq 1$。此处还将重点考察外资制造企业出现后,农户劳动力配置的经济决策行为。外资企业在进入初期对国人来说比较陌生,长期的计划经济使国人普遍觉得外资企业打工存在风险,收入虽高但工作合约缺乏稳定性;同时外资企业在陌生的市场上是否能够顺利适应当地的相关制度、市场乃至习俗都具有较大的不确定性,因此去外资企业打工策略的初期风险调整因子较低。但随着市场经济和相关制度的发展完善与外资企业信誉度的增强,人们对外企的风险觉察程度逐渐降低;同时外企本身也逐渐适应了市场、国情与当地习俗,长期生存下来的企业具有较强的抗风险性。此时外资企业的风险调整因子开始逐渐升高,模型设定为逐期递增,因此外资企业的风险调整因子 μ_t^3 的变化满足: $\frac{\mu_{t-1}^3}{\mu_t^3} = \gamma_t$, $\gamma_t \leq 1$。

效用的计算使用经风险调整因子调整的纯收入,每个策略的纯收入分别用 I_t^1, I_t^2, I_t^3 表示,纯收入等于每个策略当期的期望工资乘以其对应的当期的风险调整因子。本部分是基于家庭效用决策模型的,每个家庭的效用函数与其风险承受能力有关,而每个农户家庭的风险承受能力是不一样的,每户家庭对于不同种类工作的风险偏好是不一样的,因此每个农户家庭拥有不同的反映风险厌恶程度的效用函数,第 i 个农户家庭选择三种不同策略时产生的纯收入的效用函数分别为 $U_i(1)$, $U_i(2)$, $U_i(3)$,效用函数满足边际效用递减。

模型中每个农户家庭由 A_i, B_i 两个主体组成,他们不是同时决策的,假定其中一个人先选择,另一个在前者选择的基础上,根据家庭总效用最大化再进行选择。假定不区分家庭内部的劳动力属性与偏好差异,令 A_i 以概率 p 选择务农,以概率 $1-p$ 选择务工(乡镇企业或外资企业)。B_i 在决策时结合 A_i 决策产生的效用,以家庭效用总体最大化为目标进行决策。当两者决策相同时适用同一个效用函数,当两者决策不同时,家庭总体效用是两个效用函数之和,表示为:

$$U_i \begin{cases} s_i^A = s_i^B, U_i = U_i(I_{i,A} + I_{i,B}) \\ s_i^A \neq s_i^B, U_i = U_i(I_{i,A}) + U_i(I_{i,B}) \end{cases}$$

（四）主要模拟实验结果

此处进行了七次模拟运行，基本参数设定是：$q=0.5$；$p=0.33$；$R=0.5$；$\alpha=1$；$g=1$；$\beta=0.9$，$\gamma=0.9$。七次运行中仅对务农、乡镇企业打工、外资企业务工的风险系数 $u1$，$u2$，$u3$ 及工资 $w1$，$w2$，$w3$ 进行变化以获取不同情况下的农户家庭选择结果（见图 6-1～图 6-7）。

图 6-1　农户家庭决策模拟结果（一）

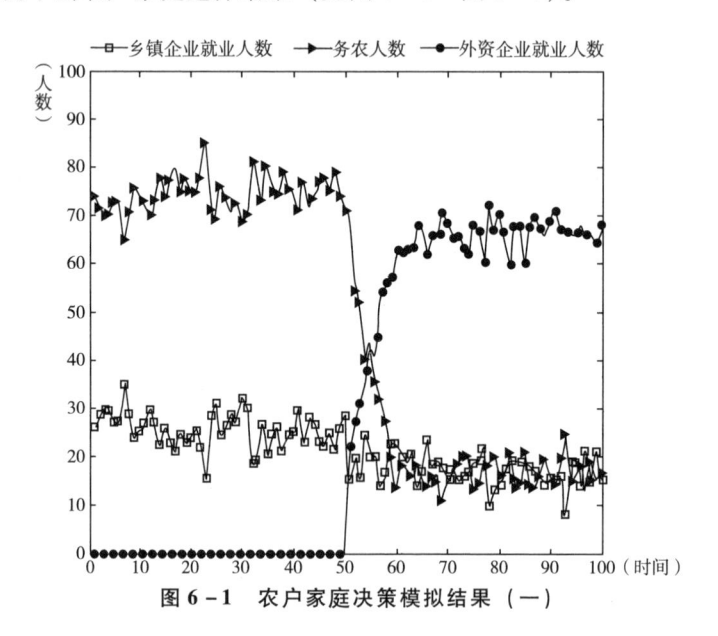

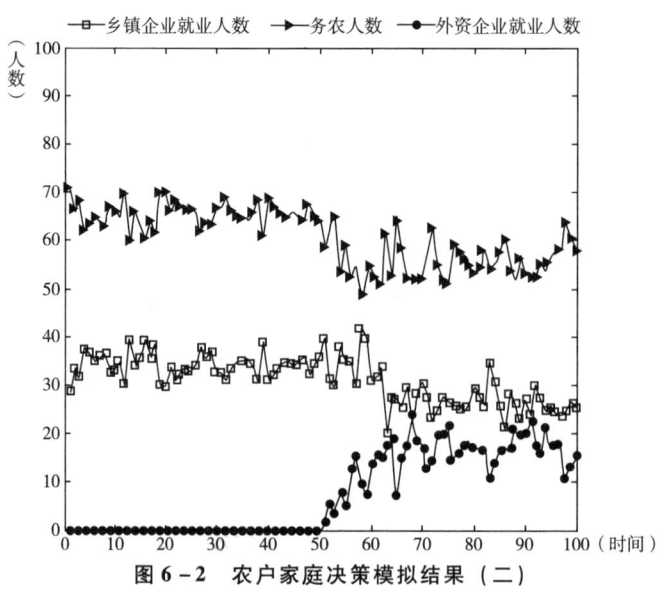

图 6-2　农户家庭决策模拟结果（二）

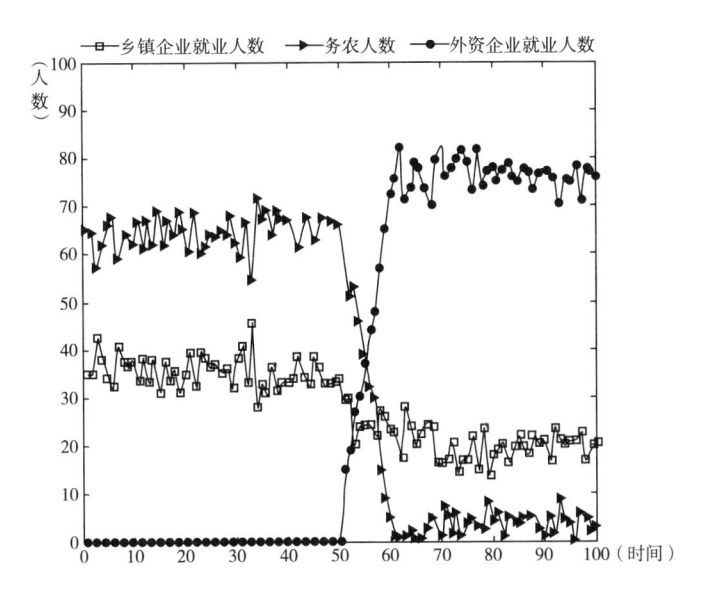

图 6-3 农户家庭决策模拟结果（三）

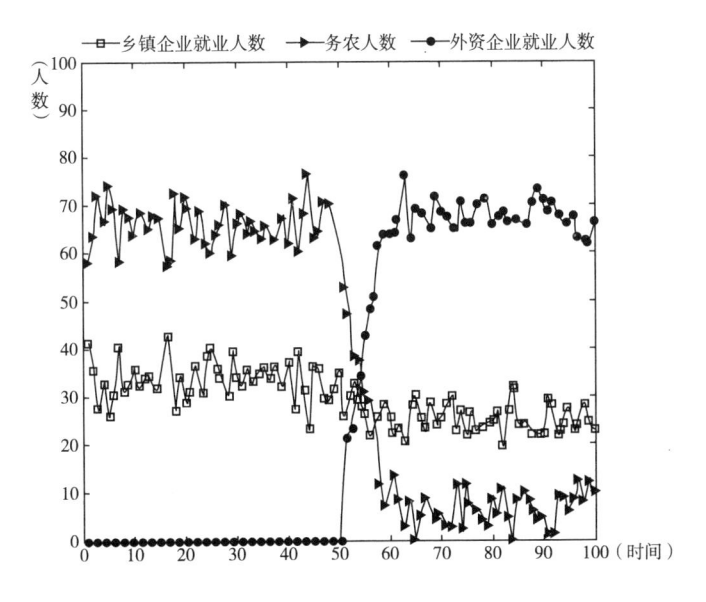

图 6-4 农户家庭决策模拟结果（四）

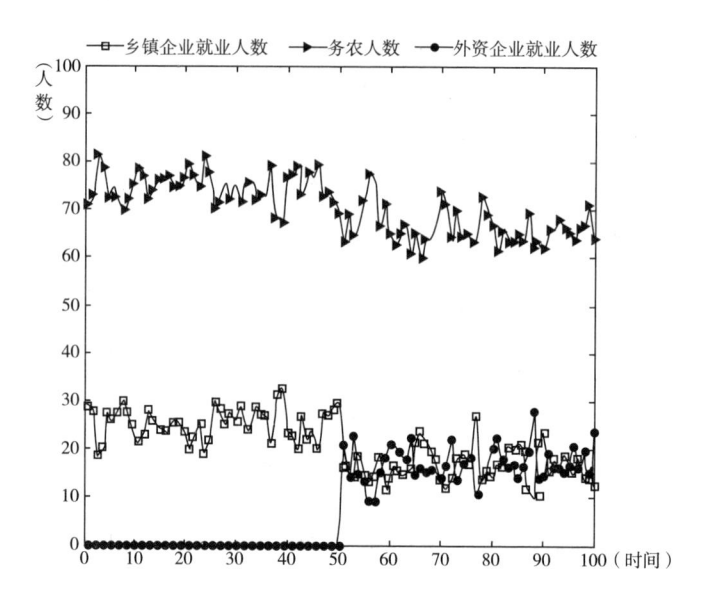

图 6-5 农户家庭决策模拟结果（五）

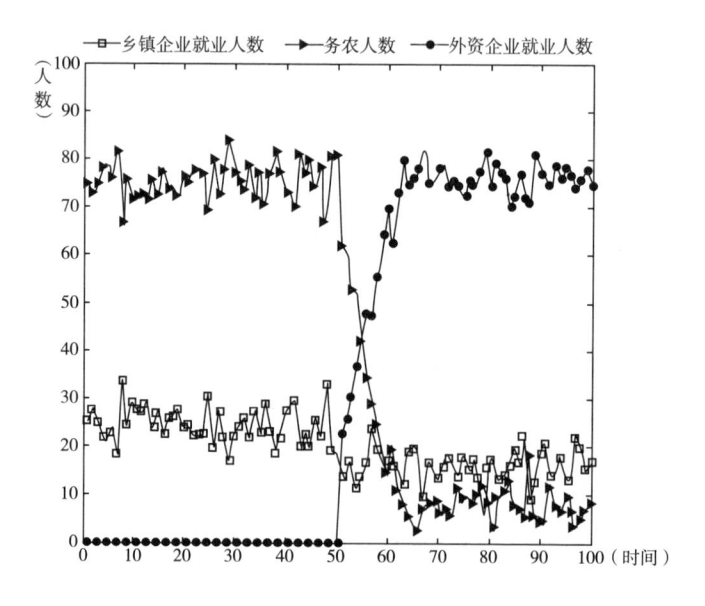

图 6-6 农户家庭决策模拟结果（六）

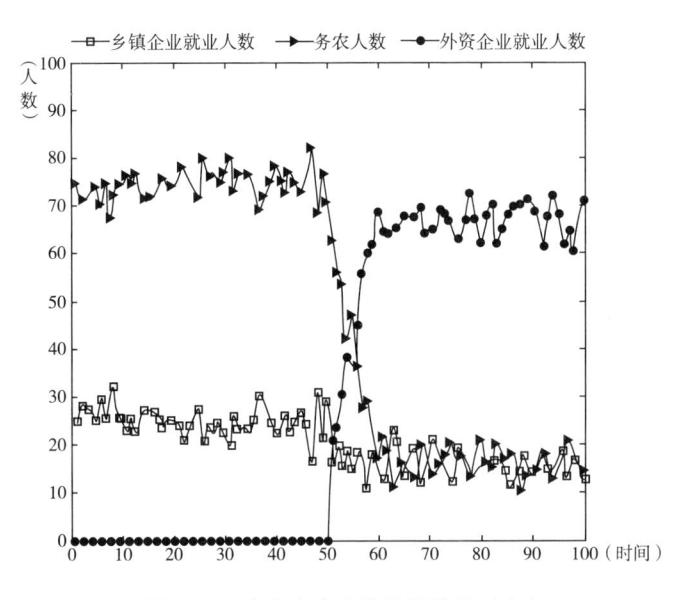

第六章 农户家庭要素配置与村社、政府的相互作用   173

图 6-7 农户家庭决策模拟结果（七）

图 6-1 ~ 图 6-3 中 $u1=1$，$u2=0.5$，$u3=0.5$。这样赋值是为了体现务农的风险最低，乡镇企业和外资企业务工具有相同的风险情况。在第一种情况下（图 6-1），选择赋值 $w1=10$，$w2=20$，$w3=40$，农业收入较低，为乡镇企业收入的 1/2，外资企业打工的 1/4。模拟结果显示初期劳动力还是大量选择务农同时部分选择进入乡镇企业，在第 50 期开始加入了外资企业务工的选项后，大量劳动力选择外资企业务工导致农业劳动力迅速减少，同时乡镇企业劳动力人数也开始呈现明显下降趋势。在第二种情况下（图 6-2），选择赋值 $w1=10$，$w2=20$，$w3=20$，农业收入为乡镇企业和外资企业打工收入的 1/2。在前期务农人口与乡镇企业工作人口的变化与图 6-1 类似，在 50 期后均呈现略下降趋势，而外资企业打工者增多，与乡镇企业工作人数趋同。在第三种情况下（图 6-3），选择赋值 $w1=10$，$w2=20$，$w3=60$，此时从 50 期开始，外资企业打工高收入（务农的 5 倍，乡镇企业打工的 2 倍）选择的加入驱使大量农户将劳动力配置在这个方面，务农人数急剧减少，乡镇企业打工人数也明显下降。

图 6-4 ~ 图 6-7 中 $u1=1$，$u2=0.7$，$u3=0.5$。这样的赋值希望能够比较准确地反映现实中农业的较低风险，及乡镇企业工作的集体产权对农户风

险的稀释,此时在外资企业打工成为风险较高的选择。在第四种情况下(图6-4),选择赋值$w1=10$,$w2=20$,$w3=40$,我们得到与图6-1类似的结果,不同的只是务农选择的劳动力减少较多,这主要是由于乡镇企业风险值的调整。第五种情况下(图6-5),选择赋值$w1=10$,$w2=20$,$w3=20$,得到的结果基本与图6-2相似。第六种情况下(图6-6),选择赋值$w1=10$,$w2=20$,$w3=60$,其结果与图6-3也基本相似。需要注意的是第七种情况(图6-7),选择赋值$w1=20$,$w2=20$,$w3=40$。我们在假定务农与乡镇企业工作收入相同但风险系数不同时,从第50期开始,在大量劳动力追求更高收入而到外资企业务工的情况下,尽管务农与乡镇企业工作的实际工资存在差异,但劳动力数量基本一致。

在整个模拟过程中,我们对农村劳动力进入乡镇企业工作进行了多种形式的赋值,也根据村社农户之间的合作可能性和信任关系在对乡镇企业的工资和工作变动参数赋值时给出了优于外出(外资企业)打工的数值。但从结果上来看,农户家庭始终未将乡镇企业就业作为第一选择(劳动力人数供给上也并不占优),更多的是以综合风险为目标的策略性选择。因此当外部条件变化时尽管乡镇企业就业人数会下降但相比较务农及外出打工来说变化并不剧烈。特别值得注意的是在第七种情况下模拟得到的结果说明当外出打工成为主要收入来源时,务农的效用和乡镇企业工作的效用都降低了,此时两者工作的风险性差异已经不是一个绝对的考虑因素了。

出现上述结果主要是由于从风险角度上来说自给自足的中国小农从事农业的风险始终是最低的;从收入角度来说外出打工的按劳取酬和付薪准时又更具吸引力。从这两方面来看,在理论上被E学派通过多种限定条件证明的村民高度自治、风险收益共担的乡镇集体企业并不能满足农户家庭对综合风险和利润的全面需求。由于农户家庭配置给乡镇企业的劳动力始终不是最优的,[①] 乡镇企业也很难产生较强的竞争力和较高的生产效

[①] 事实上,笔者在20世纪90年代初曾经走访过近百家乡镇企业,所看到的基本都是女性劳动者从事工业生产,而男性劳动者在家从事农业劳动,仅在农闲时过来帮忙。相比较而言女性从事的劳动要比男性重得多,而收入并不高,有时企业资金紧张时拖欠工资甚至无法支付工资的情况时有发生。这种情况也验证了农户家庭并未对乡镇企业配置相应的适合的劳动力资源,那么所谓的"高效率、高自治"的集体理性也就无从谈起。

率，使乡镇企业得以生存并短期迅速发展的原因还是短缺经济条件下民众选择范围的狭小，这本身就是低效率的（科尔奈，1980）。① 当外部打工机会出现时，更优的劳动力便逐步向外流动迁徙，乡镇企业面对的不仅是外部企业的产品竞争，更多的是对劳动力资源的竞争。尽管在我们的模型后期农户依然存在在乡镇企业配置劳动力的选项，但当乡镇企业吸纳的劳动力不成规模，劳动力质量不高时，它们就已经不再具备生产和竞争能力而需要被迫破产或改制，乡镇企业体系也就自然不分行业、不分类别地瞬间瓦解了。

（五）评价与小结

综上所述，农户在进行家庭劳动力配置过程中只是将乡镇企业工作作为无其他选项情况下释放剩余劳动力及平滑农业风险的体现其"家庭理性"的无奈之举。一旦外部市场发生变化，可供劳动力就业的选择机会增多，能够表现"集体理性"的乡镇企业无法带给农户更高的收入效用时，农户会选择离开而最终导致不同行业不同类别的乡镇企业瞬间瓦解或改制。劣质的乡镇企业无法参与竞争而走向衰败是市场规律，而好的乡镇企业以"卖"为主的通过市场交易获得产权的改制形式更是市场规律，不能将之简单地归结为社区政府的政府行为。更进一步说，乡镇企业乃至能够稳定自治体现集体行动逻辑的集体产权体系只是在特定经济发展时期的过渡性组织体系，随着经济条件的变化，必然会向更适合经济发展的制度体系转变。

七　结论

综上所述，中国乡村在自古以来就存在村社内部成员合作对抗风险的基础上，在土改后保证了起点公平的社区集体土地产权制度的基础上，形成了村社内部集体行动的"村社集体理性"的合作机制。同时由于享有成员权的个体农民退出村社成本极高，传统村社内部几乎全部农户家庭的经济行为都在村社环境的作用下表现出合作和传统集体伦理行为。这样，

---

① 科尔奈（Kornai, Jánes），1980，《短缺经济学》，经济科学出版社，1986 年翻译出版，英文版 1980 年由 North Holland Press 在荷兰阿姆斯特丹出版。

村社内的农户需要通过将村社集体的福利水平提高以寻求农户家庭经济行为预期效用最大化的内点解而不是角点解，因此农户家庭需要为村社环境做出贡献以增大个体农户的收益，同时在改善村社环境的条件下尽可能地使家庭面临的系统风险在村社层次上得到最大可能的化解，这样个体农户家庭内部需要再化解的风险也实现了最小化。

在单一模型的家庭内部收入集中分配、风险共担的"家庭理性"和"村社集体理性"机制下，农村社区长期处于风险内部化的稳态之中。而政府利用这种家庭理性和村社集体理性的村社内部化解风险的机制为中国的工业化发展获取了原始资本积累，随后在经济波动或其他外来因素造成中央政府或地方政府财政困难的情况下，政府作为一个机会主义者又利用村社"产权残缺"的特征介入村社合作中获取了超额收益。最终，政府直接参与收益分配的结果是"村社集体理性"被反复利用，政府获取了收益，而弱势群体承担了相应的成本。既是村社代理人也是政府代理人的本地村干部使政府和农民有可能实现多次博弈的均衡，然而一旦这种双重代理身份发生变化则多次博弈走向一次博弈，结果往往是农民的剩余被过度剥夺。在此情况下，农民由于退出村社的成本过高，只能通过集体行动使政府"退出"，如果政府发现该领域已经成为不经济领域，也会顺势退出，此时村社与政府相处"和谐"；如果政府发现该领域仍然可以获取大量收益则不会选择退出，此时会产生村社与政府之间的冲突。

在当前中国的工业化和资本化时期，产业资本不断扩张，它们面对分散的小农，压低农产品价格，抬高工业品价格，而使农业产出降低，大量农地被"大资本"低价获取用于工业及房地产开发，村社产权边界清晰的集体土地被逐渐私有化，农民被迫理性选择进入城市打工获取高收益，传统乡土社会的架构被打破，村社体制逐渐走向解体。但这并不意味着这一切是不需要支付成本的，大量的社会冲突、食品不安全、粮食不安全等都是我们正在支付的打破村社体制的代价。同样需要注意的是，随着"村社集体理性"的逐渐消解，将村社成员再次组织起来的成本也会逐渐升高，这意味着我们未来"全民动员"的成本也在逐渐升高，以至于我国未来在经济建设乃至其他领域可能会很难再采用发动"全民动员"的方式。

从宏观制度角度上来说，笔者认为将 20 世纪 80~90 年代经济高速增长期的成功经验简单地归功于中国农村在模糊产权结构的情况下形成的"中国式"集体理性的结论存在一定的事后判断而过度放大了细节上的中国特征。事实上，这段时期的经济增长只是转型期的一般性特征，这种介于国有和私有之间的产权制度安排也不过是计划经济向市场经济过渡时期的制度安排。这种特殊时代的经济发展过渡期产生的制度安排无论对政府（特别是"经营型政府"），还是对个人（农户）来说都是权宜之计，并可以在政府层面实现经济增长和人民就业，而在农户层面实现收入增加和风险平滑。随着制度与经济增长之间的相互作用和演进，这种权宜之计也将随着经济发展引发的制度演进而退出历史舞台，进而在大量外资进入和企业改制（私营企业的产生）的背景下，中国经济逐步进入市场经济阶段。这种所谓的中国式"集体理性"不过是特定历史时期的家庭理性延伸选择的结果，并不具有普遍的现实意义，更不能作为所谓"中国经验"中的重要组成部分加以推广。

进入 21 世纪后，中国经济发展进入了一个新的阶段，快速的工业化和城市化使"三农"问题凸显出来，不仅威胁到了粮食安全和食品安全，农村的环境污染也早已超过了城市。有部分学者对此提出了通过重建村社的集体理性机制，形成以村社为基本单元的多方合作框架来恢复农村的广义生态环境和宏观社会资本水平，改善农村的经济基础，重建农村良治体系等方案。这些想法固然是好的，却忽视了工业化主导的背景下农业的弱质性和乡镇企业的失败教训。根据本章的研究结果，笔者认为只要农民在农业方面无法获得与外部工业市场相近的收入，简单地强化农村土地及其他资产产权的集体形式依然不能将农民重新拉回合作的轨道上，更遑论提高生产效率或"再乡镇化"的可能性。与其在集体化、自治等组织形式层面解决广义的"三农"问题，不如认真思考如何充分发挥市场机制的作用，将粮食的战略安全、食品安全和生态环境意义等价值真实地反映在农产品价格上，切实实现农民收入增加、城乡居民合理流动及农业生态环境改善等。笔者也将在后续研究中对这些问题进行依次讨论。

第七章 乡村治理与新型城镇化

一 乡村治理（历史）

乡村治理问题是"三农"问题中一个需要特别重视和解决的核心问题，特别是在当代以人为本的在地化新型城镇化建设的讨论中。这个概念包含了乡村经济发展问题、乡村基层政治问题、乡村基层组织问题及乡村文化建设等多个主题。乡村治理作为一个概念，在1990年代末期开始被学术界使用，不久就流行起来。[1] 治理一词的含义在西方可以认为是由政府、市场或网络执行的对家庭、部落、正式和非正式组织或领地通过法律、规则、强制力或语言来进行约束。[2] 通过治理可以使一定的集体性问题在互动和决策过程中最终形成创造性的、改进的、可复制的社会规则和制度。[3] 在这个概念中强制力是治理得到顺利执行的保障。在当代中国，乡村治理的内涵与上述定义存在相同之处，也有显著的区别。区别之处在于中国的乡村治理加入了政府和市场以外的自治形式，而这种自治形式长期以来是相对独立于政府治理的，但又能够在一定程度上与政府治理相结合，其作用和效果都是显著的。关于这方面的论述也很多。在西方发达国家的工业社会中，这类乡村自治已经基本不见踪影，代之以政府垂直管理结合区域性有官方背景的协会组织协同治理。

---

[1] 贺雪峰、董磊明、陈柏峰，2007，《乡村治理研究的现状和前瞻》，《学习与实践》第8期。

[2] Bevir, Mark, 2013, *Governance: A Very Short Introduction*. Oxford, UK: Oxford University Press.

[3] Hufty, Marc, 2011, "Investigating Policy Processes: The Governance Analytical Framework (GAF)", In: Wiesmann, U., Hurni, H., et al. *Research for Sustainable Development: Foundations, Experiences, and Perspectives*, Bern: Geographica Bernensia, pp. 403–424.

近代中国，农村属于乡土社会乡绅治理。所谓乡绅也大部分是官员致仕还绅的结果，这些官员退休后通过乡村治理延续自己的政治生命，这种制度是从古代中国慢慢演变而来的，最终成为稳定的制度性安排。直到1905 年，废科举设学堂的制度改革，从根本上改变了乡绅的结构，从制度上切断了传统乡绅与国家权力之间直接联系的管道，占据乡村权力中心的乡绅也失去了制度性补充的来源，乡村治理在相当长一段时间出现恶化，土豪劣绅势力抬头，① 进而引发了民国时期的新一轮乡村建设。

新中国成立之后农村治理体系随着不同时期的发展表现出不同的特征，但总体上都是以政府能够最低成本最大限度提取农业剩余用于工业化建设为目的来规划农村治理结构的。新中国成立初期，土改之后，政府以苏联的集体公社模式为样本对传统的农户家庭机制进行了改造，如前面章节所讲，到三年自然灾害时期（1959～1961 年）这种集体公社模式运转达到顶峰。随后在经历了严重的经济困难之后，中央政府制定了农村工作60 条，恢复了以前的"三级所有"体制，即土地等生产资料实行公社、生产大队和生产队三级所有，有时对于规模小的村社实行公社和生产队二级所有，这种产权形式是"集体产权"和"村社产权"的复合形式。

1980 年代初期改革开放后，家庭联产承包责任制逐渐完全取代了公社体制，重新回归到以农户家庭为单位的生产模式，村民委员会的产生使农村治理开始出现了村民自治的机制。然而由于村民委员会的管辖范围还是建立在行政村的基础上，而徐勇（2013）认为"行政村"的建立、规模和运行主要是国家组织行为，而不是农民的自组织行为，因此，实行村民自治以来，农村治理体系始终存在两大内在的、难以克服的矛盾。一是大量的国家行政事务需要基层组织承担，村民委员会被行政化，连村民委员会的干部也被称为"村官"。官事"民"办，民事"官"办，官民难分，行政压制自治。二是村民参与管理社会公共事务的制度难以实施而被"悬空"。② 随后，中央政府在 1983 年正式设立了代表国家行政管制的乡

---

① 资料来源于王先明文章段落的总结。王先明，2009，《乡绅权势消退的历史轨迹——20 世纪前期的制度变迁、革命话语与乡绅权利》，《南开学报》（哲学社会科学版）第 1 期。

② 徐勇，2013，《中国家户制传统与农村发展道路——以俄国、印度的村社传统为参照》，《中国社会科学》第 8 期。

镇一级政府。1988年试行的《村民委员会组织法》规定，乡镇政府对村民委员会的工作给予指导、支持和帮助，但不得干预依法属于村民自治范围内的事项，进而明确了乡镇与村集体之间的指导与协助关系。及至到了1998年，九届人大常委会颁布了修订后的《村民委员会组织法》，农村村民自治机制开始逐渐走上制度化和法制化轨道。总体来说，在2006年取消农业税之前，国家对农村的治理都是以农补工、通过"剪刀差"获取收益进行工业化的过程。随着中国工业化进程在21世纪进入加速期，特别是东部沿海省份已经基本进入了工业化时代，从农业汲取原始积累的成本越来越高，对农业征税的净收益快速下降，变得基本无利可图。2006年，中央政府宣布取消农业税，并加强对农村的投入。此后，乡村这种介于政府管理和自治之间的治理模式发生了改变，农村劳动力、土地、资本三要素的净流出等直接引发了农村的凋敝，乡村基层政府财力匮乏，乡村基层干部的权威和影响力被削弱，乡村自治能力变差，乡村治理问题突显。

二 新型城镇化

新型城镇化概念的提出是为了区别于过去几十年我国为了摆脱贫穷落后的农业社会发展模式步入工业化社会发展而进行的城市化（城镇化）进程。总的来说新中国成立以来的几十年中工业化和现代化是国家发展的主线，而城市化是发展过程中的必然产物。新型城镇化就是将过去几十年的工业化和现代化发展模式进行更加符合当代中国社会及经济可持续发展要求的转型。2012年11月，中国共产党在第十八次全国代表大会上明确提出了"新型城镇化"的概念并提出加速推进中国的新型城镇化建设。

就新型城镇化的发展方式来说，中共中央总书记、国家主席、中央军委主席习近平提出，"积极稳妥推进城镇化，合理调节各类城市人口规模，提高中小城市对人口的吸引能力，始终节约用地，保护生态环境；城镇化要发展，农业现代化和新农村建设也要发展，同步发展才能相得益彰，要推进城乡一体化发展"。[①] 就新型城镇化建设的指导思想，中共中

---

① 习近平，《合理调节各类城市人口规模》，新华社，2013年7月25日电。

央政治局常委、国务院总理李克强提出,"统筹'新四化'发展,需要平衡多方面关系。推进城镇化,核心是人的城镇化,关键是提高城镇化质量,目的是造福百姓和富裕农民。要走集约、节能、生态的新路子,着力提高内在承载力,不能人为'造城',要实现产业发展和城镇建设融合,让农民工逐步融入城镇。要为农业现代化创造条件、提供市场,实现新型城镇化和农业现代化相辅相成"。①

现有的城镇化(城市化)通常指农业人口从农村大量迁移进入城市,城市扩大,农业通过现代化规模种养殖技术实现发展,社会进入全面工业化阶段。这个过程是一个现代化、工业化的过程,是一个文明进步的过程,同时是一个传统文化被现代文化取代、传统乡土社会村规民俗被现代制度替代的过程。城镇化概念的提出主要基于全球化背景下人类社会文明体系的历史性转型。目前对新型城镇化的概念各方解读很多,不过在重点环节大同小异。笔者认为新型城镇化的提出首先是为了区别于全球化背景下早于中国两百年就进行工业化转型的西方发达国家对城镇化的解读以及因此产生的人文价值判断。中国的新型城镇化不再是单方面追求从农村到城市的单向流动过程(这种单向流动不只是人的流动,也包括资金、土地等物质资源的流动,还包括非物质资源——如乡土文化等——被吸收、消灭或改变),而更多的是寻求城市与农村资源间互相融合的,以人为本,以农村居民的福祉为本的农村现代化。通过对城市现代化、工业化和文化的吸收实现农村、农民、农业在地化的现代化发展和工业化转型,最大限度地保留传统农村乡土社会的优良文化,针对中国自身的土地、资源、人口等条件的约束推动环境资源友好、生态友好、以人为本的可持续发展的城镇化进程。其中既有现代化、工业化的可持续发展观的科学路径判断和决策,也有乡村文化与城市文化和谐共生,以人为本的人文价值判断。更为重要的是,就地化(在地化)、以人为本的新型城镇化建设事实上指出了新农村建设和乡村治理的方向。因此,创新乡村治理模式,发展村民自治成为新型城镇化的重要制度保证。

---

① 李克强,2012,《协调推进城镇化是实现现代化的重大战略选择》,《行政管理改革》第11期。

三 新型城镇化与乡村治理

西方发达国家普遍工业化、城市化开始得较早,在早期的工业化过程中,如当代中国一样也产生了大量的农业与工业的矛盾、土地与资本的矛盾、农民与市民的收入差距等问题。纵观历史,欧美如英国、美国,亚洲如日本,在工业化过程中均出现了农业人口迁徙及城乡矛盾问题,以及农民、农业和农村的"三农"问题。然而与60年前才开始工业化的中国相比,早期工业化发达国家可以通过对外扩张和殖民的方式缓解相当一部分矛盾,从而客观上将国内的城乡矛盾和乡村治理危机产生的成本转嫁到工业化水平较低的国家,甚至无主领土。

英国是世界历史中最早开始和实现工业化的发达国家,早于中国200年就已经实现工业化。而英国的工业化首先是通过历史上著名的"圈地运动"牺牲农村获取工业劳动力和工业发展所需的原材料实现的。尽管"圈地运动"开始的时间远早于英国工业革命,但"圈地运动"到达顶峰却是在工业革命初期,并引发了众多的农民起义,然而客观上将农民驱赶出土地的行为又配合了英国工业革命对产业工人的需求,加速了城市化进程。因此,我们可以不夸张地说英国工业革命始于"圈地运动"。然而英国的"圈地运动"导致的大量耕地变牧场来供给纺织品的原材料最终影响了英国农产品的生产,在19世纪中后期问题尤为突出。此时利用先期工业化优势推行对外殖民扩张可以极大地缓和农产品生产压力,更重要的是通过战争可以抢占外国商品市场发展国际贸易、强占原料支持工业生产。在这个过程中中国卷入的两次鸦片战争致使当时的中国进入了半殖民地半封建社会。

日本通过明治维新废除了封建割据和特权制度,建立了中央集权的政体;改革土地制度使政府通过租税获得了更多财政收入,地租一段时间内成为政府的主要财政来源;通过政府主导的殖产兴业计划推动了工业化的发展。然而国内市场的规模局限了工业化发展的进程,推动对外贸易、对外掠夺可以加速工业化发展。1894年甲午战争后,在《马关条约》的框架下日本占领了朝鲜和中国台湾市场,同时辽东半岛的割让实际上使日本打入了中国东北市场,并在1904年日俄战争取得胜利之后巩固了东北市场。多次战争也推动了日本国内钢铁工业和装备制造业的发展。在这个过程中有对外国市场、资源和劳动力的掠夺，也有对国内劳动力的掠夺，后来的大量文艺作品也反映了当时日本对内掠夺的现状，如国人耳熟能详的电影《啊，野麦岭》（Ah! Nomugi toge）和《望乡》（Sandakan 8）等。最终日本成为亚洲少有的在第一次世界大战之前就基本完成了工业化的国家。

美国的工业化历程相比较来说就简单了很多，作为一个历史比较短的移民国家，美国无须经历奴隶时代、封建时代而直接通过已完成工业化的英国移民来进行了有意识的工业化和城市化建设（这些英国移民中也包括英国工业化过程中产生的大量失地贫农）。来自英国的殖民者通过从事奴隶贸易和掠夺印第安人的土地、财富等手段，实现了工业化、现代化发展的原始资本积累。随着内战的结束，美国南北经济开始一体化发展，在南方释放出大量自由劳动力的同时，传统农业产区也提供了足够工业化发展的食物保证，美国正式进入工业革命时代。人口和劳动力从农村转向城市，开始从事城市产业工人的工作，工业革命在全国范围内完成。我们可以认为美国的经济发展和随之而来的工业革命得益于内战，至少是内战刺激了经济发展。当然快速工业化之后随之而来的是1929年的经济大萧条，然而美国在1941年加入第二次世界大战强劲地刺激了美国的市场需求，战争为美国赢得了市场，这实际上是区别于英、日等老牌帝国的新型扩张主义。而二战结束后，美元的国际货币主导地位正式确立，事实上形成了美国以金融帝国主义（finance imperialism）为载体，以资本主义、经济全球化和文化帝国主义为具体表现形式的新型殖民主义。[1]

然而对于后发的发展中国家来说，上面提到的所有外部环境均不具备，甚至走中央集权式的以农业支持工业的道路来实现工业化和城市化的方式也是困难重重。皆因先发达国家确定的文化和文明体系使这些后发达国家难以再次顺利通过对内对外剥夺的方式实现工业化和城市化，结果与工业化相伴随的是农村的凋敝和腐败的蔓延，与城市化相伴随的是贫民窟

---

[1] Sartre, Jean-Paul, 2001, *Colonialism and Neo-colonialism*, Routledge.

的产生和社会治安的恶化。众所周知，菲律宾是东亚地区工业化和城市化失败的范本，曾经仅次于日本的经济大国，引领了地区农业的"绿色革命"，但很快衰败下去，需要依靠大量劳动力出口获得外汇收入维持经济发展。总结其失败原因，主要是早期的快速工业化、城市化发展产生了大量债务，农村人口快速涌入城市，尽管基础建设投资规模较大，但大量剩余劳动力在没有一定规模的国际贸易支撑的情况下只能失业。失业失地的"双失"农民在城市中迅速蔓延，导致社会治安情况恶化，经济环境也愈发恶化，形成恶性循环，最终农村问题演变成了城市问题。同样在南美洲，昔日欧洲各大帝国的殖民地也上演着同样的故事，"拉美化"已经成为后发国家工业化、城市化失败的概括性总结。通观工业化、城市化失败的国家，基本表现都是农村凋敝、农业衰败、大量农村劳动人口迁移至城市贫民窟成为地区社会治安的顽疾。失败的原因也基本大同小异，快速的工业化、城市化推动地区经济迅速发展，短期国际贸易额快速上涨，但之后即进入劳动力价格上涨、国家原材料价格上涨、产品竞争力下降、贸易萎缩的状态。大量劳动力失业后又无法退回农业市场，农业衰败，劳动力人口无处释放，最终导致社会治安恶化、经济停滞不前、失业率长期高企等社会问题。导致这种后发国家劣势的根本原因是这些国家在复制欧、美、日发达国家的工业化、城市化路径的过程中，忽略了先发国家可以通过对外扩张、殖民等方式将工业化、城市化发展过程中资源局限、劳动力价格、剩余劳动力等问题产生的资源环境、社会和直接经济成本转嫁到其他经济体中的事实。

  转型中的中国也同样面临着上面所提到的所有问题。在这个进程中人多地少、资源禀赋较差的国情背景使城乡矛盾、"三农"问题相比较早已完成工业化、城市化的欧、美、日发达经济体来说更加严重。时至今日，我们需要承认中国的工业化发展路径在国内部分与其他发达国家一样，即向国内相对弱势、话语权较少的利益集团转移发展成本和矛盾，今天的生态、环境等问题，城乡收入差距问题，乃至土地使用问题等都是这些成本和矛盾转嫁的具体体现。唯一不同的是我国独特的土地制度和农村家庭经济文化使这些成本和矛盾得以软着陆，并未产生巨大的社会负面影响。即便如此，如果这些问题迟迟得不到解决，乡村治理机制得不到良好的发展，迟早有一天，这些问题会集中爆发出来。也因此，乡村治理问题成为当前中国新型城镇化进程中必须解决的核心问题，这对维护国家的长治久安、政权的长期稳定起着决定性的作用。

四 乡村治理

在新型城镇化的背景下，就乡村治理而言，需要突出的两个重点是乡村基层治理和未来以文化为主线进行的乡村治理新模式。

（一）乡村基层治理

1. 提高村民自治水平

村民自治就是政府归还应该属于村民的自我治理权利，实现乡村民主治理，政府进行指导监督。在我国，实践中遇到的很多困难阻碍了村民自治的发展，很多情况下村民自治形式实质上已经偏离了轨道。究其原因，除了民主进程中必然发生的情况以外，也存在中国快速工业化和现代化进程中的国情背景因素。贺雪峰（2005）[1]认为村民自治的核心是村民的自我管理和自我服务。村庄内部的公共事务，由村民通过民主的方式来办理。无论是否借重村民自治制度，当前中国相当一部分村庄具有自主生产秩序的能力，村庄公共事务因此可以得到较好的办理。也有一些村庄自主生产秩序的能力很低，即使通过民主的办法，也难以达成村民的一致行动，因此难以办理涉及全村村民利益的公共事务。

同时，村干部在村民自治制度背景下，既是乡镇的代理人，又是村民的当家人（徐勇，1997）。[2] 吴毅（2002）[3] 认为，如果村干部得不到足够报酬，则他们既不会成为称职的代理人，也不会成为称职的当家人，而仅仅是一些图谋个人利益的"撞钟者"，他们甚至有可能利用乡村关系的矛盾来获取私人好处。很多学者和乡建工作者认为农村基层治理还是要靠农民自发组织，呼吁政府适当推动并提供财政支持来形成农村基层合作组织进行综合治理。但实践中往往是政府出钱出力后，农村基层的合作组织被关注乡建的相关社会活动者或本地精英主导，形成所谓的"精英俘

---

[1] 贺雪峰，2005，《中国乡村治理：结构与类型》，《经济社会体制比较》第3期。
[2] 徐勇，1997，《中国农村村民自治》，华中师范大学出版社。
[3] 吴毅，2002，《村治变迁中的权威与秩序》，中国社会科学出版社。

获",而"精英俘获"是造成农村土地征占无序、非法集资等乱象的主要原因。①

因此,如何提高村民自治水平、避免精英俘获或政府过度管理是农村乡村治理的一个核心内容。笔者认为,需从几方面着手。第一,完善村民制度,强化村民自治的主体地位。应按照《村民委员会组织法》和《村民委员会选举法》,完善农村的民主选举制度,规范民主管理,加强民主监督,加快完善村民自治章程,明确村民自治组织内部管理者的责权利。第二,进行彻底的乡村政经改革。在财产权利和资产经营方式明确的基础上,实行村庄一级政治治理与经济管理的分离。党支部行使政治、社会稳定和监督经济的职能,村委会行使公共品提供和服务的职能,村级经济由公司经营(刘守英,2014)。② 第三,完善乡村合作社制度,坚持合作社"一人一票"的基本原则。对于对外进行经营的营利性机构,可以另设机构,按现代公司制度进行管理,以出资额确认投票权和分红比例,当然特殊的非现金入股,如人力资本入股,也可评估出价值,享受相应的投票权。

2. 整合现有基层治理体系

如前文所述,取消农业税以后基层政府财力匮乏,乡村基层干部的权威和影响力被削弱。周飞舟(2006)通过对税费改革过程中政府间财政关系的考察,发现过去一直依靠从农村收取税费维持运转的基层政府正在变为依靠上级转移支付。③ 这本是将原有工业从农业中提取积累支持工业化发展的机制转变为通过政府转移支付反哺农业的"仁政",结果却是乡镇一级政府与农村、农民之间的治理关系纽带被意外地切断了。本就是"吃饭财政"的乡镇政府不再向下跑钱,变成了向上跑钱,且并未完成中央政府预期的专门服务于农村的职能,实际上成了无关紧要的一级政府。如周飞舟所说,在国家和农民中间造成了一种"真空"状态,使整个国

---

① 这些问题在上文中已经提到,此处不再赘述。
② 刘守英,2014,《农村治理是推行国家治理体系和治理能力现代化的关键》,《财经》第1期。
③ 周飞舟,2006,《从汲取型政权到"悬浮型"政权——税费改革对国家与农民关系之影响》,《社会学研究》第3期。

家政权"悬浮"于乡村社会之上。与此相对应的是，原有的农村村组管理机制也由于"合村"而取消了村民小组，"村干部不住在本村民组，不一定参加本村民组的人情往来，也不十分熟悉本村民组的人、事"（孙远东，2009）。① 结果是，往往监督计划生育的工作成了乡镇政府及村干部与村民间重要的联系纽带。

在这样的背景下，需要从县、乡、村三级入手整合治理体系。首先，在县一级层面简政放权，将管理职能充分下放给乡镇政府，县政府仅承担对农村的财政转移支付功能。这就要求调整中央与地方政府间的财税分配体制，给予地方政府更多的财权来对应其大量的事权。这也是1994年分税制改革后，地方政府在长期财政赤字的情况下迫切希望中央政府调整的。除此之外，县一级政府还需利用自身财政收入进一步补贴乡镇政府以更好地服务农村。

其次，乡镇一级政府应积极完善对农村提供公共品和公共服务的职能。具体可以由乡镇政府提供农村的公共医疗、教育、文化设施和服务等民生福利工程；在农业生产方面，乡镇政府提供农田水利设施建设、农田综合治理及农业机械设备低价租赁等服务来扶持农业生产；在农村劳动力方面，提供职业教育、引导农民城乡双向流动、指导就业及提供相关农业生产销售信息等公共服务。

最后，在村一级应积极推动村民自治、发展农民专业合作社及推进专业合作社内部的资金互助工作、缩减成本高效率低的资金互助社、减少除政府以外的外界干扰、避免非法集资和非法宗教活动等乱象。需要注意的是在推进农民专业合作社的过程中部分乡建工作者和"三农"社会运动者本能的对资本的抗拒产生的阻力。其实，反对资本的权力又幻想获得无附加条件的资本介入的想法本身就是矛盾的，是抗拒事物客观发展规律和不符合社会发展必经阶段的。事实上，在政府介入农民组织化的问题上乡建工作者和社会活动者的行为和思想也是矛盾的，一方面，他们呼吁政府通过财政支持甚至直接主导来负担组织交易成本促成农民基层合作组织的建立；另一方面，他们要求政府还权利于农民，但这些乡建工作者和社会

---

① 孙远东，2009，《政权悬浮与后税费改革时代的乡村治理困局》，《皖西学院学报》第6期。

活动者自己却深度介入其中。这些行为客观上产生了"精英俘获"的土壤，最终使乡村治理进入非良性循环。

（二）加强文化建设、发展人文经济

乡村治理首重文化建设，加强文化建设、促进人文经济发展是社区发展和新型城镇化的关键一环。社区发展有利于促进和确保经济发展，农村社区是乡村治理得以实现的载体，通过新型城镇化可缓解乡村治理危机并促进社区现代化发展。

这就要求城镇化建设要与当地的人文环境建设相结合，推广传统式的和中国式的正确价值观，在意识形态方面培育中国的价值体系及相应的经济发展模式。人文因素是经济发展的深层基础，以往的城镇化建设对人文环境的规划滞后，忽视了人的主体性，大量照搬照抄国外的范例，经常出现按国外建筑原状在当地进行建设，完全不顾当地的生态环境盲目引进国外产业资本，外国的生活方式和文化直接冲击当地居民生活方式和价值观的情况。最终造成：中国大量城市千篇一律，大同小异；盲目引进的产业资本对地方生态环境破坏严重；居民的生活方式也发生了巨大变化（其中有好有坏）；人们的价值观体系混乱，不同媒体的传播相互矛盾，无法形成主流的核心价值观体系。中国经过了30多年的原始资本积累，又经过了30多年的改革开放和快速工业化后，已经具备一定的国力，部分地区已经达到了中高等发达国家水平，需要慢下脚步来认真思考如何使经济发展在生态、资源、环境、文化等方面实现可持续的问题了。新型城镇化建设要警惕上面的问题重复发生，要坚持以人为本的人文经济发展路线，真正实现经济的可持续发展。

坚持以人为本的新型城镇化发展方向，建设生态友好、记得住"乡愁"、留得住传统、可持续发展的城镇人文经济，需要在以下几个方面不断推进。

1. 让利于民，不与民争利

首先要做到让利于民，不与民争利。政府作为利益主体已经深入每一个经济角落，对资源的控制也越来越强势，制定的政策也明显向政府、国企倾斜。在税收方面，民营企业、普通老百姓的税收负担过重。国有企业尽管在相同的税收政策下缴税，却享受各种税收减免、延迟缴纳及财政补贴等优惠政策；政府及国家企事业单位工作人员通过发放各种实物及五花八门的津贴补助可以避开税收或补贴税收损失，获得远高于其他劳动者的平均收入。国家纳税主体也主要是工薪阶层，富有群体相对纳税较少。

在产业方面，政府和政府主导的国企也要退出利益产业，回归到人民不能承担的产业中来。在房地产行业，政府将大量资金投入房地产、基础建设项目，扩大行政开支，在使财富分配的蛋糕越来越向政府倾斜的同时，也产生了大量的腐败现象。在新型城镇化建设中，旧城旧村改造应以市场化的方式进行，通过控制土地成本和改造成本、提供公平的拆迁价格等，使老百姓能够以较低代价取得房产等可以获得收入的资产，较容易地进入市场，获取城镇化改造和发展的红利。在农村，要对农村集体土地所有权、土地承包经营权、集体建设用地使用权、集体建设用地上房屋的所有权、林权、小型水利工程产权等农村"六权"进行确权颁证，把农村各类产权明晰到村、到户。使这些"沉睡的资产"能够真正产生收益让农民获利，而不是通过征用或大企业承包等方式将利益让渡给地方政府或利益集团。

除基础建设外，石油、电信等垄断行业也应约束国有企业的垄断暴利经营，提供更好的服务。如在电信方面，由国企主导的电信行业应该尊重政府决定、真正落实总理讲话方针，尽可能地用低廉的价格提供更好的互联网服务。在当代，互联网作为交流工具、电商平台、交易平台、支付平台等已经为本行业及其辅助产业创造了经济奇迹，为中国的经济转型提供了良好的机遇。低成本的互联网服务能够推动城乡互联网事业进步，是互联网融入居民生活不可或缺的环节。对于部分垄断行业，高价格可能对城乡发展是有利的。如石油，在石油产品生产过程中不仅需要考虑所在地的生态环境，也要考虑促进区域经济、降低产品成本和价格的问题。对于车辆用油，由于城市污染等问题，适当提高价格、通过价格杠杆控制车辆的使用并无不可，但通过垄断获取的高额利润应该做到取之于民、用之于民，通过制度和政策安排将部分红利留在地方，造福一方。

韩国政府在城镇的经济发展中起到了重要的调控作用。在韩国城镇化发展的初期，政府忽视了农村的发展，导致城乡差距不断拉大，工农业发展严重失衡,并带来了一系列社会问题。从20世纪70年代初开始,韩国政府开始推行"新农村运动",通过改善农村基础设施,调整农村产业结构,提供政策、资金、技术、教育、服务等全方位支持,加强农村教育、培训,开展各种金融业务等一系列措施支援农村,促进农村经济的发展,改变了农村落后的面貌,提高了农民收入,实现了城乡经济的协调发展,有力地推动了韩国的城镇化进程。

而反观拉美地区各国的城镇化,由于受殖民地历史传统和现实条件的限制,这些国家的城镇化畸形发展,出现了"过度城镇化"的态势,即城镇化水平很高,经济发展却相对滞后。农民大量流入城市,但由于缺乏产业支持,技术水平落后,就业水平较低,结果是经济停滞不前甚至不断下降。城市人口不断增加,而相应的基础设施建设又无法跟上急剧扩大的人口规模,出现了众多的"贫民窟"。城市中贫富差距不断拉大,两极分化严重,贫困失业人口众多也使社会治安混乱,社会矛盾不断激化。

如果中央和地方政府不切实改变利益分配格局,那么所有的经济发展都会不断地拉大收入差距,经济发展越快,收入差距越大。过去30多年的实践证明,城乡收入差距、行业收入差距、不同所有制形式的收入差距都在不断地快速扩大。如果任其发展,不只是经济会停止前进,社会的稳定性也会遭到破坏,严重的可导致社会动乱,中国的改革、工业化和现代化进程也会中断,最终的破坏性将是深远的、难以承受的。

2. 根植于土地的文化发展方向

农村文化建设是建设农村基层民主政治、促进社会和谐、维护国家安全、排除异端邪教和提高农民自身素质的重要手段。但是当今农村文化在传统与现代、城市与农村、本土和外来文化之间面临着发展困境,出现了本土和传统文化弱势而城市和外来文化水土不服的问题。若要改变这一现状,需要重构农村文化,加强文化发展的农民主体性,从根本上构建当代中国农村根植于土地的田园文化发展方向,要让农村能记住"乡愁",传承民俗,发扬传统文化。

具体来说,首先要正视和强化农村文化发展的农民主体性。如前文所述,农民主体性是城乡人文经济顺利发展的核心因素。在当今"以人为本"的经济和社会发展中，脱离人本主义的发展都是不可持续的，文化发展亦然。农村文化发展的受众是广大农民，城市文化、外国文化、现代文化等短时间内是不大可能被农民迅速接受和同化的。与其试图改变农民，不如努力了解农民，调整文化发展方向，让文化适应农民，发扬农村优良的传统文化和民俗，让文化真正为农民服务。

其次，在此基础上要推进现代文化、现代文明，使之与传统文化结合、交融。在中国的现代化进程中如何正视传统一直是我们经济发展的重要课题，也是人文经济发展需要解决的主要问题。马克思认为传统是巨大的保守力量，然而无论传统中有多少落后的精神，想彻底与传统割裂都是不可能的，特别对农民来说，盲目地否定传统只能导致更多的盲从。在这种盲从中，如果农村基层组织无法发挥作用，其他邪教、反社会意识等就会快速占领农村，事实上这种情况已经发生了，而且也不是个别事件，如目前一直在中国内地农村游荡的"全能神教"的幽灵。即便在城市，尽管人们能够有意识地按个人理解区分传统中的精华和糟粕，然而在很多无法辨析的情况下，传统仍然会在潜意识中左右我们的思想和行为。因此在农村推进传统文化精华教育，主动帮助农民破除传统中的糟粕是农村文化发展的重中之重。在此过程中，政府部门需要注意对农民进行现代文明意识的培养和现代文化教育。

最后，从建设的层面上来看，还应以发动农村各阶层群体力量为主，配合大众媒体的宣传。在中国，农村基层组织在传统乡土社会中尚能起到发动群众的作用，这一点要比城市相对好一些。通过乡村治理精英和基层政府的协作，可将政府资金投入文化站建设、文化宣传、文化企业事业发展、文化和体育中心建设等活动中去；通过大众媒体和大学生村官的宣传和文化活动，可将现代文明融入传统的乡土生活中去，将本地的优良民俗和传统发扬起来，形成长期的农村文化活动。在宣传过程中要注意宣传农村的农民主体性思想，破除农村必将走向凋敝的西方工业化发展思路，注意传播适合农民和农村的文化内容。

3. 发展城镇文化事业

人文经济的核心是"以人为本"。而正如前文所述，在当今社会，人们已经从传统的物质生活用品需求，逐渐转向对实现人际互动的产品和服务的需求。而文化事业作为文化建设的重要基础,是新型城镇化建设过程中不可或缺的部分,更是人文经济发展的保障。这就要求政府不仅仅在财富分配、基础设施建设、促进就业等方面有所作为,更要关注人们精神文化生活的满足,关注文化民生,关注城镇文化事业发展,促进公共文化服务的普及化、便利化、均等化。

在欧洲,城镇文化事业发展相对比较成熟。以捷克为例,捷克十分重视公共文化事业的建设,尤其是中小城镇的文化事业更是发挥了重要的作用。首先,捷克政府从财政资金方面支持中小城镇公共文化事业的建设,在地方层面,各地政府对文化事业的投入占其财政支出的比重普遍较高;在国家层面,捷克文化部设有国家文化基金,各地可通过项目申请获得专项资助。此外,其文化事业建设资金还有来自欧盟的专项补贴,来自当地企业的活动赞助,来自场馆的自主创收等多个方面。其次,各地的公共文化设施一应俱全,各地几乎都拥有博物馆、图书馆、美术馆、剧院、音乐厅以及具有综合性功能的文化馆等公共文化设施,并积极开展各类文化活动,提供丰富多样的公共文化服务。这些设施和服务不仅丰富了城镇居民的文化生活,也方便了周边的农村居民参与文化活动,辐射带动周边农村的发展。最后,公共文化场馆在日常工作中会定期征求居民的意见和建议,并进行讨论研究,制定相应对策,及时向居民反馈;同时,文化场馆受民众监督,居民可以对其提供的公共文化服务做出评论,使文化场馆能够更高质量地举办居民需要和满意的文化活动。①

相比之下,我国在城镇文化事业建设上还不尽完善,存在不少问题和不足,捷克以及欧洲各国的先进经验值得我国借鉴和学习。

在资金投入方面,根据文化部发布的《中华人民共和国文化部2014年文化发展统计公报》中的数据,近3年,政府在文化事业上的资金投入总量持续快速增长,增长速度保持在10%以上的较高水平;同时,基层文化事业的投入也在不断提高,文化事业建设资金的投入结构也有一定程度的优化。然而,从总体上看,政府在文化事业上的投入依然明显偏低,文化事业支出占国家财政总支出的比重基本维持在0.38%左右,远

---

① 俞国第,2012,《捷克中小城镇公共文化建设观察》,《中国文化报》8月22日第3版。

远不能满足文化事业进一步发展的需要。我国文化建设起步晚、基础弱，在城镇文化事业的建设中，离不开政府的主导和支持，因而政府要不断加大对文化事业的资金投入力度。但由于政府的财力有限，其投入无法完全满足人民群众日益增长的文化需求。因此政府要积极创新资金投入方式，鼓励和吸引社会力量参与文化事业的建设，不仅能弥补公共财政资金不足，更能为文化事业的发展增添新的活力。

在地域差异方面，由于地区经济水平的差异，在大城市与小城市之间、东部地区与西部地区之间、城镇与农村之间，文化事业的建设也产生了较大的差距，呈现出文化事业建设极不平衡的现状。在许多中小城镇，公共文化基础设施不健全，公共文化服务体系不完善，文化事业影响力不足，严重阻碍了城镇文化的发展。因而，政府要重视缩小地域间文化事业建设水平的差距，无论是资金投入还是政策红利都应相应向欠发达地区倾斜，统筹大小城市、东西部地区以及城乡之间的文化事业发展，促进文化事业建设均等化，打通文化事业建设的"最后一公里"。

在利用效率方面，文化事业的建设可以分为硬件和软件的建设，硬件主要指公共文化基础设施，而软件主要指公共文化服务。随着政府文化惠民工程的大力推进，包括乡镇在内的各地纷纷建起文化馆（站）、图书馆（室）、排练厅等，公共文化基础设施不断完善。然而，不少地方依然存在文化设施形同虚设、乏人问津的现象，这一问题的症结在于其提供的文化产品脱离实际、形式单一、不符合群众口味、没有满足其需求。如何提高公共文化服务的效率，丰富文化产品和服务的形式成为亟待解决的课题。要改变这一状况，需要我们在文化事业建设中不仅要完善硬件设施，还要丰富软件的形式，必须"以人为本"，切合实际，创造更多贴合人们生活、受人们欢迎、为人们需要的文化产品和文化服务形式。要做到这一点，需要引导人们不但积极参与各种文化活动，更参与到重大文化事务的决策中去，使相关决策真正体现人们的需求，引导文化事业建设的正确方向。

除此之外，在城镇文化事业的建设中，还要注重弘扬中华民族优秀的传统文化，传承民族特色和地方特色。要将现代文化事业的繁荣与传统文化的继承与发扬有机结合起来，让文化事业的建设植根于民族文化传统。

可以通过博物馆、文化馆、图书馆、文化广场等公共文化设施,图书、电影、戏剧等文化产品,曲艺、舞蹈、音乐等文艺活动以及民俗节庆活动等,使人们学习传统民俗文化、特色民间工艺、传统曲艺等优秀传统文化,从而延续城镇传统文脉,塑造特色城市品牌,发展记得住"乡愁"的城镇人文经济。

4. 把人文城镇化纳入规划

新型城镇化首先是人的城镇化,而非土地的城镇化,应当是以人为本、文化为魂、生态健康、社会和谐的城镇化。然而当前的城镇化过程中出现了许多问题。一方面,许多城镇对城镇化存在认识偏差,片面追求土地城镇化,热衷于"土地财政",侧重于城镇规模的扩大和经济总量的增长,忽视了人文核心;另一方面,不少城镇在规划建设上,存在"闭着眼睛"规划,或者只有建筑规划、土地规划,甚至没有规划的情况,忽视城镇原本的生态环境和传统文脉,导致不少地方"千城一面",甚至成为"空城""鬼城",出现了生态恶化、文化消失、人民幸福感下降等问题。

中共中央、国务院印发的《国家新型城镇化规划(2014~2020年)》明确提出了要走以人为本、四化同步、优化布局、生态文明、文化传承的中国特色新型城镇化道路。[①] 这就要求我们把人文城镇化纳入规划中,以人文城镇化为核心。

首先,规划先行,在城镇化建设中做好规划非常重要。规划不能是空中楼阁,只有在调查研究的基础上了解城镇的现状、特点,明确发展目标,才能做出符合当地实际、定位明晰、科学可行的规划。要以城镇有形的生态地理环境、建筑形态、产业布局,以及无形的风土人情、历史文化、民族特色等为基础来进行城镇化建设。规划要适应生态、传统,避免"千城一面"的出现。欧洲城市对城市规划建设的理念是"在城市上建造城市""在城市上复写城市",强调的就是尊重城市的传统风貌。每一个城市或城镇都有着不同的生态地理条件、历史文化背景,在城镇规划中,要充分考虑每一个城镇的特色,保护生态环境,保护古村落,保护历史文

---

① 《国家新型城镇化规划(2014~2020年)》,新华社,2014年3月16日电。

化遗存，保护传统文脉，努力发掘有特色的人文内涵。

其次，在城镇规划中，要超越一般意义上的土地规划、建筑规划、设施规划等物质规划，更注重对于城镇人文精神内涵的发掘与规划，如文化规划、教育规划、产业规划等，以达到物质形态与人文精神的和谐统一，才能使城镇真正以人为本，留住"乡愁"，富有人文生命力。一方面，城市的土地开发、空间布局、建筑设施建设等物质规划始终要以服务居民、方便居民、提升居民生活品质为出发点；另一方面，要注重城镇人文精神内核的规划建设，在保护、继承和发扬城市历史文化遗产的同时，发展现代化文化事业和教育事业，规划建设图书馆、美术馆、艺术馆、博物馆、文化馆等公共文化基础设施，完善公共文化服务体系，促进义务教育、高等教育、职业教育、农村教育以及传统文化教育的全方位发展，最终实现城镇居民精神生活的丰富和文化品位的提升。

在人文城镇的规划建设上，云南省走在了前列。云南省提出了"四规合一"的规划理念，即经济社会发展总体规划、土地利用规划、生态和环保规划、城乡规划等的规划编制和管理机制合一。[1] 这种创新性的规划理念，使各种规划同步编制、清晰体现、相互衔接、协调统一，从而能科学合理地确定城镇发展的目标、方向以及相应政策措施。更重要的是，云南省在城镇规划建设中从本省实际情况出发，固守地域的自然特色，坚持田园城镇的理念，不"摊大饼"、蔓延式扩展，大小城镇坐落于高原山水间，探索出了一条"城镇上山"的城镇化建设路径。《关于推进云南特色新型城镇化发展的意见》提出，要依据各地自然地理环境和历史文化禀赋开展城镇建设，"体现区域差异性，提倡形态多样性，发展有历史记忆、文化脉络、地域风貌、民族特点的美丽城镇，形成文化脉络深厚、特色凸显的城镇体系"。[2] 要加大对历史文化名城、名镇、名村和历史文化街区的保护，有效留住城镇历史记忆，打造一批既拥有深厚的历史文化底蕴，又能彰显独特的民族特色，还展现出鲜明的时代风貌的人文城镇；此

---

[1] 朱丹、连芳，2014，《走云南特色新型城镇化发展之路》，《云南日报》4月16日，第9版。

[2] 《中共楚雄州委 楚雄州人民政府关于推进特色新型城镇化发展的意见（试行）》，《楚雄彝族自治州人民政府公报》2014年第6期。

外，要充分利用云南独特的气候、生态、地形、地貌等特点，打造一批"山水田园城镇村落"，从而实现城水相依、城乡相偎、人与自然相融合。云南省人文城镇的发展思路，实现了生态格局的优化、人居环境的提升、地域特色的保留、历史传统的继承、人文内涵的彰显，达到了可持续发展的目标。

5. 塑造人文环境，推进绿色经济

人文环境体现的是各地的传统、文化、历史和价值观。塑造一个地区的人文环境，除了要有现代化的高楼大厦，也要有传统生活的小桥流水人家；既要拓展国际化的思维方式，也要捍卫本民族的正确价值观；不单要引进国际产业，也要发展民族产业；在推广本地区区域文化建设的同时也要注重多元文化的融合；在发展经济的同时也要注重教育进步和人才储备。人文环境的建设是体现一个地区文化软实力和环境硬实力的主要方式，可充分表现出区域的特征、个性和价值取向，直接促进本区域的投资和经济发展。区域的人文环境决定了本地和外来投资的属性，决定了经济发展的可持续性。试想一个民风粗俗、产业单一、缺乏创新、空间规划不合理的城市如何能够吸引到长期的可持续性的投资和发展机会？2013年，英国学术期刊《经济学人》认为中国正在进入后工业时代。美国新保守主义思想家贝尔认为，后工业社会的主要特征是：主要经济部门由产品经济部门转变为服务性经济部门；理论知识居于中心地位，成为社会革新和政策制定的源泉；中轴原理在理论体系中居于中心地位，发挥指导作用，理论知识成为社会最重要的战略资源，决定专业和技术人员阶级不断扩展并最终上升为社会上占主导地位的阶级。不必讳言，目前中国已经显著地出现了上述特征，已经进入了后工业时代。这固然可喜，但同时也提出了严肃的问题，进入后工业社会的中国是否也会出现早期工业化国家和地区的城市衰败问题？在英国，著名的港口城市利物浦衰败了；在美国，世界顶尖的汽车城破产了；在中国台湾，曾经的港都基隆早已沉寂无闻。这些看来都是产业问题，但其背后还是城市创造力不足、人文环境较差的缘故。

以近年来美国汽车之城底特律的衰败为例，一个城市究竟是如何从一个世界顶尖的汽车城快速走向衰败和破产的？当然这座城市的衰败可以简单地归结于美国汽车产业的衰退，然而造成当地产业结构单一、转型升级停滞、市民素质低下、教育相对落后的原因是什么？究其根源，当地人文环境的恶化恐怕难逃其责。底特律在1941年和1967年经历了两次大规模的黑人种族暴乱后，大批白人迁离城市，城市包容性随之大幅度降低，直接造成了当地人口素质的下降。城市极力维护单一模式的产业结构，遇到行业衰退后，城市财政就立刻陷入困境。从经济发展角度来看，底特律采用大工业和基础设施先行的模式，违反了城市多元化的特性，而多元化是抵御产业风险的重要手段。

再看城邦国家新加坡，经过从独立到当前半个多世纪的发展，该国经济已经成功地从转口贸易型转向以制造业和服务业为主体的综合多元化模式，同时注重环境科技和清洁能源等方面的绿色发展。这些经济发展和产业进步与新加坡重视发展人文环境是分不开的。新加坡以英语、华语、马来语、泰米尔语四种语言为官方语言。各主要族群均能发展自己的语言，并相互融合，种族歧视问题几乎没有。在教育方面，采用本地化和国际化相结合的教育模式，重视精英人才，将精英人才填充到政府各部门；在经济政策方面，新加坡政府不干预企业和市场行为，尽可能通过调整经济政策来促进企业更好地发展；在法制环境方面，新加坡法律体系健全缜密，从政府权力到民生几乎无所不包，详尽完整，刑严罚重，为规范社会秩序起到了促进作用；在政府部门公共服务方面，新加坡是世界上最先进的"政务信息化"国家之一，以最方便高效的方式为公众提供服务，而公务员也绝大部分能做到廉洁守法、洁身自好。这些都构成了新加坡经济赖以发展的人文环境，也为亚洲国家，包括我国提供了良好的借鉴。在塑造区域人文环境的同时，也需要与可持续经济的发展相结合，走出一条绿色发展道路。当前中国在经济快速增长的同时，已经成为世界第一大能源消费国。虽然在近十几年中，我国为推进能效的提高做出了诸多努力，然而能效提高的速度却赶不上需求的增长。我国经济总量占世界的1/10，但能源消耗却占了世界的1/5。水资源短缺和污染已经成为我国目前最严重的资源问题，已经威胁到我国传统主食大米的产量和居民正常的生活用水。环境也承受着非常大的压力。水污染、COD等化学污染自进入21世纪到目前为止每年排放总量基本未变化，每年依然有大约 3500 万吨的 COD 排放出去。[①] 如果继续按此方式发展，中国的资源和环境是难以为继的。事实上，环境保护与经济发展并不矛盾，通过发展绿色经济，应用可再生能源、减少污染排放、发展低消耗低排放的人文经济是实现低碳发展、绿色发展、可持续发展的重要手段。

[①] 马中:《中国生态和能源保障能力远远滞后于经济发展》，绿色消费网，http://www.greeni.cn/html/article/article‐3472.html，2014 年 9 月 23 日。

第八章 总结

本书首先讨论了传统农户家庭经济行为的两个主要假说体系——农户家庭生产和消费均衡的恰亚诺夫假说和农户追求利润最大化的舒尔茨假说——各自使用的要素市场背景，并认为恰亚诺夫假说是针对外部市场环境条件极为恶劣及劳动力、土地、信贷要素市场完全缺失情况下的农户经济行为，而舒尔茨假说分析的是在贫穷而有效率的完全竞争市场条件下的农户经济行为。而以恰亚诺夫假说为基础、以近代中国国情的实际背景为依据的黄宗智的"过密化"理论提出的"农业非最优化"假说指出了人口压力对经济发展的制约，进一步为中国学者进行小农经济行为研究提供了理论约束条件。尽管这两种主流农户家庭经济理论有很大不同，但都是以农户家庭内部成员整体的经济行为为研究对象，并非针对单一个体农民的经济行为进行研究的。通过对贝克尔新家庭经济学的单一模型及其相对的集体模型的讨论，笔者认为单一模型对中国农村家庭的劳动力配置及风险管理机制是具有解释力的。在这种模式下，适用于单一个人的预期效用及投资理论也适用于对农户家庭要素配置的分析。

当代中国经历了从新中国建立初期以工业积累为目标的计划经济体制到改革开放后以新自由主义经济理论为指导的工业化和资本化加速时期的市场经济制度的变迁，呈现出与两个主要假说体系不同的国情背景，在此背景下农村要素市场得以迅速发展。在人多地少资源紧张的基本国情背景约束下，城乡二元结构的劳动力市场、非交易取得的相对稳定的均分的农村土地产权制度、二元分割的信贷市场、缺失的农村家庭和农业生产风险管理市场等共同形成了中国特有的不完全要素市场环境。

在金融资产极度稀缺且很难取得合理利率信贷的情况下，农户家庭的生产要素配置实质上是劳动力和土地的配置，由于劳动力资本与金融资本的同质性，我们可以将农户家庭的要素配置方式看作主要以农户家庭全部成员的人力资本为投资资产的资本资产组合形式的特例，主要表现为在风险管理市场缺失的条件下农户家庭通过将家庭成员的人力资本配置在不同的风险领域来实现人力资本对冲以达到优化风险和收益选择集的预期效用最大化的目的，而土地作为农户家庭拥有的几乎唯一的非人力资本资产既表现出风险资产的特性，也表现出无风险资产的特性。土地资产的无风险性主要表现在，中国农户家庭生产和消费的不可分性使绝大部分中国农户的农业生产中有大量的产出用于自身的直接消费，不必进入市场，特别是在取消各种农业税费后；其风险性则表现在农户家庭自给自足之外直接进入市场变现的产出部分，将直接面对市场风险，当然自然风险也是其中一个重要因素。在这样的假说体系下，整个家庭的决策过程符合一般的资本资产组合和资本资产定价法则的基本假说条件。

这个基本假说与恰亚诺夫假说、舒尔茨假说乃至黄宗智假说的区别在于它预设了与这三个假说不同的中国国情制度背景和市场环境，因此笔者认为本书的假说只是体现了不同时期中国农户家庭的行为特征。笔者只是提出了当前国情和制度背景下的一种行为准则，并应用这种行为准则对农户家庭分配其仅拥有的两项资本——劳动力和土地——的决策及该决策对相关政策和制度的影响做出了基本判断。

由于当代中国处于工业化和资本化加速时期，在这样的背景下，依据传统发展经济学的增长理论，工业的发展必然要依靠农业提供的低成本劳动力资本来替代稀缺的金融资本和物质资本，而贫困的农户在国家无法提供普遍的社会保障的情况下，只能通过家庭成员的人力资本分散投资形成家庭内部的收入共享、风险共担的机制来化解当代中国转型期存在的大量社会风险和市场风险，以平滑家庭整体收入和实现家庭的"积累"，因此中国农户家庭也如企业家一样通过自发形成的风险管理机制获取超额收益，而这部分超额收益又通过农民工的低工资和农产品的低价格转移出去形成了企业乃至国家的积累，这也是我们一般认为的所谓"人口红利"。

这种所谓人口红利的具体表现是目前中国出现的农村青壮年劳动力的迁徙现象，这是城乡二元结构劳动力市场持续存在的证据，只要不存在城乡一体化市场这种现象就将持续。即使当代沿海发达地区的"用工荒"现象也不能否定这样的趋势，只是地区间工业劳动收入差距的缩小，及地区间的生活成本差距造成了区域间实际工资趋于均衡的趋势导致了部分地区农民工的减少，但迁离农业的农民工数量并未减少，而且始终是增加的，只是农民工选择的工业就业地点发生了变化而已，无法因此形成城乡一体化的劳动力市场；相反内陆不发达省份为了充分利用产业转移的机遇发挥"人口红利"的作用势必会保持一定的城乡收入差距以维持城乡二元结构的劳动力市场。内陆省份农民的就近就业趋势和均分的土地制度也使中国农村居民产生了与日本相似的"二兼滞留"现象。

本书指出：这种农户与社区借助血缘地缘关系形成的产权共享，以及奠基于此的非契约性的集体行动形成的风险规避和家庭资本积累机制所体现的经济理性，可因农户家庭人力资本配置的内部化方式而被称为家庭理性。正是这种理性的农户行为产生了区别于恰亚诺夫假说的家庭资本的积累，使农户整体经济得到了"发展"。

据此，当农户表现出投资人的理性时，外部不完全市场作为制度环境对其经济行为产生制约作用，使农户可以根据情况对家庭人力资本配置进行最优组合。由国家工业化和资本化的"非常规"发展模式导致的资本主义生产关系变化迅速压低了农民劳动时间的社会价值，其结果是，或者农民的收入更低，或者农民为维持原有收入水平而劳动更多（Marx, 1859），客观上导致了农民人力资本投资在农业和工业上收益的不平衡，最终会影响农户人力资本投资方向的选择。

在当今城市中国快速市场化的条件下，乡土社会的农民作为农业劳动力投入的主体，其成本意识也在城乡收入差距的扩大和过高的城市生活成本导致的劳动力市场非竞争均衡的条件下出现了重要变化：劳动力在农业投入的机会成本异化于农业劳动投入的收入，而对应于城市预期打工收入，从而使农村居民为了追求收入和闲暇的效用最大化而选择自愿失业的人力资本投资行为；向往城市居民生活的农民工由于城市生活成本高，即使获得了高于农业生产收益的城市制造业打工收入但仍无法支付城市生活的基本成本，因此也有选择自愿失业的可能。需要注意的是，在这样的条件下产生的自愿失业结合当今社会的"用工荒"现象并不必然是城乡二元结构向城乡一体化发展的结果，在农业投入的比较收益大大低于工业收入的情况下，这两种现象并存很可能是城乡二元结构持续恶化的结果，这也是区别于未加入城市生活成本的托达罗假说体系中城市就业机会越多失业率越高的另一种失业现象。因此，任何强迫农民离开土地实现城市化的手段都只会使农户家庭收入陷入不稳定状态，承受更大的风险，如果没有稳定的城市就业机会、相应的社会保障体系及对农民的人力资本的再投资，贸然地推进城市化使农民离开土地对农民都是有害无益的，特别是在经济波动时期。至于农村生活环境恶劣的问题，完全可以通过实实在在的新农村建设来改善农村生活环境，付出的成本相比较建设更多的城市"贫民窟"和发展更多环境负外部性的劳动密集型企业要低得多。

当中国农户家庭将其成员的人力资本根据其家庭的禀赋和风险觉察程度进行组合投资时，非农收入与农业收入间的较大差距会使农户倾向于非农业的人力资本投资，这最终导致了农业生产经济配置效率的下降，但对于农户家庭来说，其效率是提高的，因此这是农业市场失灵和农村政府政策失灵导致的必然的结果。劳动力在农业上投入的机会成本升高使农民倾向于选择自愿失业，而减少劳动力在农业上的投入。近几年替代重体力劳动的农村机械化程度迅速提高，却并未导致粮食产量提高；除政府大量增加农机购置补贴使部分投资人与富裕农户经营农机有利可图之外，客观上仍然有这种闲暇导向的潜在作用——农民势必寻求以机械替代劳动力投入。中国农业以小农经济为主体的生产模式，不同于北美大农场以大量机械动力替代劳动力投入的方式。在北美大农场上，机械动力对农业的投入是稳定的，基本无内生性；而中国的小农经济条件下，劳动力的投入是有内生性的，所以在进行计量估计时会产生内生的影响，劳动力在农业上投入的机会成本对劳动时间的影响构成了劳动力投入的内生性，并会最终影响粮食产量。

农民近年来加大农机和化肥投入的实质是试图进一步节约劳动力，同时增加的闲暇时间表达的也是试图将农业的工资率提高到接近城市预期收入的水平。不过，这些趋向于增加工业产品对农业投入的、现代化取向的，因而也常常被看作积极的重要变化，都会导致农业的"负外部性"增加。典型者如劳动力投入不足，有限的耕地资源被迫抛荒；而大部分地方政府和部分农民为了缩小农业收入和城镇居民平均收入的差距虽然往往选择种植级差地租高的经济作物，但经济作物种植增多也已经导致农副产品市场低价恶性竞争、假冒伪劣和地下水超采严重等现象。同时计量分析结果表明加大农机和化肥投入在中国并不一定能够带来预期的产量增加的效果。

在中国，在通过非交易手段获得均分的土地使用权的社区集体土地产权制度和传统村社千丝万缕的血缘关系基础上，农户家庭的经济行为与村集体中其他农户家庭的经济行为相互作用，村社集体的福利水平成为农户家庭预期效用最大化的约束条件，农户家庭通过提供"免费工"或"低价工"等形式的公共品来提高村社集体福利水平的目的在于放松其家庭预期效用最大化的约束条件。同时，在增大村社福利水平的条件下，家庭面临的系统风险在村社层次上得到最大可能的化解，这样个体农户家庭内部需要再化解的风险就实现了最小化。在单一模型的家庭内部收入集中分配、风险共担的"家庭理性"和"村社集体理性"机制下，农村社区长期处于风险内部化的稳态社会中。而政府利用这种家庭理性和村社集体理性的村社内部化解风险的机制为中国的工业化发展获取了原始资本积累，随后在经济波动或其他外来因素造成中央政府或地方政府财政困难的情况下，政府作为一个机会主义者又利用村社"残缺产权"的特征介入村社合作中获取超额收益。最终，政府直接参与收益分配的结果是"村社集体理性"被反复利用获取收益，而农户承担了相应的成本。既是村社代理人也是政府代理人的本地村干部使政府和农民有可能实现多次博弈的均衡。

国家权力推进"土改"形成的以集体所有制为名、社区成员共有为实的，以村社血缘地缘关系约束的土地"产权残缺"的中国特色的农村制度形态，在降低社区内成员间合作的组织成本的同时，极大地提高了社区成员的"退出"成本——农民事实上无法完整地行使退出权。政府利用这种可以介入的残缺产权构建农村基本制度，以国家的名义通过村社组织获取剩余得以积累工业化发展极度稀缺的资本且不承担制度成本（在从"三农"提取剩余的国家工业化原始积累完成之后，实行"政府退出"），农民和县以下涉农部门既承担了这种转轨的制度成本，也得到保证村社内部成员合作的市场化运转和收益在村社内部分配的村社集体理性发挥作用的外部条件。

在当前中国工业化和资本化时期，产业资本扩张面对分散小农，压低农产品价格，抬高工业品价格，而使农业产出降低，大量农地被"大资本"低价获取用于工业及房地产开发，村社产权边界清晰的集体土地被逐渐私有化，农民被迫理性选择进入城市打工获取高收益，将传统乡土社会的架构打破，村社体制逐渐走向解体。这并不意味着这一切是不需要支付成本的，大量的社会冲突、食品不安全、粮食不安全等都是我们正在支付的打破村社体制的代价。同样需要注意的是随着"村社集体理性"的逐渐解体，将村社成员再次组织起来的成本也会逐渐升高，这意味着我们未来"全民动员"的成本也在逐渐升高以至于我国未来在经济建设乃至其他领域可能会很难再形成发动"全民动员"的条件。

本书认为，中国的理性农户家庭经济行为及以血缘和宗族为纽带形成的自然理性村社的形成基础，在于血缘地缘关系及土地产权的共有属性，因此家庭及自然村社得以实现内部化系统风险的风险规避机制及具有强烈发展特征的资本积累的合作生产，才实现了西方话语体系中的"发展"过程。在国家经济高速增长的同时，城市部门依然可以利用这种村社集体理性机制在经济产生波动时将危机转嫁到农村而不至于产生显著反弹，因此，村社"集体产权"这种得以与村社集体理性相结合的"第三制度安排"，是中国得以迅速发展和缓解危机的重要的比较制度优势之一。然而随着中国的工业化和现代化的基本完成和实现，再继续通过旧有的经济落后时期形成的村社风险管理机制来套用在当代农村管理中很显然是不合时宜的，也不会成功，是无法在全球化的背景下，与规模化、机械化、现代化管理的国外大农场进行竞争的。今天的你我已经无法再继续唱着过去的歌谣，中国的乡村治理也势必要踏上现代治理的阶梯，通过法制化、制度化等手段来实现真正的中国农村村民自治。

本书的分析显示，中国政府的农业政策陷入了两难境地，一方面，如果通过将农村居民向城市迁徙的方法解决农民收入问题及农业生产的经济配置效率问题，那么势必对城市的就业造成极大的压力，快速的、非市场手段导致的农民进城只会造成更多的失业和社会冲突；而另一方面，如果维持现在局面，继续以"人口红利"拉动外需形成发展，同时维持粗放型、劳动力投入减少的小农农业，会导致环境持续恶化，资源耗竭速度增快，也势必同样导致失业率上升，城乡收入差距持续扩大，仍然会产生大规模失业和社会冲突。这两种情况都会导致经济停滞、失业率上升、收入不平等现象恶化及社会冲突持续增加，最终进入陷阱阶段。

综上所述，笔者认为如需解决农业领域——实际上已经牵涉到了整体经济领域——的诸多问题，如收入、环保、发展等问题，积极发展现代农业和生态农业是目前可以选择的最优方案，这样既可以解决农民在农业上投入的收入问题，并进一步消除城乡二元结构的收入差距问题，也可以达到环境和资源保护的目的，使农业可持续发展，减轻工业反哺农业的压力。当然，"三农欲破解、功夫在农外"，以市场手段增加农民收入势必要以提高农产品价格为代价，给城市居民造成很大的收入压力，这就需要调整城市工业的收入分配结构，缩小城市的收入差距，使城市居民有能力接受提高的农产品价格，这样才能形成城市和农村的和谐发展。对于尚处于发展中还比较贫穷的中国农村来说，轻易不要打破村社集体行动的基础——土地村社共有及血缘和地缘形成的传统村社伦理，以使村社内部能够共同提供农业生产所必需的公共品，并尽量降低家庭生产和生活中的系统风险。而对于已经进入现代化发展的乡村来说，应该帮助和推动乡村治理采用更加现代化的模式，以适应社会更高级的文明和发展。

致　谢

本书系本人过去近10年在农村经济研究方面的心得，因时间关系和部分数据收集问题文稿尚显粗糙，还请各位专家、学者、同人批评指正。

本人在此特别感谢中国传媒大学文化发展研究院给予机会让本书得以出版，感谢院长范周教授对本人的宽容和理解，也感谢同事们的指导、交流和讨论。感谢我的老师中国人民大学环境学院院长马中教授对我的帮助和指导。至今，也难忘当年读博士期间在日本开会时与中国人民大学农业与农村发展学院曾寅初教授小憩时的谈话，博士要更多地从事理论研究，这才是研究者该做的事。

感谢我的学长中国农业科学院薛桂霞研究员的指点和讨论。感谢我的研究合作者对外经贸大学曹诗男副教授多年来与我一起并肩工作，从理论到实践，从农村经济到金融研究，从数理统计到复杂系统的交流、讨论和研究。另外要感谢我的师弟师妹们，是他们帮助我收集数据、收集资料，为我处理好所有琐碎的事情。他们是安庆市发改委副主任李晨婕博士、江苏宿迁学院杨殿闯副教授、农业部经管站贺潇博士、中石油马文浩博士等，在此一并致谢。

刘怀宇
2015年12月24日夜于北京飞往香港的航班上

图书在版编目(CIP)数据

中国农户经济行为与乡村治理/刘怀宇著. -- 北京：社会科学文献出版社，2016.5
（文化发展学术文丛）
ISBN 978 - 7 - 5097 - 9088 - 5

Ⅰ.①中… Ⅱ.①刘… Ⅲ.①农业经济 - 研究 - 中国 Ⅳ.①F32

中国版本图书馆 CIP 数据核字（2016）第 096329 号

·文化发展学术文丛·

中国农户经济行为与乡村治理

著　者／刘怀宇

出 版 人／谢寿光
项目统筹／王　绯　周　琼
责任编辑／赵慧英

出　　版／社会科学文献出版社·社会政法分社（010）59367156
　　　　　地址：北京市北三环中路甲29号院华龙大厦　邮编：100029
　　　　　网址：www.ssap.com.cn
发　　行／市场营销中心（010）59367081　59367018
印　　装／三河市东方印刷有限公司
规　　格／开本：787mm×1092mm　1/16
　　　　　印　张：13.75　字　数：216 千字
版　　次／2016 年 5 月第 1 版　2016 年 5 月第 1 次印刷
书　　号／ISBN 978 - 7 - 5097 - 9088 - 5
定　　价／58.00 元

本书如有印装质量问题，请与读者服务中心（010 - 59367028）联系

▲ 版权所有 翻印必究